ちくま新書

9条の戦後史

加藤典洋
Kato Norihiro

1569

9条の戦後史【目次】

第Ⅲ部　冷戦終結から日本の閉塞へ——1990年代以降　267

それが僕の夢だ。君らはどう思う？——「はじめに」に代えて

野口良平

1

　この本の著者加藤典洋がなくなったのは、二〇一九年五月一六日のこと。その一カ月前、加藤は、生前最後の著書となった『9条入門』を創元社より上梓した。この『9条の戦後史』は、その続篇に相当する部分として書かれていた未定稿を整理し、新たに表題を付したものである。

『9条入門』と『9条の戦後史』は、当初、ひとつながりの全体——便宜上「原『9条入門』」と呼んでおく——として執筆されていた。四二万四〇〇〇字にもおよぶその第一稿は、擱筆《かくひつ》後、加藤、橋爪大三郎、瀬尾育生、伊東祐吏、野口良平の五人により、一カ月か

ら二カ月に一度くらいのペースで行われていた私的な勉強会において、二〇一八年一二月八日、二〇一九年一月二〇日の二回にわたり検討に付されたが、白血病を発症していた加藤は、会合に参加することが叶わず、討議の内容と模様が加藤に伝えられた。

原『9条入門』は、分量の長大さもあって、一度に刊行することが難しく、その前半にあたる部分のみがまず、創元社より刊行されることになった。校訂、校正作業、文言の整理などについては、加藤よりの依頼を受けて、旧知の読者である私が補助役になった。加藤は闘病をしいられるなかで、最終稿の完成にまでこぎつけ、刊行を見届けた。

残りの部分の草稿について、加藤は当然、独立した一冊の著作として世に問う意志をもっていたが、生前には実現できなかった。未定稿であることもあり、しばらく刊行のめどが立たなかったが、『9条入門』の刊行に尽力された矢部宏治、二〇一五年の大部の著作『戦後入門』（ちくま新書）の編集者でもあった筑摩書房の増田健史の両氏の理解を得て、筑摩書房から刊行される運びとなった。そして私は、校訂と文言の整理を前著より引き継ぎ、この本と読者をつなぐ役を引き受けることになった。読者にはどうか諒とされたい。

2

前著『9条入門』は、第二次世界大戦において無残な体験をした日本が、その体験に裏打ち出された自前の平和思想を十分に熟成し、そこから「法の感覚」を育てていくというプロセスをたどることができなかったのはなぜだったのか、という問いを出発点にしている。法の感覚とは、法は――専門家ではない――自分たちがつくり、支えていくものだという、社会の土台をなすところの、人々の共通感覚である。法の感覚を育てるチャンスはあった。またその可能性を担いうるキー・パーソン、考え方の萌芽もあった。だが日本社会において、そのチャンスを生かすのに必要な共同の努力が十分に行われてきたとはいえない。それが、原爆の脅しを背景にした無条件降伏という思想の出現と、それに立ち向かう批評感覚のあり方を問うた一九八五年の著作『アメリカの影』（河出書房新社、現在、講談社文芸文庫）以来、戦後日本社会の歩みに関与しつつ、その土台への注視を持続してきた加藤による診断である。

『9条入門』でたどられているのは、敗戦後の連合国による占領開始から、天皇条項と戦争放棄条項を抱き合わせにした憲法の制定、再軍備・親米・単独講和論と非武装・永世中立・全面講和論の対立、そして吉田茂のダレスとの独立交渉の失敗と、サンフランシスコ平和条約および日米安保条約締結までの、憲法9条をめぐる最初期の――一九四五年から五一年までの――精神史である。

そこで加藤はこう述べている。確かに日本人は、敗戦後、戦争放棄の理想を掲げる平和憲法（憲法9条）を手にすることになった。だがその憲法の制定には、敗戦後の日本の占領をめぐる国際政治を背景とした、占領軍最高責任者マッカーサー、米国本国、連合国という三者の力と意図のせめぎあいが強固に関与していたのであり、自分たちがそれを自力で作ったと語ることには嘘がある。その嘘が、平和思想の足腰を弱くし、平和憲法に拠らなければ戦争に反対できないという本末転倒をも生み出すことにもなる。

また、もし戦争放棄というのであれば、本来は、他の国々との信頼関係の構築を通じ、相互主義の原則に基づく「ただの戦争放棄」が目指されてしかるべきだったのだが、マッカーサーが自身の政治的必要と独特の理想主義に基づき創作した、ひとりよがりでフォロワーのいない「特別の戦争放棄」に目を奪われる。そのことは9条が、信仰の対象だった天皇の非神格化＝民主化によって生じた心の空白を埋める、道義的等価物として人々の前に現れてもいた事態を示唆している。

このような9条の制定過程と9条観のあり方に顔を出しているものこそが、日本社会における法の感覚の弱さであると、加藤は考える。

平和憲法は強制的だったか、自発的だったか。いわゆる「改憲派」と「護憲派」のあいだで長く争われ続けているこの二項対立は、不毛である。強制だから変える。強制でないから守る。どちらの発想も短絡的であり、自分たちが置かれている状況に対する洞察を欠くものであるというほかない。憲法の制定に強制が働いていた事実を疑うことはできない。まずそのことを認めよう。何よりも大事なのはその先で、この二項対立自体を相対化してみせること——強制の事実とそれをもたらした状況をまっすぐに見たうえで、平和憲法を自発的な選択に作り替えるよう努力することである。ちょうど明治初期、フランスでルソーを学んで帰国する途中のサイゴンで、西欧人がアジア人を蹂躙する光景にふれて、人民の権利という考え方を生んだのは西欧かもしれないが、そのことの意味を理解し、実行できるのは、われわれ非西欧人なのではないかと考えた、中江兆民のように。

法の感覚が弱いということは、私たち一人一人の「生きること」の基底をなす、自己中心性への信が弱いということに等しい。法は、自己中心性を基底につくられることによって、はじめて信じるに足るものとなる。別の見方をすれば、自己中心性は、しばしば静的で固定的なものとみなされ、理性による一方的制御の対象として貶価《へんか》されてきたのだが、実はその自己中心性には、法の感覚の土台をなすものにまで変態しうる、動的でダイナミックな輝きが秘められている。

この自己中心性を加藤は、一九九九年の著作『戦後的思考』(講談社、現在、講談社文芸文庫)のなかでは、「公共性」に対する「私利私欲」と呼び、三・一一の震災・原発事故後に書かれた『人類が永遠に続くのではないとしたら』(新潮社、二〇一四年)では、「ビオス（政治的な人間の生）」に対する「ゾーエー（生き物としての人間の生）」とも呼ぶようになる。

――公共性は私利私欲からつくられなければならない。

――ゾーエーはビオスよりも広く深い。

この二つの命題には、加藤の著作活動の根底に脈打ち続ける一つの確信が言いあてられている。

法の感覚は、次の二つの「ゼロからの問い」が共有されることにより成り立つと、加藤は『9条入門』の「ひとまずのあとがき」で述べている。

自分たちにとって、何が一番、大切なのか。
これからどうすることが、自分たちにとってほんとうに必要なのか。

『9条の戦後史』は、この問いへの応答を引き継ぐ形で書かれているのである。

3

『9条の戦後史』では、日米安保条約が締結された一九五一年以後、この本がひとまず擱筆された二〇一八年にいたる戦後史を舞台に、平和憲法の用法をめぐる日本側、米国側のせめぎあいの諸相が、前著に引き続き、叙述されている。

戦後日本の対米観の基調を占めていたのは、従米－反米の共依存的鏡像関係ともいうべき対位だったが、同時にそこには、対米従属一辺倒ではない「せめぎあい」も伏在していたという事実が、加藤の注視する力点であり、この注視が、この本の叙述の書法に生彩のある起伏をもたらしている。

前半部では、冷戦構造を背景にした対米従属構造のなかで、世にいう「改憲論」と「護憲論」の対立の構図が生成し、展開する過程が描かれているが、そのなかで加藤は、二つの抵抗線の存在に注目している。

第一は、憲法9条を盾にとって経済成長を推進しようとする吉田茂の「解釈合憲」（加藤の造語）の系列に立ち、9条と日米同盟および自衛隊の存在の矛盾をむしろ選び取ることで、平和日本と経済繁栄を実現した叡智を評価する、高坂正尭《こうさかまさたか》、永井陽之助らの現実的護憲論の系譜である。

そして第二は、9条の理念とは無縁に、戦時期日本の経験への反省と現状分析をもとにした森嶋通夫の非軍事的なソフトウェアの国防論であり、また9条を組み込み、ソフトウェアの拡充を重視する国防構想を唱える久保卓也の積極的平和主義である。

そして後半部では、冷戦の終結とともに強化されることになった——ジョセフ・ナイの恫喝に象徴される——米国による日本への反撃体制と、それに対し有効な手段を講じられずに徹底従米姿勢を深めていく「失われた三十年」が描かれることになる。抵抗線を後退させたこの三十年の歳月は、湾岸戦争以降の加藤自身の批評の歩みにも重なる時間であり、本書における加藤の叙述は、加藤の他の著作群を含めて、今後私たちの社会で書かれるべき「失われた三十年」の精神史にとっての貴重な参照軸となるだろう。

対米従属からの離脱を果敢に試みた民主党の鳩山・小沢政権の試みは、準備不足、思慮不足が祟り、米国および国内親米派の反対にあって挫折。その反動がやがて、対米従属の徹底と空虚なナショナリズムを同居させた安倍政権を誕生させるにいたる。この政権の誕生は、冷戦終結後、国の根本をゼロから考え合うという作業を軽んじてきた、日本社会の無為無策の帰結である。

安倍政権成立後に進行した（野口註——現にさらに進行中とみえる）事態がそれまでと異なっていたのは、対米従属の犠牲となっている、国内におけるクリティカルな（危機的な、重大な）弱い部分を保護するどころか、それを進んで危機にさらし、しかもそれをなきがごとくに隠蔽する（「美しい国」イデオロギーの）動態が顕著になったという点である。

この動向はまた、問題状況のなかでの理想と現実、自己と他者のせめぎあいをとらえる感度の喪失――歴史像、社会像の平板化――という形で、私たち自身の内部にも影を落としている。こうした事態への深い危機意識がなかったら、先立つ大著『戦後入門』に続き、深甚な心身への負担をおして、原『9条入門』が書かれることは、おそらくなかっただろう。

国がクリティカルな部分を保護しえなくなっているということは、その国自体がクリティカルな局面を迎えているということである。加藤の9条論は、自身の私利私欲が、そしてゾーエーが、そのクリティカルな場所に立たされているという認識を母体に生みだされているのである。

4

この精神史叙述の終わりの箇所に、加藤は、自身による9条加憲案を掲げている。この加憲案は、『戦後入門』ですでに述べられたプランの再掲であるが、本書の文脈のなかに置いてこれを見てみると、また別の光をも放ってみえる。

『戦後入門』は、『アメリカの影』の主題（対米関係）と『敗戦後論』（講談社、一九九七年〈現在、ちくま学芸文庫〉）の主題（対アジア関係）を一対のものとして構成し、これを世界史的な文脈のもとに再成形しようとした壮大な試みである。そこでは、第二次世界大戦が国家間の利害衝突をめぐる従来型の戦争と異なり、理念と理念、大義と大義の争いを基軸とした世界戦争としての性格をもつ新しい型の戦争であり、それゆえに敗戦国が固有の困難（ねじれ）を抱え込まざるをえなくなったこと、そのねじれを直視し、対米関係と対アジア関係の双方の歪みという現実を克服する鍵が9条加憲案なのだということが、委曲を尽くして述べられている（本書と合わせてぜひお読みいただきたい）。

一方原『9条入門』では、『戦後入門』の達成点を参照軸にしつつ、「自分たちにとって、何が一番、大切なのか」、「これからどうすることが、自分たちにとってほんとうに必要なのか」。彼我のせめぎ合いのなかにこの二つの「ゼロからの問い」が不在だったことのもつ意味が、加藤が考えぬいたその答えの再提示とともに、示唆されているのである。

加藤案の骨子は、対米従属からの脱却と、米国を含む他国との信頼関係の構築に基づく平和と安全の確保の探求である。そのうち、とくに国連中心主義への立脚という部分に関し、理想論に過ぎるのではないか、という疑問や反論が寄せられるかもしれない。加藤はそのことを想定している。加藤のいう国連中心主義は、二一世紀の世界そのものがクリティカルな局面に置かれているという認識を一つの支えとする。国連というものがすでに「つくられたもの」としてだけではなく、クリティカルな状況に立たされた人類の手で、これから「つくるもの」としても考えられているのである。

加藤は、『戦後的思考』のなかで、クリティカルな自己中心性に立脚して社会の土台となる法の感覚を育てようとする思考の系譜が、ホッブズ以降、西欧近代に現れた事実に注目し、敗戦後の日本にあってゼロから物事を考えようとする思考の系譜——吉本隆明、吉田満、鶴見俊輔など——の相同物をそこにみていた。

たとえばルソーはこう考えた。人間とは、自己保存への留意と自己への配慮を不可欠とする存在である。「当初、人々は自然状態の中で、そこそこにやっていくだろう。しかしやがて各人がその自己保存のために払っている努力がそれを妨げる障害に凌駕される時点がくる。人類がそういう時点に到達したと考えてみる。その時、人間の力には限りがある以上、人は生存様式を変え、協力するということを行なわない限り、滅亡するしかない。力の集合によってその総和を増やすことだけが、この破滅を逃れる道である」(『戦後的思考』)。ルソーはそこから、自らを破滅に導く「自然的自由」への追従よりも、約束を通した「社会的自由」の獲得のほうがベターだと考えざるをえなくなった人々が約束を交わし、互いに共有しうる一般意志を育て合い、それに従うあり方をよしとする、社会契約の考えに踏み出していく。

一八世紀を生きたルソーが主に国内問題をめぐって考えたことは、今では、世界大の問題を考える際に不可欠な準拠枠になっているのではないだろうか。加藤の9条論、9条加憲論は、「各人がその自己保存のために払っている努力がそれを妨げる障害に凌駕される」場所から、私利私欲とゾーエーを決して手放すことのないように構想された、もう一つの社会契約論でもある。その思考の方法の真価が問われているのは、むしろ加藤の知らなかったコロナ禍後の今なのではないだろうか。

加藤は、自身のやはり9条加憲案について中高生むけに語った「僕の夢」という二〇一六年の文章を、次のように結んでいる（内田樹編『転換期を生きるきみたちへ』晶文社、所収）。

理想というのは大事だ。政治というのは、新しい価値を作り出すための人々の企てだからね。むろん、理不尽なことには立ち向かうんだが、そういう必要と、この理想と二つがあってはじめて、政治は、実現できないと思われていたことを可能にする人間の営みになる。「現実性がない」という見込みをみんなの力で跳ね返すこと、それが、政治の本質なんだよ。

僕は、日本が、ちょうどいま難民受入れに力を入れるドイツみたいに、やはり一度、戦争に負けて苦労した国は、謙虚で、弱者の立場にも想像力が働き、自分を疑いながらやっていくんだなあ、なるほど、負けただけのことはある、と世界の人に、感心されるくらいだといいなあと思っている。何もかもができるとは思ってはいないけれど、軍事的なことは最後の手段にして、どこまでも平和的手段を追求し、たとえばＩＳのような集団に対しても、交渉の呼びかけをやめない国であり続けたいと思う。でも、最後、必要なら、そのときは創設なった国連警察軍の一員として武装して平和維持活動に参加する。しかし、それに先だち、ぎりぎりのところまで経済的な支援、平和的な支援にこだわり、それをどこまでも追求する国であってほしいと思っている。

それが僕の夢なんだよ。

君らはどう思う？

ルソーの「一般意志」は、絶対的な正解があるわけではなく、困難な状況の共有に基づき約束を交わした者同士で探り合い、育て合うことを旨とする。法の提案者が人に問いかけるのは、自分は自分たちの一般意志というものについてよくよく考え、このように語ってみるのだが、本当にそれでいいと思うか、よくよく吟味してみてほしい、ということである。この本もまた、つねに異論に開かれている。大切なのは私たちのあいだで、ささやかな形ででもゲームが始まり、考えを育て合っていくことであると、きっと加藤は考えるだろう。

第Ⅰ部

日米安保条約と憲法9条
――1950年代

1955年、ダレス国務長官(右)、ニクソン副大統領(左)と重光葵外相の日米会談
(photo © 毎日新聞社/時事通信フォト)

第1章　改憲論の登場

1　吉田茂と憲法9条

憲法9条は、米英を中心とする連合国に敗れた日本が、その非軍事化と民主化を目的とした占領状態に置かれたなかで、何か一つの明確な意図というよりも、占領軍当局（GHQ）の最高責任者であるダグラス・マッカーサー、アメリカ本国、連合国という三者の力と思惑のせめぎあいを母体とし、多層的な意味をはらみつつ、出生したものでした。

成立当初の9条観には、二つの支配的な流れがありました。

第一のそれは、いくぶん日和見主義的で浮わつきもしていた理想追求の姿勢に支えられた、世界に先がける理想の「光輝」に包まれた9条というマッカーサー流の発想で、「ただの戦争放棄」とは異なる「特別の戦争放棄」を眼目にしたものでした。第二のものは、マッカーサー失脚後に勢力をもつようになった、米国特使ジョン・フォスター・ダレス流の、日本を「無力化」するための陰険な思惑をひめた9条という発想で、共産主義の浸透への警戒という一点に関心を集中させた、日本国民への不信と日本の独立への無関心——ニヒリズムと表裏一体の9条観というべきものでした。この両者の特質は、そのいずれもが、天皇の政治利用を伴いつつ、国際社会全体との断絶下において成立した、極端な9条解釈だったことだといえるでしょう。

1951年9月8日、サンフランシスコ平和条約と日米安全保障条約が締結され、日本の国際社会への復帰が決まります。この出来事は憲法9条の歴史においても、一つの大きな画期をなしています。なぜなら、独立国としての地位を回復するこの過程のなかで、はじめて憲法9条に対する、それまでとはまったく異なる質のアプローチが現れるからです。

独立の回復は、国際社会との断絶を前提にした極端な解釈からは離れた、国際社会との新たな関係の模索や構築を視野に入れた、憲法9条の「使用法」への関心を呼び覚ますことになります。すなわち、憲法9条を日本の経済中心主義ないし経済ナショナリズムの確立にむけた防波堤、アメリカからの再軍備の要求、日本国内からの戦前復帰の要求に抗する防塁として用いるという新しい現実的な発想が、戦後の日本に生まれてくるのです。冷戦激化によるアメリカの政策転換に呼応する、「ただの戦争放棄」を通り越した、いわば活用策としての「防波堤としての憲法9条」の登場がそれでした。

†9条の「使用法」への関心の嚆矢――「防波堤としての9条」という吉田茂の発想

9条活用策の最初の発想者は、サンフランシスコ平和条約締結時の首相、吉田茂（1878―1967）です。

1951年9月の平和条約締結の前後、まず現れてきたのが、再軍備をめざす改憲論でした。1950年の末に朝鮮戦争の形勢が米軍劣勢となったおり、ついたまらず、というようにして前首相芦田均（1887―1959）の口から再軍備の訴えが出てきます。芦田は数年前には憲法普及会の会長として「特別の戦争放棄」の「光輝」を力説して回るのですが、この国際情勢の変化と、それにより日本が共産化の波に吞まれるのではないかという恐怖とが、彼を動かします。

この再軍備論は以後、彼の属する保守派の民主党の基本方針となり、改憲論に結びつきます。講和後、吉田が米国の再軍備要求に「せいいっぱい」の抵抗をしたあと、失脚すると、この再軍備の構えは、保守合同をへた鳩山一郎政権に引き継がれ、再定義されたあと、外相重光葵《しげみつまもる》によってはじめての改憲論として推進されるのです。

そして、社会にこの理路整然とした改憲論の基軸が示されると、これに対抗するものとしてようやく輪郭のはっきりした護憲論が姿を見せるようになります（詳しくは第2章）。ここに改憲論と護憲論の正面からの対峙の構図がうまれますが、それがいわゆる「55年体制」のはじまりとなるのです。

しかし、のちに詳しく述べるように、この第一次の改憲論が米国の拒絶にあって頓挫することになると、岸信介内閣による安保改定をめぐる激動をへて、再び池田勇人（1899―1965）、佐藤栄作（1901―75）という吉田の弟子たちに政権が戻ります。そして彼らの新しい経済重視の政策が高度成長と呼ばれる日本の経済発展とむすびつきます。吉田の「防波堤としての憲法9条」は、こうして1960年代のなかば、その高度成長路線の源泉として、再評価・再定義され、新たな変種護憲論の可能性を示すことになります。

ここでは、こうした文脈を頭において、以下、1950年代初頭から60年代初頭にかけての日本の戦後の改憲論、護憲論の発生の現場を見ていくことにします。

†「改憲論vs護憲論」の起点は、吉田対ダレスの日米交渉

起点は、1951年のサンフランシスコ平和条約と日米安保条約の締結へむけての日米交渉です。ところで、この平和条約と日米安保条約の締結は、戦後の米国外交にとっては

もっとも華々しい成功例の一つだったでしょう。日本と対等な条約を結ぶという考えが最初からなかった米国に対し、日本の外務省条約局は、国連憲章を足場にしつつ、日本の独立性確保のための抵抗的交渉を試みましたが、この戦いは、マッカーサーの用意した土俵にそった単独講和論者である首相兼外相の吉田によって徹底されず、またやはりマッカーサーの土俵にそって全面講和を説く南原繁ら全面講和派知識人の支持を得ることもなく、孤立無援に追いやられ、完敗をしいられました。

いま考えると、この交渉を進めるに際して、米国およびその特使に任命されたジョン・フォスター・ダレス（1888―1959）は、もと弁護士らしく、一つの交渉手口を弄した気配があります。米国側のこの交渉におけるほんとうの狙いは、講和後も日本を米軍の駐留基地として占領期同様に自由に使えるようにすることだったことが現在の観点からは明らかですが、ダレスは、これを衣の下に隠し、いわばバーゲニング（交渉取引）のため、より高い日本再軍備という要求項目を押したて、これを最後、譲歩するという見せかけのもとに、じつは本当の狙いだった基地駐留権をすべてちゃっかりとものにしたと見えるからです。

本来からいえば、7年にも及ぼうという異例に長い占領をへて、講和後もなお「日本中のどこにでも、必要な期間、必要なだけの軍隊をおく権利」を確保し、日本を実質的な支配下に置く、という米国の統合参謀本部から出された要求は、第二次世界大戦の戦後秩序のもとで、きわめて実現困難な課題のはずでした。ほぼそれは東ヨーロッパにおける共産主義国のソ連の衛星国圏（＝東欧圏）に対応する保護国圏（＝東亜圏）を対ソ戦略上、民主主義と国際法秩序の遵守を標榜する自由主義圏のアメリカがつくることを意味したからです。

しかし、この難題を1951年にほぼ完璧にダレスはクリアしてみせます。この大きな功績を認められ、1953年、共和党アイゼンハワー政権が成立すると、満を持したかたちで国務長官に抜擢されます。

†吉田外交の失敗とその隠蔽

ところでここに不思議なことがあります。

ということは、この交渉で日本はほとんどやられっぱなしだったということになるのですが、ダレスの交渉相手の吉田の評価は、日本では、そうなっていないからです。吉田の声価を決定づけた1964年の高坂正堯の「宰相吉田茂論」（『宰相 吉田茂』所収）を読むと、逆にこの交渉が「政治、外交の実際家、それに徹した職人としての彼の生涯の頂点」（55頁）とまで、口を極めて絶賛されています。以後、こうした肯定的な評価が日本での定説となっているのです。

なぜこういうことになるのでしょうか。

理由の一つに、秘密外交により、その吉田の「やられっぱなし」の部分が、すべて国民の目には見えないように覆い隠されたからということがあります。これは偶然ではありません。交渉では、当初アメリカのもってきた協定（条約）原案のあまりの「むきだし」ぶりに日本側は鼻白み、「一読不快の念を禁じ得ない」という感想が外務省当事者から洩れるほどだったのですが（西村熊雄「平和条約の締結に関する調書」）、最終的に、それを対等のものに押し返すことが難しいため、代わりにそれを表に出さない秘密外交方式が、適用されるのです。

51年2月、日本側責任者、外務省条約局長の西村熊雄を「一読不快」にさせたのは、たとえばアメリカ側原案の次のような条項でした。

> 日本区域において戦争または差し迫った交戦の脅威が生じたとアメリカ政府が判断したときは、警察予備隊ならびに他のすべての日本の軍隊は、日本政府との協議のあと、アメリカ政府によって任命された最高司令官の統一指揮権のもとにおかれる。
> （「相互の安全保障のための日米協力協定案」第8章2項、傍点引用者）

日本では前の年に警察予備隊ができたばかりです。それなのにそれはほんの手始めで、このあと「軍隊」をも作らせることを米側はもう当然のこととして前提にしています。しかもその「軍隊」は、戦時になったら、日本に今後無期限に駐留するアメリカ軍の「統一指揮権のもとにおかれ」、米軍指揮のもとに戦う、というのです。この傍若無人ぶりはどうか。「一読不快の念」に堪えないが、抗っても相手が譲らない。となると、こういうものがそのまま表に出たら、とても政府がもたないので、次にその隠蔽方法が問題になるのです。

その結果、最終的に双方が合意して、

講和条約→日米安保条約→日米行政協定→秘密会式協議機関（日米合同委員会）→密約（交換公文など）

という五層のグラデーションをもつ入れ子型の取決めの構造がつくられます。

(1) 講和条約は、きれいごと。国際間の衆人環視のもと各国議会の批准が必要。

(2) 日米安保条約は、一応タテマエとしては国連のあり方にそった軍事的取決め。米国議会と国民の目にさらされ、承認を要する。

(3) 日米行政協定は不平等な実態を文書で取り決めるが議会の承認は不要。できれば政府間に収める。国民の目にはふれにくい。

(4) 秘密会式協議機関（日米合同委員会）はその存在が行政協定に明記される。しかし議事録は公開しない。外にその協議内容の詳細はもれない。

(5) 密約は、その存在すらも秘される。国の最高トップの間で文書のかたちで保管される。

というしくみですが、日本外交が戦後、こうした密約方式に大々的に手を染めるようになる嚆矢《こうし》が、この吉田主導の交渉なのです。

たとえば右の「統一指揮権」については、1952年当時の極東軍司令官マーク・クラークが本国統合参謀本部にあてた機密報告書にこう述べています。7月23日の夕方、吉田、岡崎勝男（外相）、マーフィー（米大使）を自宅に招き、会食後、この件について会談したところ、「吉田氏はすぐに」この統一指揮権の必要性、その任命権は米国がもつことについて「合意した」。続けて吉田は、「この合意は、日本国民に与える政治的衝撃を考えると、とうぶんのあいだ、秘密にされるべきであるとの考えを示し」た。そこで自分とマーフィーはそれに合意した。その合意をここに当文書をもって報告する、というのです（195

2年7月26日、マーク・クラーク極東軍司令官より統合参謀本部へ。古関彰一発見の機密文書、矢部宏治『日本はなぜ、「戦争ができる国」になったのか』120～122頁)。

†秘密外交をしないという誓いのウソ

別にいうと、この機密報告書が、密約の根拠文書です。これを公的に文書化すると交換公文となります。

ジョン・ダワー『吉田茂とその時代』によると、吉田首相はこのとき国会では秘密外交はしないと「たえず殊勝ぶって誓ってい」ます。しかし、これはウソでした。吉田には、戦前にも英国大使として本国に断ることなく軽率に日中和平の斡旋を内密に英国にもちかけて頓挫した過去があり(「吉田秘密計画」)、吉田は、秘密外交を好む旧套型の外交官・政治家として知られていました(『吉田茂とその時代』下巻、134頁)。

先の高坂の褒め言葉、「政治、外交の実際家、それに徹した職人としての」吉田、つまり「外交の職人」とはずいぶんと奇怪な概念ですが、ダワーは、1970年代、英公文書館を調査して「吉田・イーデン秘密計画」のイギリス側資料を発見した際、このときの吉田の、高坂のいう「職人」的な「秘密外交」が、かなり杜撰《ずさん》でいい加減なものだったことを確認しています(同前、上巻、第五章)。

その結果、外に現れない日米行政協定の交渉では、外部からのチェックがないため、自己の立場の主張に際して臆病であっても譴責《けんせき》を受けません。米側だけでなく日本側までが占領期のままの意識から抜けられず、抵抗も試みないまま、米側のいいなりになる場面が多く見られました。

当時、吉田内閣の蔵相池田勇人の秘書官をしていた宮沢喜一は、こんな例をあげています。

†戦後日本の宿痾と化した秘密体質

その頃、宮沢が「折衝中の行政協定の草案を見たところ」、「米国は駐留を希望する地点について講和発効後九十日以内に日本側と協議し、日本側の同意を得なければならない」とあります。これは占領終了後、「九十日以内に占領軍は撤退する」と規定したポツダム宣言からくる規定です。ここまではよい、しかし、続けて、「但し九十日以内に協議が整わなければ、整うまで暫定的にその地点に居ってよろしい」と、あったというのです。

つまり、この規定の但し書以下が全く間違っているのであって、九十日以内に相談せよ、但しまとまらなければ、まとまる迄いてよろしいというのでは、九十日と日を限った意味は全くない。九十日と日を限った意味がなければ、講和が発効して独立する意味が無いということにひとしい。

非常に驚いて、この規定を削ってもらうように外務省に申入れたことがある。ところがその後、再び驚いたのは、この規定は行政協定そのものからは姿を消したが、「岡崎、ラスク交換公文」の中には、そのままこの規定が確認されていて、しかも私がそれを知った時は、既に行政協定は両国の間で調印を終っていた。（『東京―ワシントンの密談』128〜129頁）

岡崎は岡崎勝男外相、終戦直後は重光葵の部下、重光更迭後、吉田側についたイエスマンで、一方のディーン・ラスクはこのとき大変な切れ者の、順序を踏む米国務次官補（52年に大統領特使）でした。

「吉田・ダレス講和方式そのものには誤りはなかったと信じているだけに、私にはこの行政協定締結当時の間違いが残念に思われる」と宮沢は書いていますが（同前、130頁）、その含意するところは大きい。考え方は誤っていなかったが手法が間違っていた。つまり、やれることとやれないことがあるのですから、「失敗」は仕方がない。ただそれを「隠す」という手法をとると、その「失敗」が次の「成功の母」になれなくなる。それは考え方の是正の機会を奪う、最悪の手法なのです。

近年、矢部宏治が『知ってはいけない』などによって戦後日本の日米安保条約にまつわる秘密外交的特質を明らかにしていますが、こうしたあり方は、このとき、「失敗」を表に出さない「密約とマニュアルの構造」として吉田の資質によって先鞭をつけられたものでした。吉田の「やられっぱなし」は見えなくなりますが、彼のもたらした秘密体質が、以後、戦後日本外交の宿痾《しゅくあ》となるのです。

†予想外だった失敗

吉田の「失敗」が見えにくくなった消極面の理由がそのようなものだとして、この日米交渉が、吉田の「政治の頂点」をなす「成功」とまで目されるようになった積極面の理由は、これに比べると、やや込みいっています。

現時点で明らかになっている米側史料を読めば、このとき、ダレスにとって最大の対日交渉の目的は「日本中のどこにでも、必要な期間、必要なだけの軍隊をおく権利」を確保する自由基地使用権の獲得にありました。

1950年9月8日にトルーマンは対日講和・日米条約締結交渉の開始に向けた基本方針に署名しますが、そこにはこの自由基地使用権がはっきりと記されています（FRUS, 1950,

Part VI, pp. 1293-1297)。それが困難な課題であることをダレスは誰よりもよくわかっていたでしょう。ダレスは既述のようにウォール街の弁護士出身の法律家で、第一次世界大戦後のパリ講和会議でドイツ賠償に関わり、国連憲章の起草にも関わって最重要の関与を行った法的交渉のプロです。主権国家にこのような待遇を課すことがポツダム宣言にも国連憲章にも反する行為だということを、重々承知していました。

51年1月26日、日本との交渉を控えた来日翌日のスタッフ会議では、欲するだけの部隊を欲するところに欲するだけ長く日本に駐留できるかどうか。これが今回の交渉におけるわれわれの主要な課題である。しかし「日本政府がそのような権利をアメリカにあたえた場合、日本の主権を侵害する条約をむすんだと必ず攻撃されるだろう。この提案を受けいれさせるのは非常にむずかしい」と、スタッフに厳に慎重対応するよう、注意喚起しています（FRUS, 1951, VI, p. 812、矢部宏治『日本はなぜ、「戦争ができる国」になったのか』111～112頁）。

米国の日本への要求は、(1)基地権の獲得、(2)再軍備の要求、(3)戦時の統一指揮権の確保からなっていましたが、講和と条約締結の段階でぜひとも実現しておかなければならなかったことは、次のことでした。すなわち、(1)基地権については、直接に条約に書き入れること。(2)再軍備については――すぐに日本にこれを強制することは不可能であるため――

最低、再軍備に向けての日本の努力義務を条約に書きこんでおくこと。そして(3)戦時の統一指揮権については——まだ軍隊もない段階でとうてい表向きにできないことなので——、別の手段、たとえば交換公文ないし口頭での「密約」としてでも、何らかのかたちで非公開のまま文書化しておくこと。

しかし、講和と日米安保条約締結交渉で、吉田は、(1)の基地権の条約書き入れでも、(2)の再軍備の努力義務書き込みでも、(3)の戦時の統一指揮権の委任でも、すべて米国側に押し切られています。講和後の交渉で台湾の中華民国政府を承認することを求められ、その結果、中国との正式国交樹立の道を途絶えさせられたことも、予想外の大きな譲歩、失敗でした。そして、その見返りとして、連合国が米国を筆頭として戦時賠償を大幅に免除する、南西諸島の潜在主権を認める、等々の「寛大な講和条件」が与えられることになったのですが、その対価は、表面からは見えにくくされるのです。

とはいえ、その痕跡は条約にはっきりと残っています。

(1)の基地権は日米安保条約の第1条に、「米国の陸海空軍を日本国内及びその付近に配備する権利を、日本は許与し、米国は受諾する」と書きこまれています。(2)の再軍備の努力義務は、前文に、「米国は……日本国が……直接及び間接の侵略に対する自国の防衛のため漸増的に自ら責任を負うことを期待する」と書かれています。また、(3)の戦時の統一指揮権は、日米行政協定24条に「日本区域に……敵対行為の急迫した脅威が生じた場合には、日本国政府及び合衆国政府は、……防衛のため必要な共同措置を執り、……ただちに協議しなければならない」とあり、そしてこれについてはラスクが国務省に公電を送り、この（指揮権）問題については後日詳細を協議するほうが「日本国内の論争もおさえられ、憲法問題も引きおこすことがないでしょう。われわれの利益も、もっともよくえられるはず」と報告しているのです（1952年2月19日、矢部『日本はなぜ、「戦争ができる国」になったのか』118〜119頁）。

これを受けて、先に見た7月26日のクラークの機密報告書が生まれることになります。「後日詳細を協議」したうえでの吉田の「統一指揮権」にふれた「密約」がそこに書き入れられているのです。

†再軍備要求への不思議にも頑強な吉田の抵抗

しかし、この負けのあと、吉田は、(2)の「自国の防衛のため漸増的に自ら責任を負う」と書かれた再軍備のための努力について、講和後、異様な執念を見せて、抵抗を示します。

それまで、日本の再軍備については、マッカーサーが否定的な見解を示し、国務省のジョージ・ケナンなども消極的な姿勢を示し、これに対し、国防省、軍部が、強硬に要求を行っていたのですが、東西冷戦の激化に伴い、１９４９年1月、国務長官がマーシャルからディーン・アチソンに代わると、ケナンの影響力は低下し、51年4月には、頼みの綱のマッカーサーも解任されます。国内からも朝鮮戦争を境に再軍備の声があがりはじめ、再軍備への抵抗はほとんど四面楚歌の状況となるのですが、にもかかわらず、このあたりから、吉田が一人、この内外こぞっての再軍備の声に、不思議にも頑強な抵抗を開始するのです。

それが、後に述べるような理由から、いわば講和と日米条約交渉時の抵抗へと横滑りさせられ、このときの吉田の腰砕けの失敗を見えにくくする要因ともなるわけです。

50年12月28日、朝鮮半島でのソウル陥落まぢかの米側劣勢という事態を受け、芦田均が、「極東の情勢は重大な危機を包蔵している」、いまや「日本人は自らの手で国を護る心構えを必要とする」と再軍備への準備を訴えはじめると（「芦田意見書」）、29日、吉田は、「再軍備ということは容易に口にすべからざるもの」で、「憲法の精神を守るわれわれの義務として、憲法の規定に反する問題をとりあげるということは好ましからざるものだと思う」と応え、再軍備をめぐる論争の火ぶたが切って落とされます。

両者はともにもと外交官です。吉田は、芦田とは「見方が違う」、大東亜戦争のことを思えば「国民も軽々しく再軍備をいうべきではない」とこれに反論しますが（朝日新聞、大嶽秀夫編・解説『戦後日本防衛問題資料集』第2巻、66〜67頁)、これは、この時期、保守派の政治家としては意外と見える護憲的な対応でした。

このあと、米国の方針が再軍備要求を強め、頼みの綱のマッカーサーも51年4月には解任されますが、それでも、吉田のこの孤軍奮闘は続きます。

51年10月の衆議院での芦田による、日米安保条約が日本の自衛権に立脚している以上、46年当時の吉田の(自衛権も認めずという)憲法9条解釈は変更されたはずだが、いつ「かわったのか」という踏み込んだ問いにも、「そういった覚えはない」ととぼけてはぐらかします(「衆議院平和条約委員会議事録」1951年10月18日、同前、118頁)。

そして、「いつになったら日本は軍備を持つことができるか」という正面切った質問には、こう答えます。第一に「国力の回復」、第二に「日本の平和主義あるいは民主主義」が確立され、「軍国主義の復興」等に対する周辺国の「疑惑、恐怖」がなくなること。これらの条件がみたされれば、検討可能だが、「今はその時期にあらずと考えて」いる、というのです(同前、126頁)。

この態度は、その後も変わらず、たとえば54年3月9日の衆議院予算委員会でも吉田は、「憲法改正は容易ではなく、軽々にすべきではない」、「国民の理解を得て行うべき」、「今はその時期ではない」と同じ主張を繰り返します。「時期がくれば改正できるのか」と問われると、「時期がくれば当然改正すべき」とは答えるものの、それがいつになるかは明言しないのです（竹前栄治監修『日本国憲法・検証 第7巻 護憲・改憲史論』105頁）。

†支配力を失う吉田

芦田は、いまや国際情勢が変わったのだから、再軍備すべきだ、独立したのだから、それを国民に訴え、国民を動かすべきだ、そして必要なら、改憲を訴えるべきだ、と理路整然と改憲論を提示します。ところがそれに、吉田は、きわめて煮え切らない態度を保持しつつ、この〝正論〟をはぐらかし、ただし、再軍備へのはっきりしない反対の態度を貫徹しようとするのです。

ただ、このような煮え切らない対応は、公職追放が解除され、この芦田の主張を継承するかたちで政界復帰した鳩山一郎や石橋湛山、重光葵らの明確な再軍備と改憲の主張、吉田の過度な対米依存路線への批判を前に、吉田の政治的主張と立場をはなはだ旗色の悪いものとします。吉田はやがて、世論の内閣支持率を低下させ、自由党内部でも支配力を失い、政権の座から追われることになります。

その結果、いまの目からは意外ですが、1955年11月の保守合同は、吉田ヌキで行われます。このとき、吉田は佐藤栄作とともに「無所属」議員に零落します。その後、57年、弟子の池田の手引きで保守合同で生まれたこの自由民主党に改めて「入党」するのですが、むろん以後も主流に復帰することはないのです。

†吉田神話の捏造＝吉田再評価に顔を出す、9条の未知の可能性

ところが、1960年7月に弟子の池田勇人が政権の座につき、吉田の先の「防波堤としての憲法9条」路線を継承し、これが時の高度成長政策とうまく結びついて国民の支持もかちとるようになると、63年、正式に政界を引退するあたりから、吉田への再評価の気運が高まり、67年の死去に際しては戦後初の「国葬」が執り行われます。今度は吉田一派が、自民党の「保守本流」の源流とみなされるようになってくるのです。

しかし、このときの「吉田再評価」は、きわめて政治的な意味をおびた価値創造の企てでもありました。それは、吉田が過去に行ったことを、歴史を修正して、読み替えることでもあったからです。

つまり、それが60年代前半の吉田の否定的評価を一変させた高坂正堯による吉田再評価の帰結なのですが、高坂は、「対米従属」路線に道をつけたとされてきた吉田が、じつは1950年代初頭の講和と条約締結の交渉において、米国の再軍備要求をはねつけ、60年代以降の憲法9条を防波堤にした軽武装、親米、経済中心主義という新しい〝親米自立路

線〟ともいうべき方向に道を開いた先達だったのだ、という物語を作ることで、これまでにない戦後政治の考え方を作り出したと、吉田を評価するのです。

高坂はいいます。吉田は、もともと日本の講和後の米軍日本駐留を必要と考えていて、1950年4月には池田ミッションを通じて米側から米軍駐留の希望をいいにくかったら「日本側からそれをオファ」してもよいと米側に伝えた。「これに対して、ダレスは六月下旬に日本再軍備の要求を持って日本を訪れた。そして、（しかし吉田にとって基地提供と日本再軍備はまったく違う意味をもっていたので――引用者による補足）吉田はこの要求を頑としてことわった」（『宰相 吉田茂』56頁）。

本来逆接の関係であるべき、吉田による基地オファ→ダレスによる基地使用要求→吉田によるはぐらかし→（その結果、ダレス激怒）という経過が、ここでは「そして」による順接へと〝修正〟されて、吉田基地オファ→ダレス再軍備要求→吉田拒否→ダレス激怒→吉田平然、という吉田神話の捏造《ねつぞう》へと進んでいます。

戦後の日米交渉過程についての克明な検討を行った歴史家の豊下楢彦は、マッカーサーへの抵抗を吉田が試みていた背後から、相手のマッカーサーの頭越しに、基地貸与を日本側からオファする提案をアメリカ本国に行う指示を、昭和天皇が行っていた可能性を指摘しています（『安保条約の成立』）。この豊下の指摘は、確証はないものの、前後の状況の推移を追尋する限り、きわめて示唆に富むものと私は考えているのですが（拙著『9条入門』第6章）、そのような「天皇外交」による介入や、それによる吉田の苦渋の存在の可能性などは、高坂の論においては一顧だにされていません。

とはいえ、1963年に執筆され、67年、吉田の死の直後に加筆された自身の吉田論（「宰相吉田茂論」）が、半分は事実をだいぶ誇張した「積極的な読み替え」であること、歴史の偽造をすら一部含む歪曲であることを、おそらく高坂は承知していたでしょう。

高坂は、ダレスの主目的がこのとき、むしろ基地権獲得にあったこと、それでこの第一回目の来日で、会ってみると吉田が「オファ」の伝言から態度を一変させ、基地権について回答をはぐらかしたので激怒したことなども、当時もたぶんある程度わかっていたにもかかわらず、一切ふれません。そうしたことを承知のうえで、このとき吉田の行ったことをこう「読み替え」てみせることで、その延長に現在、採用されつつある軽武装、親米、経済ナショナリズムを基本とする政策路線に、大いなる可能性のあることを、世に示そうとしているのです。

いわばこの時期、自民党に採用され、推進されている政策（＝高度成長政策）が東西冷戦のデタント（緊張緩和）期における最適解であることを示そうとし、そのための手駒として、その「象徴」に選ばれたのが、吉田だったのです。高坂の吉田茂論は、吉田論として見れば、非常に偏ったもので学問的には大いに問題があるとしても、政策提案のためのフィクショナルな仕事として見ると、非常に面白い、画期的なものだったことがわかります。

吉田は彼の秘密外交と、講和後のしぶとい再軍備への抵抗、さらにそのことへの高坂らの事後的な価値賦与という意図的な創意による高度成長路線の開祖へのフィクショナルな祭り上げ、というこの三つの理由で、講和・条約締結交渉の大失敗にもかかわらず、これを帳消しにして、日本国内では高い評価をかちえ、長い間、保守本流の作り手とみなされることになります。

それが、この講和、日米安保条約締結交渉の両当事者が、二つの国で、ともに高い評価を得ていることの理由です。そしてそれが、また、吉田の奇妙な抵抗に、これまでにない憲法9条の使用法という未知の可能性が現れていることへの指摘ともなっているのです。

2 改憲論の創始者たち——重光、鳩山、岸

吉田はなぜ、このような米側の再軍備要求への抵抗をしぶとく行ったのでしょうか。
これがここから出てくる大いなる問いです。

しかし、それに先だち、吉田の煮え切らない対米従属路線の前にその批判として現れた、公職追放解除された政界復帰組による戦後初の改憲論の論理を見ていくことにします。

順序としては、1950年代の講和後の、このはじめての改憲論の誕生があり、それに対抗してはじめての護憲論の形成が生じ、ついでその二つが、次に安保闘争の激しい対立をへて、吉田のいわば創始による新手《あらて》の保守的護憲主義の登場を促す、という過程をふみます。

†芦田均の「再軍備」論

最初に現れる改憲の動きは、先に述べた、1950年12月の芦田均による「再軍備」論です。東西冷戦の激化のもと、やがて講和を迎えようとしている日本は、自由主義陣営の一国として、自ら国を守る気概をもつべきだというのが、このときの「芦田意見書」の主張でしたが、それはまだ「改憲」の要求とは結びついていません。というのも、それはほんの数年前に「戦争放棄」の新憲法を称揚した政治家の口から、出てきようのないものだったからです。

したがって、芦田の主張は、(1)再軍備は、自衛のためのものであり、また、(2)憲法9条は自衛権を否定していない、したがって(3)再軍備は合憲である、——とはいえ、「本来なら再軍備のためには憲法改正が望ましい」のだが、「そのためには国民投票によらねばならぬ、しかし戦争の悲劇をまざまざと体験した多くの婦人たちの反対は明らかなことで、投票の結果はおそらく敗れるだろう。そうした予想から憲法改正はある時期までまつことが必要」である――というもので、これは、後に（51頁以下で）述べる「解釈合憲」と改憲の双方にまたがる二枚腰の主張として、嚆矢のものでした（「芦田、再び説明」1951年1月10日、大嶽前掲、第2巻、67〜68頁）。

この主張をもって、芦田は、先に見たように吉田に、1946年当時、憲法9条は自衛権をも否定するといったではないか、いつ意見が「かわった」のだと後には質《ただ》すのですが（51年10月18日）、その自分は、当初から憲法9条は自衛権を認めているという立場だったと釈明して、こう述べます。

その証拠に、自分が新憲法公布の日（1946年11月3日）に刊行した『新憲法解釈』を見よ。そこで、すでにそう述べている。根拠は、憲法9条2項に新たに加えられた「前項の目的を達するため（戦力を保持せず交戦権を否定する）」の修正である。「前項の目的」とは「国際紛争の解決手段たる場合」の戦争をさしており、ここに自衛戦争は含まれない。そしてこの修正は自分が（1946年7月に）「提案した」（「平和のための自衛」毎日新聞1951年1月14日、同前、68頁）。

†「無難な改憲論」の出発

しかし、芦田がこの「提案」を行ったとき、じつは1項と2項は逆になっていましたから、「前項」の意味が違っていました。のちに2項に移される「国の交戦権の否定」に関する文言は、もとは1項に記されていたのです（最後の段階で別の議員の発言がもとで順序が入れ替わります）。また、このとき、衆議院特別委員会委員長の芦田を補佐した佐藤達夫法制局次長の証言によれば、芦田はたぶん、この「前項の目的を達するため」という修正がそういう意味を持ちうることに、修正採決の時点でも気づいていませんでした。直後に、佐藤にその可能性を示され、「あっ」と思ったのです。

佐藤は書きます。自分が議場でそのことを「芦田先生に耳打ちをして」GHQがこれを「自衛のために再軍備するという魂胆があっての修正ではないかと」「誤解しやしませんか」と述べると、「芦田先生は笑ってお答えになりませんでした」（『憲法調査会第七回総会議事録』109頁、古関彰一『日本国憲法の誕生　増補改訂版』390～391頁）。

ちなみに芦田は、それ以前、憲法9条がGHQ草案をもとにして政府案として出てきた時点では、憲法9条の「特別の戦争放棄」の光輝を称揚する発言をさかんに続けます（1946年7月9日には「議事堂の窓」の向こうに「満目蕭条たる焼野原」が見えると述べ、「人類共通の熱望たる戦争の抛棄」が「憲法改正の根拠」の一つだと力説しています。8月25日にも、「我が新憲法の如く全面的に軍備を撤去し、総べての戦争を否認することを規定した憲法は、恐らく世界に於いて之を嚆矢とする」と明言していました)。その後、この自分の行った「修正」の新たな意味に気づき、それを当時執筆中の11月刊行の『新憲法解釈』に書きこんだというのが真相だったのでしょう。

芦田自身が46年8月の下旬に別の考えもあることに気づき、以後しばらく、いわば憲法9条を「両天秤にかけ」ていた。51年にいたり、もう一方の解釈に出番がやってきたので、そちらを当初からの持説と強弁したと解されます。

そのあざとさを隠すためか、芦田は後に、自分の「修正」の真意は当初から、この「自衛のために再軍備するという魂胆」にあり、その意図は、自分の日記およびこの秘密会の速記録に記された自分の発言から明瞭だと56年3月30日に言明します(東京新聞「憲法はこうして生まれた――秘められた歴史的事実」)。しかし、後に、この証言と記事は、まったくの虚偽であったことが判明します。日記などは没後、一度は捏造さえされるのですが(東京新聞1979年3月21日)、その後公刊されたオリジナルの日記(『芦田均日記』全7巻、1986年)にも、ようやく1995年9月に公開された帝国憲法改正案委員小委員会(芦田小委員会)速記録にも、このような記述はなかったのです(古関前掲、381~392

頁)。

芦田は政治家としての晩節を汚したといわざるをえませんが、このような虚偽を含んで、先には、(1)憲法9条は「全面的に軍備を撤去し」た世界に冠たる先進的な条項だという「特別」の存在としての評価がなされ、次には、(2)しかし自衛権は保持されているという限定が、いったんは(私のコトバにいう)「解釈合憲」のかたちで加わり、さらには、(3)そこから生まれた自衛隊をしっかりと位置づけるために「改憲」が必要だ、というように軸足を移す、戦後のもっとも無難な改憲論の流れに先鞭をつけたのが、この芦田だったということが、よくわかるのです。

†改憲封印を目指す「解釈合憲システム」

ところで、ここに用いる「解釈合憲」というコトバは、この本ではじめて使う概念なので、一言、申し添えておきます。

そもそも(憲法判断を含む)「合法」「違法」の判断には、かならず「法解釈」がなされることが——程度の差こそあれ——前提です。ですから、憲法解釈に新たな意味が生じるのは、あるべき(条文から導かれる、一定の)枠を逸脱した「解釈(による法文の改変)」が行われるばあいであって、その行為は「解釈改憲」と呼ばれています。

しかし、これを政治の面から見ると、この「解釈改憲」には、戦後、独自の意味が新たに付与されていることがわかるでしょう。ふつう、政府が解釈改憲を行うのは、必要があって、あるべき枠を逸脱した「解釈」を加えることで「法文の意味の改変」を行うばあいです。

憲法9条1項は自衛権を否定していない。しかし、2項に戦力の不保持と交戦権の否定を定めることで、二つ合わせて日本は自衛権の行使としての戦争も否定している、というのがそれまでの解釈の「あるべき枠」だとすると、芦田修正の文言、「前項の目的を達するため」に有意性を認め、「前項の目的」とは「国際紛争の解決手段たる場合」の戦争をさしているので2項の戦力不保持規定をもってしても9条は自衛戦争を否定していない、したがって「自衛隊は合憲である」と主張するのは、これまでの「あるべき枠」を逸脱した「解釈（による法文の改変）」、すなわち「解釈改憲」の一例です。

しかし、右のばあい、芦田は、この「解釈改憲」により、自衛隊はすでに合憲だと解釈できるので、「本来なら改正が望ましい」のだが——いま国民投票をやれば「おそらく敗れるだろう。そうした予想から改正はある時期までまつことが必要」と考え——、「当面、改憲は不要」という、いわば中二階の踊り場の設定に成功しています。一階の自衛隊違憲では困る。最終的には二階に上り（＝改憲を行い）自衛隊合憲を明記する。しかし諸般の事情でそれはいま極めて困難なので、中二階をつくる。それによって、「当面、改憲は不要」で「二階に上らなくとも自衛隊は合憲という中二階」に住まう、という二段階改憲論なのです。

しかし、吉田は、ここから、やがて、この中二階にとどまり続けることで二階に上る階段を板で封じる、という新たな手法を考え出します。「解釈改憲」によって(実質的な合憲状態をつくりだし)、逆に二階に上ること、「改憲を封印」する、という新たな政治手法がそれです。

そしてそれが、後の吉田流の「防波堤としての憲法9条」の用法を可能にします。

この本では、この手法を念頭に、それによって「改憲を封印」することをめざす吉田流の「解釈改憲」を、そうではない一般の解釈改憲と区別して、「解釈合憲」と呼び、このように解釈改憲を用いることで護憲型の立場を作り出す憲法運用方式を「解釈合憲」システムと呼んでおきます。

したがって、吉田の護憲論は、右の中二階への踏みとどまりであることで、芦田の二段階改憲論と違っています。そして、日本の戦後にまず現れる改憲論は、国民の反軍感情と反戦感情の強さを考慮して、芦田の二段階改憲論へと流れかかるのですが、このとき、このような拡散傾向に対し、理路をもって明確な再軍備のための改憲論の立場を打ち出すのが、もと外相重光葵（１８８７―１９５７）の改憲論なのです。

†重光葵の注目すべき改憲論

重光の論は、芦田の解釈改憲にも吉田の解釈合憲にもよらない、率直簡明な改憲論です。重光も、芦田、吉田と同様、もと外交官の出身ですが、彼は、他の二名と違い、戦前、戦後を貫いて自分の信念に基づいて行動しようとした、日本にあっては希有の外交官、政治家でした。

同じく外交官出身の戦略理論家の孫崎享《うける》が、外交畑の世界では吉田茂は傍流で必ずしもエリートコースを歩んだわけではなく、重光葵こそ正真正銘のエリートだったといっていますが（『戦後史の正体』２２０頁）、同感です。ただ、そうであるだけに戦後の政界では人心を掌握できず、孤立しました。

重光は、１８８７年の生まれ、１９１１年に外務省に入省後、30年には駐華公使となり、31年の満州事変の際、これを平和裏に収束させようとはかり、上海停戦協定への奔走の際には爆弾テロ事件によって右脚を失います。その後、駐ソ大使、駐英大使を歴任、日独伊三国同盟締結に頑強に反対しますが、政府に押し切られ、日米開戦となったおりには、東条内閣のもとでの外相として、41年の米英の大西洋憲章に対抗して、日本の戦争目的にアジアの植民地解放と人種差別の撤廃を掲げる大東亜共同宣言の発表を手がけるなど、戦時下にあっても異色の国際感覚を発揮し続けます。

敗戦直後、政府閣僚としてふさわしい重要な仕事を果たしたのもこの重光です。先に述べたように、誰もが嫌がる降伏文書の調印式への出席を引き受け、直後にはマッカーサーと交渉して譲歩を引き出し、その後、米国による占領統治政策のスリカエと日本政府代表者たちの迎合ぶりを何とかしようと、抗議の総辞職案を東久邇首相に上申して、外相を更迭されています。

その後ソ連からの執拗な意趣返しを受けて不当にも東京裁判でA級戦犯として訴追されますが、その際、イギリスの有力な保守政治家ハンキー卿が数年をかけて重光訴追に抗議し、『戦犯裁判の錯誤』(原著1950年刊)を執筆、刊行した事実は、重光が、戦前戦後を貫く国際社会のなかでいかに強靭な信頼関係を築き、欧米の人士にも深い印象を残しえたかを証しています。ハンキーのこの著作は、東京裁判の危うさを指摘したものとして極めて優れています。

その重光が、禁錮7年の有罪判決を受け、服役ののち、50年11月に仮釈放される。そして54年12月、鳩山内閣のもとで外相となり、その自らの改憲論を掲げて米国の国務長官ダレスとの交渉に臨むのです(本章3節参照)。

†簡明な正論の展開

さて、芦田とは違い、新憲法が占領軍の権力にささえられながらその「光輝」で人々を魅了していた時期、政界から姿を消していた政治家たち――戦前も戦後も権力者に抵抗した石橋湛山（1884―1973）などの「骨」のある人士、あるいは戦前の政治に深く関与し、処刑をまぬかれた岸信介（1896―1987）などの戦犯組、両者の中間に位置する鳩山一郎（1883―1959）、重光葵ら――が追放解除されて、政界に復帰してくると、彼らは、これまでのGHQとの行きがかりなどからくる「しがらみ」なしに、まっとうな正論を展開し、日本の独立を確保するための再軍備とそのための改憲を主張するようになります。

ダレスは、講和時の（旧）日米安保条約が不平等条約となる理由として、1948年のアメリカ上院におけるヴァンデンバーグ決議をあげており、それは、アメリカは相手も自国を対等に防衛する双務的な条件でのみ相互防衛条約を結ぶことができると定めていました。そのため、旧日米安保を改定し、駐日米軍を日本から撤退させるには、日本の再軍備が欠かせない、そのためになら憲法も改正しよう、と考えられたのです。きわめて簡明な考え方であり、改憲論ですが、戦後の9条論議の外にあった政界復帰組から出てきた正論が、こういうものなのでした。

とはいえ、そのことを述べる前に、少し回り道が必要です。この時期の保守合同にいたる、だいぶ錯綜した保守政界の動きを追っておきます。

†吉田時代の最盛期──保守政界の動き（1）

まず、1949年1月から55年11月の保守合同まで、ほぼ7年間。この真ん中に1949年秋から51年春にかけての講和問題、51年9月までの講和・日米安保条約締結交渉があり、これに加えて50年6月から53年7月まで、朝鮮戦争が起こっています。

この7年間に総選挙が四回あります。このうち、真ん中の二回が吉田政権によるものです。まず吉田自由党は、GHQが介入した最初の「馴れ合い解散」による49年1月の第二四回総選挙で（衆議院全議席466議席中）264議席獲得の地滑り的勝利を収め、民主党芦田均の中道連立政権に取って代わります。その後、第一野党となった民主党のうち反主流の犬養派22名を吸収し、盤石の態勢を作ると、54年12月まで、ほぼ6年間、政権の座にとどまるのです。

46年5月に鳩山一郎の公職追放により首相になった第一次吉田内閣に続く首相就任ですが、党内に地歩のなかった吉田は、この総選挙で多くの政策通の官僚を政界に引き入れ、以後、官僚と党人の双方のバランスの上で、持ち前の秘密駆け引きを武器に、党内を掌握します。池田勇人（大蔵次官）、佐藤栄作（運輸次官）、岡崎勝男（外務次官）、前尾繁三郎（大蔵省主税局長）らがこぞって政治家に転身し、当選するのが、この49年の総選挙です。

その吉田がこのあと、1952年以降、真ん中の二回の総選挙を行うのは、自分の基盤が危うくなるためです。退勢を挽回しようと半年とちょっとの期間に二度、立て続けの解散を行うのですが、その最初の危機が、占領期に公職追放にあって政界から排除されていた政治家たちが追放解除になって戻ってくる51年6月以降に起こっています。つまり吉田の最盛期は、49年1月から51年9月のサンフランシスコ講和条約締結まででした。

†吉田時代の終焉――保守政界の動き（2）

日本の保守政界では、1946年に鳩山一郎が原爆投下を批判するなどの発言によりGHQに忌避され、公職追放にあっています。鳩山は、首相になる直前で、この公職追放は鳩山を首相にさせないための介入でしたから、その代わりに首相になれた吉田が、鳩山復帰の暁には政権を鳩山に返還すると誰もが予想していました。

しかし、追放解除直前の51年6月に鳩山が脳出血で倒れます。その後、吉田に返還の気配が見られないことから、これに反発した復帰組を中心に、追放解除後、自由党内での吉田派、鳩山派の抗争が生じるのです。

吉田の行う第一回目の解散は、この鳩山派の準備の整う前の総選挙を狙った52年8月の解散で、「抜き打ち解散」と呼ばれています。これに続く講和後初の第二五回総選挙の結果は自由党全体で240議席と過半数は維持したものの、43議席減、内部に党内野党ともいうべき鳩山派の「民主化同盟」64人が含まれていることを考えると、176議席で、苦しい数字となります。

先の保守野党はその後改進党（総裁は重光葵）を結成し、この選挙で85議席をもつ第一野党となります。この選挙で躍進したのは、合わせて111議席を獲得した左右社会党で、先に46議席にまで落とした党勢を2・4倍に増やしていました。他方、公職追放解除組はこの選挙に合計329人が立候補し、そのうち139人が当選。なかで追放解除により返り咲いた代議士が95人で、全体の2割を占め、そこには鳩山、石橋湛山、重光葵など、有力な政治家が多く含まれていました。

米国とマッカーサーにあまりに依存した、しかも旗幟《きし》のはっきりしない吉田の政策を正面から批判する勢力が、これまでの芦田に加え、自由党の鳩山、石橋、改進党の重光、さらにその後代議士になる岸信介と、一挙に政界復帰してくるのが、この52年10月の第二五回総選挙で、吉田はこのあと、先の講和、日米条約締結交渉での秘密独善と対米依存ぶりをさんざん批判されます。

半年後の「バカヤロー解散」による総選挙（第二六回、53年4月）はこれに反撃するためのもので、吉田としては苦境打開をはかるのですが、このときの遊説第一声で、改進党の重光は、戦後の民主主義を堅持し、平和政策を推進するが、まず自主独立を実現するため再軍備と改憲をめざす、と述べます（53年3月22日、大嶽前掲、第3巻、44頁）。これまでとは異質な改憲論が登場してくるのです。

分党派自由党の復帰組、鳩山もまた、吉田を批判して、秘密外交を戒め超党派外交をめざすべき、また、最低限の軍備は必要である以上、改憲をはかるべき、と改憲を主張します（3月23日、大嶽3、44〜45頁。54年11月、鳩山ら自由党反吉田派は離党し、改進党と合同して日本民主党を結党します）。結局、吉田は、その後、二つの汚職事件をへて、追いつめられ、とうとう54年12月、内閣総辞職を決意し、自由党総裁も辞任します。ここに鳩山内閣が成立し、ようやく吉田の時代が終わるのです。

†自民党の結成――「改憲vs護憲」の争点化

吉田の退場を受け、１９５５年2月に行われる第二七回総選挙で、鳩山、岸信介らの民主党政権が、はじめて政権与党の主張として、憲法改正、とくに9条改正による再軍備を公約に掲げます。1950年末に芦田が主張した再軍備が、51年9月の講和と日米安保条約締結をへて、戦後はじめて、再軍備、憲法改正、対米自立、自主外交という「完成した改憲論」として、時の政権与党の選挙公約に掲げられるのです。

しかし、選挙の結果は、意外なものでした。

民主党が第一党となったものの185議席、保守野党の自由党が112議席で、合計しても前回選挙より13議席減の297議席にしかなりません。憲法改正に必要な「3分の2」の311議席に足りず、民主党は改憲をあきらめざるをえなくなります。反対に、戦後初の改憲論の公約に対し、左右統一で「平和憲法擁護」を掲げた左右社会党、とりわけ左派社会党が勢力を伸長させた結果、左右合計で156議席、労農党、共産党合わせて162議席の獲得となり、ここに「3分の1」の護憲の壁の形成されていることが示されるのです。

この結果を受け、鳩山ブームに警戒を強め、平和護憲の主張に手応えを感じた左右社会党が、まず55年10月に再統一を果たし、これに対抗する意味で、財界からも促され、鳩山の民主党、ならびに吉田を排除した自由党が合流して、55年11月、自由民主党が結成されます。この社会党再統一と自由民主党の創設によって生まれるのが、この後、冷戦期の終わりまで続く、「3分の2」と「3分の1」で改憲勢力と護憲勢力が拮抗する「55年体制」

なのです。

社会党は、国民の支持を得たと考えた左派を中心に、51年の「平和四原則」（全面講和、中立堅持、軍事基地反対、再軍備反対）を継承し、その象徴として「憲法9条の堅持」を公約に掲げます。自由民主党は、「政綱」に「独立体制の整備」の項を立て、「現行憲法の自主的改正をはかり」、「自衛軍備を整え、駐留外国軍隊の撤退に備える」ことを掲げます。

こうして、改憲論と護憲論が政治の第一の争点をなすという、日本の戦後政治の基本構造が姿を見せるのです。

†正論だが机上の空論だった自主憲法制定論

1950年末の芦田の再軍備論から55年2月の民主党の改憲論への展開は、次のように起こります。

そこでポイントとなるのが「押しつけ憲法論」です。吉田、芦田、幣原という占領下の政権担当者たちと、鳩山、石橋、重光、岸という追放解除組をはっきりと隔てる主張として現れるのが、この「押しつけ憲法論」を足場とする自主憲法制定論なのです。それは保守陣営内部から、まず吉田対米従属路線への批判の文脈で出てきます。

まず、岸信介を会長に54年3月、自由党が「憲法調査会」を発足させ、11月に「日本国憲法改正案要綱」とその説明書、理由を発表しますが、そこでは、天皇の「元首」化と「国力に応じた最小限度の軍隊」の設置が明記されます。そしてその「理由」が、こう記されます。

一、制定の時期が、敗戦による外国軍隊の占領下という異常な状態で国民の自由な意見発表も許されず、ポツダム宣言の「日本国民の自由に表明せる意思」は見られず、したがって同宣言に関する連合国回答にいわゆる「日本国政府の形態は日本国民の自由に表明せる意思により決定せらるべき」状況になかった。

二、原案は、日本の実情に疎い、少数の外国人によって、早急の間に起案され、天皇の一身上の安全を条件に最後通牒的に受諾を強要されたものである。(以下、略)

(「日本国憲法が全面改正を要する理由」〔自由党〕)

これが、いわゆる「押しつけ憲法論」の初出の例の一つです。

しかし、これが、実際に政権を担当して、占領軍とのあいだに苦しい折衝を続けた人間の手になるものでないことは、すぐにわかるでしょう。つまり、この改憲論は、何をきれいごとをいってやがる、と憤懣の声があがる点では、吉田たちにとって、「特別の戦争放棄」の理念の「光輝」を称揚する護憲論と同じ、机上の空論にすぎないのでした。

憲法は占領下、主権のないままに米国によって押しつけられた。それをもとに戻そう、とこの追放解除組の改憲論はいいます。しかし、そんなことは可能なのか。なぜなら、日本は講和後も、実質的に米国の支配下にあって、それがほぼ不可能である点、占領中と変わらない。そんなこともわからないのか。そう、吉田たちは思っていたはずです。

だいぶ後になりますが、吉田が弟子の池田に宛てた書簡に、安保改定をめざす追放解除組の岸の姿勢を評して、これも「岸〔信介〕などの徒らに衆愚にへつらうほか別に定見あってのことではなく、共同防衛、国際相互依存が当然の現今の国際情勢にあってなお、自主とか双務的とかと陳腐な議論を展開しているのは我等の賛成出来ぬところ」と述べているのは、そうした苛立ちをよく示しています（11月6日付、坂元一哉『日米同盟の絆』127頁、『吉田茂書簡』7巻、71頁、表現を一部読みやすく改めています）。

すなわち、これら追放解除組のはじめての改憲論には考え方の首尾一貫した〝正論〟の論理性とともに、その現実感覚の欠如が、顔を出していました。

とはいえ、彼らにそのような現実感覚のズレをもたらした一因は、もとはといえば吉田の密約外交にこそあるわけで、その意味でも吉田の責任は重いのですが、不幸なことに、その現実認識のズレ、甘さに、このあとこの改憲論を掲げて自主独立外交をめざす重光は、

55年、ダレスとの交渉において思い知らされることになります。

†重光葵の抱えた問題――エリートと非エリートの懸隔

米国側は、官僚と政治家と軍人のあいだに人的な交流と職務の流動性が保障されているため、先の経験と成果が次の代にも継承される。日本側は個人プレイと秘密体質と文書軽視の伝統が強く、同じ失敗を何度も繰り返してしまう。戦後の歴史にこうした例は数多く見られるのですが、これもその一例にほかなりませんでした。

話を戻すと、右の1954年の自由党の「憲法調査会」案とほぼ同じ時期に構想された重光の改進党の憲法改正案も、自由党のそれとほぼ同じ、「押しつけ憲法」論の改正という論理に立つものでした。改進党は54年1月の党大会で「憲法全面改正の国民運動を起こす」という運動方針を掲げ、「日本国憲法は、制定事情に鑑み、また施行以来の経験に照らし、全面的な再検討を必要とする」、そのため調査会を設置し、改正の手続きに入ると宣言していました。

同時に採択された「新日本国民憲法創定に関する決議」案には、「現行日本国憲法はわが国が独立を失い、わが国民に自由意思なきとき作られ、外国の承認をまって成立したものであって、すでにその制定手続においてすら、真に憲法とよぶにふさわしくないものである」とあり、総裁の重光は、「日本の敗戦は、戦後発見された文献からもわかるように、必ずしも無条件降伏ではなかった。この趣旨から、憲法問題も日本人自身の考えで取りあげるべきものであった」、したがって現在、「憲法を全面的に再検討することは当然である」と述べていました。

日本の占領がある時点で無条件降伏にすり替えられた、そこに不当なものがある、という感触を重光は当事者として強くもっていました。自分のイニシャティブで再軍備することで、平和主義を堅持し、同時に米国からの要求に応え、かつ米国の支配から脱するというのが、戦後の貴重な5年近い時間を巣鴨プリズンに奪われた、重光の考える改憲論の方向でした。

そこに顔を出していたのは、重光における戦前と戦後の切断という問題だったでしょう。彼のなかには明治から戦前へと続くナショナリズムが生きていたはずで、その彼は自分ではそのままに戦後の平和主義へとそれを接続できると思っていたはずです。エリートとしての彼の中では、それは十分つながるものだったからです。

しかし、そのエリートとしての彼と、非エリートとしての一般国民の経験のあいだの懸隔はそのときどこに位置を占めるのか。もっといえば、大東亜戦争指導に加担した自分の責任を、被侵略国民とのあいだで、戦後の政治家としてのいま、どう明らかにするのか。

そういう問題に答えを出さないでは、重光は、まともな戦後の政治家にはなれないはずでした。

†改憲論の流れと重光の立ち位置

重光の改進党の「憲法調査会」は1954年4月に清瀬一郎を会長に発足します。協議、検討をへて54年9月に提出された「現行憲法の問題点の概要」には、「天皇を元首にする」、「自衛のための戦力を保持できる」とほぼ自由党と同じ趣旨が記されましたが、前文は「現行憲法の民主主義、平和主義、国際協調主義等の進歩的要素を堅持して、これを積極的かつ自主的なものに書き改める」、第一「天皇の地位」は「但し旧憲法の天皇主権への復元は意図しない」、第二「戦争放棄」は「自衛のための戦力」合憲説もあるが限度を明確にするため改憲する、など、より慎重で民主主義、平和主義基調の記述となっているのが特色でした（竹前前掲、114〜115頁）。

とはいえ、メンバーにはその後「押しつけ憲法論」の先鋒として頭角を現す新人の中曽根康弘（1918―2019）も入っていました。その中曽根が2年後、すっかりナショナリスティックな色に染まった「自主憲法期成議員同盟」で発表する「憲法改正の歌」（1956年）の歌詞とは、こういうものでした。

「嗚呼戦いに打ち破れ／敵の軍隊進駐す／平和民主の名の下に／占領憲法強制し／祖国の解体を計りたり／時は終戦六ヶ月」（1番）
「占領軍は命令す／若しこの憲法用いずば／天皇の地位請けあわず／涙をのんで国民は／国の前途を憂いつつ／マック憲法迎えたり」（2番）
「十年の時は永くして／自由は今や還りたり／我が憲法を打ち立てて／国の礎築くべき／歴史の責を果さんと／決意は胸に満ち満てり」（3番、以下略）

こうして、55年1月、解散、総選挙に臨んで、政権与党民主党の鳩山は、「55年2月の衆院選を改憲のための選挙と位置づけ」、衆参両院での3分の2の議席獲得をめざすと宣言します。しかし、先に述べたように、3分の2に達しない。それを受けて、憲法9条は「機会がきたら見直」す、「その努力は続けて行く」（竹前前掲、119～120頁）という中二階に置かれる。芦田の二段階改憲論が前面に掲げられ、やがて、この中腰の姿勢（中二階の過渡的段階に滞留し続けること）に我慢がきかなくなると、自ら実現のすべを失ったまま、占領への怨念の表現として改憲を唱える中曽根的なルサンチマン的改憲論（出口なしの改憲論）も現れてくることになります。論理の上でみるなら、改憲論は、こうして、

理路の立った改憲論（重光、第一次の改憲論）
↓
二段階改憲論（芦田）
↓
ルサンチマン的な「出口なしの改憲論」（中曽根、第二次の改憲論）

と動いていくのですが、これら三つの流れを糾合しつつ、11月、「現行憲法の自主的改正」をめざし、保守合同が行われるのです。

†意想外の自民党安定政権維持

自由民主党のその後の軌跡は、この政党が、当初の対米自立の企てに挫折し（重光）、親米脱依存へと方向を修正しながら（岸）、最終的に再び吉田路線を採用し（池田以降）、この第一次の重光改憲論（再軍備、改憲、対米自立）を撤回ないし凍結して、冷戦期の終了まで安定政権を維持する方向に活路を見いだしていくことを示しています。

多くの人間が、保守合同時、この政党が以後数十年にわたって安定した政権基盤となるとは思っていなかったと証言しています。そのことは、このあと、この政党が改憲論の挫折をへて、思わぬ鉱脈を発見することを暗に語っています。

しかし、それも、最初の改憲論があっての後の展開です。

自民党・鳩山政権の再軍備、改憲（改憲解釈）、対米自立路線は、まず外相重光葵による対米交渉のかたちでめざされます。私の考えでは、この重光外交に、原初の戦後改憲論のかたちが最も鮮やかに現れています。次にこれを見ておきたいと思います。

3　重光外交と「相互防衛条約」

鳩山由紀夫・小沢一郎の民主党内閣が、ほぼ60年ぶりに自民党系保守政権から政権奪取後、1年ももたずに総辞職したのは、2010年6月8日のことです。

鳩山・小沢民主党政権は、対米依存からの脱却と東アジア共同体構想、国連中心主義を標榜してここ半世紀来の従米路線からの転換をはかったものの、米国からの圧力、外務省等の官僚たちによるさまざまな妨害に遭い、その企てに頓挫したのでした。

ところで、それから1カ月半ほどすぎた2010年7月27日に、この日の外務省の外交文書公開を受けた興味深い記事が読売新聞紙上（夕刊）に現れています。1955年、このときと類似した状況で、鳩山の祖父の鳩山一郎が同じく「対米自立」をめざして日米安保条約改定の外交交渉に着手した際、外務省に命じ、西太平洋の「相互防衛条約」案を用意させていたというのです。

†幻の「相互防衛条約」

ところで、この「相互防衛条約」とは、これまで存在することがほぼ確実視されていたものの、日本の外務省が55年にわたってその存否を明らかにしないできた幻の文書でした。ただし、記事は、その歴史的意義にふれるというより、これが当時にあって、いかに無謀な対米自立の企てであって、その無謀さにおいて、孫の鳩山由紀夫政権の試みにつながるものであったかを、強調、なかば揶揄《やゆ》する狙いのもとに書かれていました。

見出しには、

「1955年、米軍撤退を要求していた　鳩山一郎内閣試案　旧安保の代替」

あたかも「鳩山」由紀夫と小沢「一郎」の二人の主導による新政権の挑戦が、過去の無鉄砲な挑戦に続くものでもあるかのように、こう記されていました。

【西太平洋で集団的自衛権　旧安保の代替「相互防衛条約」で】

1960年の日米安全保障条約改定前の55年、当時の鳩山一郎内閣が（中略）日本が防衛力を増強する一方で、米軍を日本から撤退させるとした「相互防衛条約」の試案を作成していたことが、外務省が公開した外交文書で27日、明らかになった。鳩山氏が「対米自立」を掲げ、再軍備、憲法改正論者だったことは広く知られていたが、今回の文書では、新条約の具体的な試案が明らかになった形だ。

この案は、55年7月27日付で作成された文書で、全9条からなる。第2条で「武力攻撃に抵抗するための個別的及び集団的の自衛能力を維持し、かつ発展させる」と明記し、日本に集団的自衛権の行使を認めている。条約の適用範囲については、旧安保条約が対象としていた極東から西太平洋に広げた。

注目されるのは、米軍撤退についての条項だ。第5条で「米国の陸軍及び海軍の一切の地上部隊は、日本国の防衛計画の完遂年度の終了後90日以内に、日本国よりの撤退を完了する」などと規定している。

55年8月30日、訪米中の重光葵外相（当時）はダレス米国務長官（同）にこの相互防衛条約の草案を示し、「米軍を日本から逐次撤退することを可能ならしめる」と交渉開始を強く求めた。だが、ダレス長官は「まじめに交渉する時期ではない」と取り合わなかったという。

こう述べて、この記事は、識者談として、「米国から完全に独立したいというナショナリスティックな気持ちがこのような新条約案を作らせたのかもしれない」、しかし「55年の段階で米軍を撤退させ、集団的自衛権を持ち出すというのは、全く現実的だったとは思えない」という信夫隆司日大教授の意見、さらにそれが「半世紀を経て、孫の鳩山由紀夫前首相が唱えた『常時駐留なき安保』論に受け継がれたともいえそう」との「解説」を載せるのですが、この文書の公開の意義が、そのようなレベルにとどまるものではないことは、明らかでした。

この幻の「相互防衛条約」案こそは、55年11月の保守合同の結果生まれる自由民主党の「政綱」に「駐留外国軍隊の撤退に備える」と記された背景がどれほどの実質をもっていたかを示す、初期の改憲論のもっとも明瞭な史料だったからです。

†対米従属の軛からの脱出を期した条約案と、その問題

このときの重光の対ダレスの考え方は、次のようなものでした。

ダレスが、1951年の吉田との交渉で、日本とはNATO（北大西洋条約機構）のような対等で双務的な条約は結べないと述べたのは、日本が軍隊をもたないからでした。先

にふれたように、アメリカ上院は48年に「継続的で効果的な自助および相互援助」をアメリカに与えうる相互性をもった国とのみ集団的な安全保障取り決めを結ぶことができるというヴァンデンバーグ決議を行っていましたが、ダレスは、これをうまく使い、憲法9条をもち戦力をもたない日本とは、そうしたくとも対等型の条約は結べないと、日本が用意した対等、双務的な対案を、すべて拒否します。

これに対し、重光は、それなら憲法9条を軍隊がもてるように改め、日本も、アメリカが危機に陥ったときにはアメリカを守ることができる態勢を作ればいい、と考えます。それ以外に、日本がアメリカから独立する出口はないからです。そこで用意されたのが、2010年にようやく公開され、その存在が明るみに出た先の「相互防衛条約」案です。

ですから、そこでは、日本に国連憲章51条により「集団的自衛権の行使」が認められているとの了解のもと、来たるべき憲法改正を視野に、「条約の適用範囲については、旧安保条約が対象としていた極東から西太平洋に広げ」る、とされました。

それを条件に、この相互防衛条約が締結された暁には、「米国の陸軍及び海軍の一切の地上部隊は、日本国の防衛計画の完遂年度の終了後90日以内に、日本国よりの撤退を完了する」とされたのです。条約案は、「日本国と米国との間の相互防衛条約（試案）」と題し、次のような条項を含んでいました。

第2条（自衛能力の維持、発展）　個別的及び集団的の自衛能力を維持、発展させる。

第3条（協議条項）　一方の締約国が、その領土保全、政治的独立または安全が外部からの武力攻撃によって脅かされたと認めた時はいつでも協議する。

第4条（相互防衛の発動条項）　西太平洋区域において、いずれか一方の締約国への武力攻撃が自国の平和及び安全を危うくするものと認め、かつ自国の憲法上の手続きに従って共通の危険に対処するために行動することを宣言する。

第5条（米駐留軍の撤退）　米国の陸、海軍の地上部隊は、日本国の長期防衛計画の完遂年度の終了後、遅くとも90日以内に撤退を完了する。空軍部隊及び海軍海上部隊の撤退期限は、追って協議決定する。

第9条（有効期間）　条約は、25年間効力を有する。


この条約案の狙いが、戦前の軍国主義の復活、あるいは国家主義の再興にあるのではなく、日本の対米従属の軛《くびき》からの脱出にあることは明瞭ですが、問題は、この二つをはっきりと区別する必要の認識と準備と覚悟が、このときの第一次の改憲論者、占領の屈辱を十分になめていない政界復帰組たちには、欠けていたことだろうと思います。

†間違ってはいなかった重光の考え方

その結果、まず、この改憲論は、戦前の軍国主義、ナショナリズムとの連関を強く感じさせ、警戒の念を呼び起こすことで、芦田が先に言及していた日本国民の反戦感情を刺激します。そして戦争体験に立脚する護憲論の成立を促し、1955年2月の総選挙で、3分の1以上の「護憲の壁」にぶつかり、めざした改憲への道を阻まれるのです。

そして今度は、その弱みをつかれ、55年の8月29日、重光はダレスに「西太平洋」というが、グアムの米軍基地が攻撃されたらどうするね、「日本はアメリカの防衛にかけつけることができる」のかね、と聞かれ、そのばあいにはアメリカとの協議をへて、日本は軍隊使用の有無を決定する、そのようなかたちで対処できる、と苦しい応答を迫られるのです。ダレスは、(9条を維持したままで海外派兵が可能だとする)そういう重光の憲法解釈は、「わからない(not clear)」、その一言で重光の答えを一蹴します(FRUS, 1955-1957, vol. XXIII, p. 102)。

とはいえ、この重光の示した、再軍備によってダレスの論理を打破して日本とアメリカの関係を対等で双務的にしようという考え方は、けっして間違ってはいません。ダレスがこのとき日本の対等性要求を拒否する理由にあげていたのは、先のヴァンデンバーグ決議でした。しかしじつのところ、それは口実で、このとき彼が死守しようとしているのは、51年に吉田の人間的資質の弱点につけ込んで手にした「無期限、無制限の全土基地使用」という他に例のない米側の特権の全体なのでした。これが占領と朝鮮戦争とを奇貨として米国が獲得した、いわば信じられないような特権であることを交渉当事者のダレスは誰よりもよく知っています。しかし、その壁を打破するには、ダレスの持ち出す「口実」の一つひとつを、順序をふんでつぶしていくしか、ないのです。

†重光外交に欠けていたもの――新たな回路を開く工夫

このときの重光外交について、踏み込んだ分析を行った坂元一哉は、このときの焦点が、ダレスにとっても「米軍全面撤退」と「日米安保条約」の見直しに関わる深刻なものであったことを明らかにしています。

坂元によれば、ダレスは、1955年4月7日の国家安全保障会議で、対日政策の基本方針が取りあげられ、今後、避けられないと予想される日米安保条約の近い将来における相互防衛条約への変更を、できるだけ米国に有利な条件で進めるという案件が協議された際、自分の統括する国務省から出た案件であるにもかかわらず、強い調子でそれを否定し、その場にいたアイゼンハワー大統領をも驚かせています。理由は簡単で、自分が51年に獲得した対日本の無期限、無制限の基地使用の権利は、これ以上を望めない他に例のない特権であるので、その「変更」はどのようなものであれ、「米国にとって重大な利益の損失」を「意味する」というのです。

もし相互防衛条約をわれわれが提案すれば「日本人は確実に」そのモデルを米国の対韓国、対フィリピンの「現行の相互防衛条約」に求めるだろうが、これは、われわれが現に「日本に維持する権利を捨てねばならなくなることを意味するであろう」。そのうえ、その「特権は、日本政府の同意に依存する」ことになる。またそれは、「はるかに短い間しか継続しない」。「それゆえ、新しい条約を求める日本国内の圧力が現在よりもはるかに強くならないかぎりは」自分はこの提案に「強く反対する」、と述べるのです（FRUS, 1955–1957, vol. XXIII, p. 42、坂元前掲、160〜161頁）。

重光提案に対しても、当時の駐日大使ジョン・アリソンをはじめ、国務省担当者は、この不平等な関係がいつまでも続けば日本人の独立感情を刺激し、日米関係の長期的安定を損なうと考え、仔細に検討したコメントを用意しています。しかしダレスだけは、先ほど見たようにこれにけんもほろろに対応します。

皮肉なことに米国側文書は、このダレスの基本認識も、アリソンたちと違っているわけではなく、ダレスを動揺させるには「現在よりはるかに強」い「新しい条約を求める日本国内の圧力」が高まることこそが必要であることを教えているのですが、このときの改憲、再軍備、対米自立の論には、ナショナリズム以外を通じて対米自立の論を改憲、再軍備と結びつける回路、つまり——たとえばここに国連の安全保障体制への参加のためというジョーカーを投入することなどにより——改憲、再軍備を戦争体験に裏打ちされた平和主義につなぎとめる新たな回路を開く工夫が、欠けているのです。

ナショナリズムによって対米自立と再軍備と改憲が主張されれば、これはすなわち日本の軍国主義の再興とどこが違うか、ということになります。戦争にさんざん苦しめられ、身内の人間を失った多くの国民が、このような旧治政者たちに都合のよい腰高のナショナリズムを容認するはずがありません。またこうした主張が日本という危険な「壜にふた」をするために、米軍の日本駐留は未来永劫に必要という、もう一つの日米安保必要論に根拠を与えることになるでしょう。この方向でも日本の孤立化を招来することは必定なのです。

ですから、このことは、そもそも、自由民主党の「政綱」に示される第一次の改憲論の論理が、ダレスのような強敵を打ち負かすには、さらにどのような進化をとげなければならないかを、示すものでもありました。

このあと起こる1960年の安保闘争は、ダレスのいうところの「新しい条約を求める日本国内の圧力が現在よりもはるかに強くな」って政権を揺るがすできごとだったのですが、それは、ダレスの予想とは異なり、後に見るように、日米安保条約の「対等化」と日本の「対米自立」化をめざすのとは別の方向に、不満の捌《は》け口を見つけだします。この1960年の激動がどのようにダレスに働きかけ、彼を震撼《しんかん》させたかをぜひ見たいところでしたが、ダレスは残念ながら、1959年4月に健康悪化のため、国務長官を辞任、5月に病没します。

†「駐屯軍の撤退は不可」と釘をさした天皇

さらにもう一つ、ここにつけ加えるべきことがあります。1955年7月27日、事前に綿密に「相互防衛条約」案を作成し、相手方に伝え、準備したにもかかわらず、じつは重光が、ダレスとの実際の交渉で、ありうべき将来の「駐留米軍の全面撤退」を主張することはなかったということです。このときの重光外交にふれた先の論考で、著者の坂元一哉は、「ただし重光は、実際の会談では米軍の全面撤退を言い出さなかった。それはなぜであろうか」と問い、渡米の3日前、8月20日に天皇に内奏にいったときのことを記した『続 重光葵 手記』の次のくだりを引いています。

午前九時、上野発、那須に向ふ。駅より宮内省自動車に迎へられ、御用邸に行く。控室にて入浴、更衣。昼食を賜はり、一時過参入、拝謁す。渡米の使命に付て縷々《るる》内奏、陛下より日米協力反共の必要、駐屯軍の撤退は不可なり、又、自分の知人に何れも懇篤な伝言を命ぜらる。（下田武三外務省条約局長談、坂元前掲、162頁、傍点坂元）

ここにも天皇が登場してきます。重光がこの外交交渉に、先に述べた戦後の更迭、巣鴨への収監を経た、他人にははかりしれぬ思いをこめて向かおうとしていたことは疑えません。彼には、ほかの日本の戦後政治家への失望も深かったのでしょう。同じ内閣の首班とはいえ十分に信を置いていなかった鳩山に、先の「相互防衛条約」案の案文を見せていなかったことが確認されています。後にそのことを知り、鳩山は、重光に「不信感」をもつようになります（坂元前掲、176頁）。

しかし、さすがに天皇に外交の狙いを語らないわけにはいかなかったのでしょう。内奏した際に「米軍の全面撤退」というダレスとの交渉での本当の目的を明かし、これに対し、天皇から特に、「駐屯軍の撤退は不可」と釘を刺されたのだろうことを、この手記中の言葉は語っているのです。

†重くのしかかった天皇の「不可」

しかし、にもかかわらず重光は、会談直前まで、「日本が陸上十八万人を中心とする防衛力増強を完了した際、米軍は全面的に日本から撤退すべきである」と主張する準備をしていたようです（坂元前掲、163頁、傍点引用者）。「米国側が受け入れるか否かは別として、この際日本側の言いたいことは遠慮なく主張しておくべきだ」というのがこのときの重光の基本姿勢でした。

これに対し、外務省の随員から、「米軍全面撤退を主張することは、米国側に日本の外務大臣は非現実的な人間だという印象を与える」という反対意見が強く出されます。そして、おそらくは天皇の「不可」も重くのしかかっていたからでしょう。最後、重光は「渋い表情」を浮かべて折れ、加瀬俊一国連大使の手で「全面撤退」の部分が削除されています（坂元同前）。

2010年に読売新聞が報じた「相互防衛条約」案を読むと、このときのやりとりの背景がわかります。第5条として、「米国の陸、海軍の地上部隊」と「空軍部隊及び海軍海上部隊」の撤退が別記されています。前者は「90日以内」、後者は「追って協議決定」とあります。にもかかわらず、重光は、ダレスに口頭で日本側が所定の要求に応えた暁には、この双方合わせ「米軍は全面的に日本から撤退すべき」と明言しようとしていたのでしょう。

しかし、このとき重光は知らなかったのですが、実は、天皇は1950年8月、彼がまだ巣鴨に収監されているときにすでにダレスに対して、マッカーサー、吉田の頭越しにバイパス・ルートで日本から米軍駐留の要請を「オファ」する（言い出す）ことにしてもよい、と伝えていたのでした（拙著『9条入門』第6章参照）。ダレスは、自信満々にそれを拒否できるだけの心証を最初からもっていたのでした。

†高評価に値する重光のチャレンジ

全体として、このときの重光の外交は、日本国内では失敗したと評価されています。これに学んで、このとき同行した岸信介が、党内での地歩を十分に固めてから安保改定交渉に臨むようにしたというのは名高い話です。しかし、私の評価は違います。重光のチャレンジを高く評価します。

理由は、日本の戦後の外交は、戦前の独善的で強引な外交への反動もあってか、あまりに力ある相手への「忖度」に終始してきたと思うからです。本来の意味の外交交渉が行えなくなって久しく、そのことで、相手に足元を見られ、どれだけ国益を損なってきたか知れません。

このときの重光のやり方は、国内的な「根回し」を行わない、エリート外交官特有の腰高さをもっていたものの、そういう意味で、戦後の外交で日本が米国に対し、「忖度」なしに相手が「受け入れるか否かは別として、この際日本の言いたいことは遠慮なく主張しておくべき」との考えから、はっきりと「相互防衛条約」案として対案を提出し、相手に回答を迫った、珍しい交渉例の一つでした。

このときのダレスと重光のやりとりは激論となったということです。その場に同席していた河野一郎が思わず重光を制したほどで、この河野の振るまいを評して、後に米国側関係者が「外交常識では想像もできない話だ」とあきれています（毎日新聞1955年9月6日付、大森実特派員記事、坂元前掲、176頁）。それくらい重光の流儀は、戦後の日本の政治風土からはかけ離れ、また河野に代表される日本式談合方式は、世界からかけ離れていたのです。

†骨格ありの改憲論

同じことが、重光の改憲論についてもいえるでしょう。

それは、理路を踏んだ、民主主義、平和主義に原理的に背かない改憲論でした。それは、まず独立の獲得が先決であるとみなし、完全な独立獲得のため、相手が突きつけてきた条件（「ヴァンデンバーグ決議」）をクリアすべく、再軍備をめざし、その再軍備のため、改憲をめざそうとするものでした。

そこでの再軍備と改憲は、駐留米軍全面撤退のための方途であって、その全面撤退は――重光の出自である改進党憲法改正案中の「問題点の概要」（竹前前掲、114頁）での文面を引けば――現行憲法の前文の示す「民主主義、平和主義、国際協調主義等の進歩主義的原則」を「把持」するために必要なもの、と考えられたのでした。

それが、戦後の日本の最初のはっきりした骨格をもつ改憲論だったことを私たちは忘れるべきではありません。先にも少しふれましたが、1955年11月の保守合同で定められた自民党の「党の政綱」の末尾、第6項には、目立たぬながら、「独立体制の整備」と題し、こう記されています。

> 平和主義、民主主義及び基本的人権尊重の原則を堅持しつつ、現行憲法の自主的改正をはかり、また占領諸法制を再検討し、国情に即してこれが改廃を行う。
> 世界の平和と国家の独立及び国民の自由を保護するため、集団安全保障体制の下、国力と国情に相応した自衛軍備を整え、駐留外国軍隊の撤退に備える。（傍点引用者）

憲法改正と外国軍隊の撤退が順接に置かれていることに注意しましょう。憲法改正と外国軍への自衛隊の軍事協力（集団的自衛権の行使）が順接に置かれている現在の改憲論と、この第一次の改憲論は、論理的にちょうど反対です。つまり、米国の要求に応じ、その世界戦略の尖兵となるために再軍備と改憲をめざす現在の自民党の改憲論は、保守合同時の自民党の改憲論、再軍備論から見ると、動機が正反対なのです。改憲論といってもピンからキリまである。そのことを私たちはよく知っておかなければなりません。

4 「押しつけ憲法論」について——石橋と中曽根のあいだ

では、この第一次の改憲論に、考え方として、足りないものとは何だったのでしょうか。それは、再軍備と改憲の必要が、どこから出てきているのか。「押しつけ」られたものを「自分たちの作ったもの」に代える理由を何にもとめるか。その根拠を「民族精神の気概」なるものに見るのか、「新しい戦後的な価値（平和主義、民主主義、国際協調主義）」の堅持と強化に見るのか。まずそこに一線のあることを、彼ら第一次の改憲論者たちが十分に見届けなかったことではないかと、私は思います。

戦後的な価値とゼロでむきあうためには対米自立が必要で、対米自立のためには中立という考え方が採用可能で、そのためになら、再軍備と改憲もが選択肢に入りうる、という考え方だって、この第一次の改憲論からは出てきて不思議ではなかったからです。

重光外交の挫折をへて、これを教訓に、党内での支持基盤を盤石にしたうえで、1957年からの安保改定交渉に、かねてよりの自らの戦前型国家主義路線を親米的に修正することで臨もうとするのが、岸信介です。しかし、なぜこのとき、重光のときには事実上不可能だった条約改定が岸に可能になったかを考えると、このことにかかわって、一つの問題が底流していたことに気づきます。

しかし、その意味で、私に改憲論の広がりという点で示唆的に思われるのは、鳩山のあと、そして岸の前に、ごく短いあいだ政権を担当した石橋湛山の改憲論です。

そこで、少しだけ、その石橋の改憲論にも目を向けたうえで、岸の問題に進みたいと思います。

†石橋湛山のユニークな改憲論

石橋と鳩山、岸、重光との違いが、後三者がともに戦前の政府閣僚経験者で国を動かした側の人間なのに対し、石橋が政府への批判と抵抗の姿勢を貫いた在野のジャーナリストだったことにあったのはいうまでもないとして、もう一つあげると、石橋においてだけ、その公職追放の時期がひときわ遅かったということです。

岸がA級戦犯容疑で1945年9月8日に逮捕。重光が同じ容疑で46年4月29日に逮捕、起訴。鳩山が46年5月4日、首相就任直前にGHQに忌避されて公職追放されているのに対し、石橋は、それよりさらに1年ほども遅れて追放となります。吉田内閣の大蔵大臣として石橋は、余りに膨大な終戦処理費の削減に腐心していました。この処理費は、占領軍の贅沢三昧を維持する費用で国家予算の3分の1に達していたもので、視察にきたジョージ・ケナンがショックを受けるほどだったのですが(『9条入門』でもそのことに言及しています)、その巨額に対する削減を要求するなどしたことから石橋は、円滑な占領行政を妨害するものとGHQ民政局のケーディスらに目をつけられ、47年になって個別的に、公職追放となるのです。

占領行政の専横の部分とは戦いながら、その政策の基本方向である民主主義、自由主義、平和主義では一致していましたから、戦後、GHQ主導の新憲法が示されたときには、岸、鳩山らと違い、制定過程を同時代人として脇に見つつ、強い賛同を表明しています。しかし、その賛同の意味は、ほかの革新リベラル派の言論人、保守派の政治家たちの賛同とは、いささか違っていました。

†類例のない9条堅持の改憲論

1946年3月、憲法改正草案要綱が政府から発表されたとき、石橋はまず、天皇条項について、人とは違うことを述べています。

そもそも、明治憲法中、最大の問題とされた11条の天皇の統帥権条項である

「天皇は陸海軍を統帥す」

が、なぜ明治22年（1889年）の憲法に入ったのか。その理由は明治15年の「陸海軍軍人に賜はりたる勅諭」に示されているが、「再び我が国に幕府の発生することを防がんとする趣旨であった」（傍点引用者）。

> 前記の勅諭には此の事を克明に記し「子々孫々に至るまで篤く斯旨を伝へ、天子は文武（特に文武とあることに注意せよ）の大権を掌握するの義を存して、再中世以降の如き失態なからんことを望む」と述べている。（「憲法改正草案を評す」『東洋経済新報』1946年3月16日）

「中世以降」、サムライの世になってしまった。「陸海軍軍人に賜はりたる勅諭」は西南の

役の5年後。それを受けて、軍隊と文官の大権の双方を天皇が掌握する、という規定を設けた。つまりこの条項は、明治期の武士階級再興を防ぐためのシヴィリアン・コントロールの規定だったというのです。

それなのに、これが、「民主主義の勃興を不便とする軍閥藩閥及び官僚」に悪用され、「自己の特権の擁護と伸長との具」になった。したがって、明治憲法が悪かった、とはいえない。今回の天皇の民主化の条項は、その精神を再度明らかにしたもので、そこに新しいものはないと考えたほうがよい。

しかるに、憲法9条はさにあらず。改正草案要綱の「最大の特色」は、むしろ憲法1条にではなく、9条にある、と石橋はいいます。これは「世界に未だ全く類例のない条規」で「苟も独立国たる如何なる国も未だ曾つて夢想したこともなき大胆至極の決定だ」。「憲法を以て取りも直さず」「世界国家の建設を主張し、自ら其の範を垂れんとするもの」である。「之に勝った痛快事があろうか」。

つまり石橋もまた、9条をほかの言論人、政治家同様、「特別の戦争放棄」ゆえに高く評価します。ほかの言論人と違うとすれば、改正草案要綱の発表直後に、この戦争放棄が「世界国家の建設」つまり国際連合の最大限の機能である世界警察軍の創設に直結する規定であることを喝破していることでしょう。

しかしここに取りあげたいのは、彼がその立場を、4年後、朝鮮戦争が起こり、東西冷戦が激化するのに応じ、彼自ら転向させ、次には改憲論に転じているその仕方です。改憲論を主張するようになってなお、彼は憲法9条堅持を変えません。そのあり方が戦後日本において他に類を見ないものとなっているのです。

†ナショナリズムへの傾斜のなさ

石橋は、朝鮮戦争勃発直後（1950年7月）に書かれた長大な未発表論文（1995年に増田弘によって発見）に、こう書きます。

このたびの朝鮮戦争により第三次世界大戦は必至となったと考えられる。朝鮮は米国にとって死活的であり、ソ連も後に引けないからだ。戦争の推移を考えるなら、「この際、米英その他の自由諸国は、国連の名の下に敢然戦端を開く決意をすべきである」。では、米国は、どうすべきか。「米国陣営を強化しようとすれば、東洋では日本を、西洋では西独を、完全な米国側の味方とし、かつすべての味方国を物質的にも精神的にも強化しなければならない」。「では米国は日本への政策をどのように改めるべきか」。

(1)米国は日本に完全の独立を与え、政治、外交、経済等についての一切の束縛を解かなければならない。単独講和を行なっても、つまらぬ束縛規定を残しては、依然日本を奴隷の位地に置くもので、それでは真に日本を米国側の強力な味方にはできない。(2)米国は日本の陸海空軍を再建させなければならない。これは日本としてはありがたいことではない。しかし世界の恒久平和のためには、米ソ両陣営の対立をまず打破しなければならず、日本の再軍備もしばらく忍ぶ外ない。ただし軍備の規模は東洋で中ソ両国を押さえる程度でよく、憲法第二章（第九条）は『世界に完全なる安全保障制度が確立されるまで』との期限をつけて、しばらく効力を停止する。第二章を憲法から削除する必要はない。（「第三次世界大戦の必至と世界国家」、増田弘『石橋湛山』175〜178頁による、傍点引用者）

これを引く増田によれば、石橋は、再軍備のために改憲が必要だという点では、鳩山、重光ら、他の追放解除組と同じでした。46年3月の時点から、憲法9条に関し、意見が変わったのは、東西冷戦の激化と国際連合の機能不全が理由です。しかし、まず第三次世界大戦の危険を大きく受けとめ、それに対応すべく改憲と再軍備を考えている点が、ほかの改憲論者たちと違っています。他の改憲論者たちの多くが民族の気概などナショナリスティックな理由から再軍備、改憲を唱えるのに対し、石橋にはそのような傾斜がまったくなく、むしろ「世界に恒久平和を実現するには、ナショナリズムを絶滅する以外に方法はない」というのが彼の信念です。

石橋は、吉田、鳩山らが新憲法にさほど親近感をもたず天皇への信従心が強いなかにあって、芦田とともに、新憲法肯定派でかつ天皇に対して距離をおく点、オールド・リベラリストとは異なる戦後派、ニュー・リベラリストの一人でした。さらに、米国の傲慢な態度への批判が強く、米国に頼らない日本の安全のために再軍備を説く点で、第三次世界大戦には楽観的でアメリカについていればよいと対米従属を便法と割り切り、再軍備に消極的な吉田と、対極的な場所に立っていました。そのほか、一番立ち位置の近い近代主義者の芦田とも、反共主義ではない点、はっきりと違っていました。

そのことが、第三次世界大戦の危険があるあいだ、あるいは国連が完全に機能するまでの過渡期においては、「憲法9条を凍結する」という、それまでもそれ以後も例をみない提言を彼にさせます。

つまり「『世界に完全なる安全保障制度が確立されるまで』との期限をつけて、しばらく効力を停止する」、したがってこの「特別の戦争放棄」を「憲法から削除する必要はない」というのです。

†貴重な石橋の自由さ

石橋は、信念を堅持しつつ、現実に立脚して立場意識（ポジション・コンシャス）からまったく自由である点、日本のほかの革新派の政治家、護憲派の知識人と一線を画していました。

再軍備と改憲を主張しながら、憲法9条を堅持するのは、その第三次世界大戦への対処の最終的な目標が「世界共和国」の建設にあり、それと憲法9条が「国際連合」を媒介にしっかりと結びついているからです（増田前掲、175〜180頁）。そしてそれらの違いが、当初の憲法9条に対する「積極的支持」から、改憲論に代わった際の、「世界に完全なる安全保障制度が確立されるまで」は「効力を停止」、これを凍結し、堅持するというユニークな改憲論を導いているのです。

ここには先の第一次の改憲論の射程の広さを示す、いまは失われた、きわめて自由な憲法9条への態度が認められます。さすがにいまは私も、第三次大戦が起こる、という危機感をもってはいませんから、憲法9条を「国連の集団安全保障体制が日の目を見るまで」凍結して、当面のあいだ、改憲して再軍備する、とは考えません。また何が何でも「ナショナリズムを絶滅」しなければならないとは考えません。国民国家をなくして世界連邦が生まれるとも考えていません。世界共和国が可能だとしたら、現状は、困難にみちているものの、互いに利害の異なる国家が協同しながら、集団安全保障体制を築き上げるいまの国際連合方式の延長上にしかないだろうと考えています。

しかし、日本の経済力がこのときに比べれば格段に高まり、国連への分担金も米国に次ぐまでになったにもかかわらず、いまだ対米自立が実現していない。そのことを考えれば、私たちがこのときと、なお同じ課題の前にいることを痛感します。そしていまなら、別の対応が可能なはずと考えます。同じ課題を前に、憲法9条をどう考えるか、という問いを頭に浮かべるとき、この石橋の自由さが、いかに貴重かと思うのです。

背筋の伸びた改憲論から、背筋の曲がった改憲論へ

さて、この石橋が、こうした自分の考えを実行に移す機会をもたないまま、1957年2月、在任2ヵ月で退陣すると、次の岸信介は、吉田とは明らかに異なるナショナリスティックな立場、国家主義的な立場から、しかし重光外交の挫折に学び、せめて日米安保条約を対等で双務的なものに変えようと努力します。

しかし、ここに新しい問題が立ち上がり、この第一次の改憲論の行く手を阻みます。先に見たように、再軍備と改憲と対米自立を目標に掲げた鳩山政権の主張が、意外にも、国

民からの3分の1以上の反対に遭い、実現できない。その勢力関係が、なかなか堅固であることが明らかになるのです。

私は、このとき、この第一次の改憲論者たちは、なぜ、この一見理路を尽くしていると見える対米自立の主張が、国民の十分な支持を得られなかったのかについて、徹底的に考えてみるべきだったろうと考えます。なぜなら、これは、再軍備、改憲を経由して完全な独立をめざす、というにとどまらず、民主国家、平和国家の建設までをめざすという――1952年の改進党の基本方針に現れていた――第一次の改憲論の可能的な立論の腰が折れたことをも意味していたからです。それは、国民の戦争体験がなぜ「正論」に動かされないのかという新しい問題であり、また、ナショナリズムがなぜ、国民を3分の2以上は動かさない、という事態が起こっているのか、というこれも戦後の日本にとって未知の問題にほかなりませんでした。

と同時に、それは、護憲派の論者たちにとっても無縁な問題ではなく、やがては彼らにも降りかかってくる問題でした。それについては後に見ます。

改憲論者たちは、この新たな問題に関する自己省察をなおざりにします。そして、それに代わって、持説をそのままに堅持します。すると、この理路をもった改憲論が、実現のメドもつかないまま、現実との接点すらもたないという新しい事態が生まれます。いまや

「駐留米軍の全面撤退」という目標は、自民党の政綱に掲げられているものの、カッコに入れられ、実現にいたる橋を落とされます。そこからあの、中曽根流のルサンチマンにみちた、「出口なし」の〝負け犬の遠吠え〟的な第二次の改憲論が生まれてくるのは必定でしょう。

最初期の重光らの改憲論は、こうして本来の政治的な表現手段をもたなくなると、行き場を失い、弛緩し、不満の捌け口と化してゆきます。その結果、これに代わり、現在に至るまで改憲論の代名詞として語られるようになるいわゆる怨念表白型の「押しつけ憲法論」が、前面に出てきます。理路の立った、背筋の伸びた改憲論が挫折すると、そこに反省がないために背筋の曲がった怨念型の第二次の改憲論に取って代わられるのです。

†「押しつけ」への新しい態度の必要性

「押しつけ憲法論」について私は、前著『9条入門』で書いたことと重複しますが、こう考えています。マッカーサー、米国本国、連合国の三者がせめぎあう場の合力（アマルガム）が憲法出生に不可欠の契機として存在した以上、「押しつけ」自体は事実に沿っているわけなので、まずこの事実をそのままに認めて、これを私たちがどう受けとめ、意味づけるのかと考えるのがよい問題だと思っています。そうするので何の問題もない、というか、むしろそうしたほうが、憲法9条をめぐる論議にとっては、より生産的だろうと思います。

ここで必要なのは、勝者側が「押しつけた」原理を、「押しつけられた」敗者側がむしろ逆手にとって、その可能性を十全に生かし、発揮し返そうとすることでしょう。とくに護憲論者がへたな理屈をつけて、この事実を否定ないし過小視することがどれだけ護憲論を弱めてきたかしれないので、そういう態度はとりわけ、護憲論にとって非常によくなかったと考えるのです。

そう考えると、ここに現れる第二次の改憲論の主張としての「押しつけ憲法論」にも、それなりの存在根拠があることがわかります。

そもそも、あのような状況で作られた憲法が、その後、揺り戻し（バックラッシュ）に遭うのは当然ではないでしょうか。現にそれを作った側の米国が、この事態を当初から、予想していています。米国本国がマッカーサーに与えた文書には、もし新憲法の制定がGHQの手でなされた強制だとわかったら、将来、日本国民がそれを承認し支持する可能性は著しくうすれる、とあります（「日本の統治機構の改革」）。またマッカーサー自身が、発足直後の極東委員会（米英中ソを中心に七つの対日交戦国を加えた一一ヵ国により構成）に向けて、「憲法改正については、当初の指令では、私に管轄権が与えられていましたが、モスクワ合意〔モスクワで行われた委員会設置の合意〕によってその問題は私の手から取りあげられました。私は若干の示唆をなし、日本人は、この案件につき作業するための委員会をつくりました。私は、いかなる行動も中止しました」と、それ自体は虚偽だと思われますが（『9条入門』第3章参照）、弁明をしていました（1946年1月30日）。

ですから、大事なのは、この事実をしっかりと受けとめて、なお、この押しつけられた憲法を、主体的に「受けとり直す」理路をこれに対置することだったろうと私は考えます。つまり、そのうち、何がよくて何が悪いかを検証し、よくないところがあれば、変えることを躊躇せず、よいものであったなら、改めてわがものとしつつ、堅持し、「選び直す」。そういう新しい態度を作り出せばよかったのです。

そうすれば、「押しつけ」か否か、というほとんど無意味でレトリカルな論争は、無効になり、そのうえで、出口なしのナショナリスティックな自主憲法・制定論（明治憲法復元論）か、開かれた現実的理路をもった現行憲法・改正論かという新たな対立が、いまの出口なしの改憲論か、やはり出口なしの護憲論かという対立に取って代わったのではないだろうかと思います。

†占領軍の強引さ・拙速さへの批判――「押しつけ」論の要点（1）

そう断ったうえで、見ておきましょう。

まず、このあと現れてくる「押しつけ憲法論」の内容は、整理すると、多少重なりながら三つからなります。

第一は、このとき日本には主権がなかったことを受けて、権力をもっていた占領軍が憲法のような根本法の改正、制定過程に介入した――「押しつけ」た――のは不当だったという主張です。第二は、制定時のＧＨＱによる草案提示は、この「押しつけ」にあたる、という主張です。そして第三が、それがなければ、日本の憲法は、もっと別のものになったはずで、独立したいま、そのありうべき憲法（自主憲法）に改めるべきだという主張です。

第一の、何をもって不当とするか、というばあい、根拠としてあげられるのは、次の二つです。一つめの根拠は、ハーグ陸戦条約の第43条で、占領者が被占領者に対し憲法のような根本法の改正にまで介入することを禁止しています。二つめの根拠は、ポツダム宣言の第12項で、「日本国国民の自由に表明せる意思に従い」平和的で責任ある政府が樹立されるべきと定めています。ＧＨＱの日本政府への草案受け入れ要求は、「日本国国民の自由に表明せる意思」の現れであった日本政府案（松本委員会案）を否定して、これに差し替えて検討し直せと指示している点で、このハーグ陸戦条約、ならびにポツダム宣言が連合国に与えた権限を、違反、逸脱している、というのです。

そして、これに対し、護憲側の反対者は、ハーグ陸戦条約は交戦中の規約なので占領下には適用されない、ポツダム宣言は第10項で日本政府に対し「民主主義的傾向の復活強化に対する一切の障礙を除去すべし」という要求を掲げており、憲法の改正はこれに日本政府が応じなかったことへの対応であるなどの反論を用意しています。しかしやはり、この占領下における憲法改正がいささか強引で、性急で、問題があったことは、ここまで見てきたことから、否定できないでしょう。イタリア、ドイツというほかの旧枢軸敗戦国の例にくらべても、日本の憲法制定は明らかに拙速だからです（『9条入門』参照）。後に、このような反動が起こるのは、当然の「生体反応」だったろうと思います。

ですから、このような当然の反応までを、「保守反動」の主張のようにみなし、存在の権利まで認めないというのでは、護憲側は、狭量の誹《そし》りを免れません。

†GHQの草案提示の強制性への批判――「押しつけ」論の要点（2）

また、「押しつけ」論者たちのいう第二の論点、国務大臣（当時）松本烝治が提出した

「憲法改正要綱」の受け取りを拒否し、GHQが行った草案提示（1946年2月13日）が、天皇の身の安全を理由にした戦争放棄条項の受け入れ強制という意味で「押しつけ」だったという言い分にも一理があるでしょう。それが悪意に立つものだったか善意によるものだったかは、重要ではありません。私の考えではそれはいずれでもなく、天皇を占領統治のうえに利用ないし活用するための方策でした。

一方、戦争放棄には、天皇活用と日本無力化の双方の理由がありましたが、この日本無力化も、大西洋憲章等の米英の戦争目的に照らして、正当化されうる措置とはいえ、それがハーグ陸戦条約の禁止する方法で極東委員会を介さず非明示的に行われたことは不当でした。

これに対して、それは日本政府に対する「押しつけ」ではあったかもしれないが、内容的には「日本国国民」の大多数の願いに合致していたので、「日本国国民」に対する押しつけではなかった、法学者鈴木安蔵《やすぞう》らの民間の憲法研究会の案が影響を与えたので、GHQ草案自体に日本の民衆の願いがDNAとして組みこまれている、明治以来の民衆憲法の思想に淵源をもつ、法的な手続きを踏んでいる、等々の反対意見が護憲側から出されています。しかしこれらも、ある程度いえるにせよ、「押しつけ憲法論」の理路を覆すだけの力はない、一種のこじつけと見られます。

まず、日本政府に対しては「押しつけ」であったかもしれないが、日本国民にとってはそうではなかった、国民はこれを広く支持した、という主張ですが、その根拠としてあげられるのが、戦後初の1946年5月の毎日新聞の世論調査結果です。無作為抽出ではない2000人を相手にしたもので、十分な信頼性に欠けますが、一定の手がかりは提供しています。戦争放棄の条項が必要か、という問いに対し、必要が70％、不必要が28％で、9条への支持が不支持を圧倒しており、国民はこれを歓迎した、とされてきたのですが、以後、これに連動する再軍備・米軍基地存置への賛否でも、憲法改正への賛否でも、しばしば世論調査の結果は伯仲という結果を示しています。ですから、必ずしもそうはいえないのではないか、というのが私の感想です。

国民一般の制定時の憲法9条の「特別の戦争放棄」への熱狂といえば、むしろ政府が先導した「憲法普及会」によるものが思い浮かびますが、そこでは日本政府と日本国民は一体です。冷戦が激化するにつれ、熱が冷めますが、そこでも日本政府と日本国民の動向は、ほぼ一緒と見たほうがよいでしょう。49年以降の世論調査は、米軍存置に賛成が多数〔賛成46・5％、反対35・8％〕（読売新聞49年8月）、再軍備に賛成が多数〔賛成47・3％、反対23・7％〕（読売新聞51年3月）、憲法改正に賛否が伯仲〔反対32％、賛成31％〕（朝日新聞52年2月）、憲法改正に賛成が多数〔賛成43・2％、反対26・8％〕（毎日新聞52年4

月）というあり方を示しています。

憲法改正、再軍備に対し、国民がほぼつねに世論調査で反対多数の回答を示し、政府与党の方向と分岐するようになるのは、じつは55年11月に保守合同がなり、自民党が政綱に憲法改正（自主制定）を掲げてからのこと、というのが世論調査結果を受けた専門家の判断です（緒方章宏・古川純「憲法第9条と平和主義をめぐる国民意識の変遷」『法律時報』1975年10月臨時増刊号）。しかもこの世論の動向は、総選挙の投票行動にそのままは反映されず、選挙における自民党への過半数の支持と両立し続けるのです。

このことは、憲法制定直後の「特別の戦争放棄」への圧倒的な支持と、50年代半ば以降の「護憲」の基盤とのあいだに、一つの断絶があること、50年代半ば以降の3分の1強の護憲の支持基盤が、戦後社会の基底に新しく生まれ出てきた、これまでにない要素であることをたぶん、私たちに示唆しているでしょう。ここまで私が見てきたことは、政府はこれを拒んだが、国民はこれを歓迎したというほど、政府と国民の関係が単純ではなかったことを示しているように思います。

†反対論としての弱さ——「押しつけ」論への反論の評価（1）

また、鈴木安蔵らの民間の憲法研究会メンバーに連なる著作が戦前から欧米に知られていたこと、彼らの仕事とGHQのスタッフのあいだにつながりがあったことなどが、近年、新しい研究成果を通じて明らかにされてきています（たとえば原秀成『日本国憲法制定の系譜』Ⅰ・Ⅱ・Ⅲ）。しかし、彼らの影響を通じ、GHQ草案自体に日本の民衆の願いがDNAとして組みこまれている、あるいは別のソースをもって明治以来の民衆憲法の思想に淵源をもつ等々と主張することは、それ自体重要だとしても、これを理由に「押しつけ」を否定するのは問題提起者に対して十分に誠実な態度とはいえません。それは「押しつけ」と両立することで、その否定にはつながらないからです。

一方、憲法学者たちのあいだには、この憲法改正が法の手続き上、大きくは瑕疵《かし》なく帝国議会の審議をへて行われたことをもって、適法であり問題ないとする見方が支配的です。しかしそれは、戦前から戦後にかけて思想変換をとげた宮沢俊義が、自身の立場の変わらぬ一貫性を主張した際の言い方（『9条入門』第5章参照）を用いるなら、国内での「法的意味において」はそうでしょうが、国際法上、また政治的な「押しつけ」論を否定するものではないので、憲法学の世界の外ではあまり意味がないというのが、私の感想です。

†「押しつけ」事実の認識の重要性――「押しつけ」論への反論の評価（2）

そのこととも関係しますが、「押しつけ」論への反対論としては、ほかに、憲法が制定されてから70年間、何度も改憲のチャンスがあったにもかかわらず堅持されてきた、その事実が、この「押しつけ」論を実質的に無効化している、というものもあります（たとえば、奥平康弘「「第一項に手をつけず」に安心してはならない」、井上ひさしほか『憲法九条、未来をひらく』）。

しかし、憲法9条は制定当初の姿でこの70年間、堅持されてきたわけではありません。最初こそ、「特別の戦争放棄」を意味していましたが、1950年からは警察予備隊（のち保安隊、自衛隊）と共存する「ただの戦争放棄」条項（個別的自衛権は認められる）となり、旧安保条約の発効した52年からは「米軍基地」と共存する専守防衛条項に変わり、94年からは、社会党のもとでも「日米安保条約と共存」する条項となって、これを制定当時の「特別の戦争放棄」のままと主張する政党は日本に存在しなくなります。そして2014年以降は憲法9条を存置したまま、米軍の指揮のもとでの「集団的自衛権の行使」すら可能となるまでに内容を変えられてしまったわけで、改憲こそありませんでしたが、解釈改憲という手段は何度も講じられてきたのです。

この転変をみてくれれば、むしろ「押しつけ」という事実こそが手を替え品を替え堅持されてきた、という感想がわくでしょう。「特別の戦争放棄」の押しつけ、「警察予備隊」の押しつけ、「日米安保条約」と「日米行政協定」の押しつけ、「集団的自衛権行使」の押しつけ、というぐあいにです。「押しつけがあったかなかったかなどという議論は、戦後六〇年たった今では無意味である」（奥平前掲）とは、やはりいえない。憲法9条をむしろ米国による日本への安全保障政策の「押しつけ」の嚆矢として、しっかりと受けとめる方が、現実をより正確に認識できるのではないかと思われるのです。

ですから、「押しつけ」論に関しては、「押しつけ」かどうかを争点にするよりも、「押しつけ」られた事実を共通の認識とすることのほうが、重要です。すると、どうなるでしょう。

現行憲法がよいか悪いかの理由を、制定時の事情やナショナルな問題から切り離すことが可能になります。いまここにある問題に基づいて、問いを設定し直すことが可能になります。それ以外に現行憲法の是非を論じる根拠が、じつはないことがはっきりします。

†変化する現実から「過去の美風」への逃避――「押しつけ」論の要点（3）

「押しつけ」論の第三は、「押しつけ」られたために、たとえば現在の憲法は日本の過去の美風を否定している。したがって、それを元に戻すべきだ、という趣旨の、内容にわたる改憲論（＝自主憲法制定論）ですが、これなどはこのような観点に立たなければ争点が明らかにならない、よい例です。

たとえば、華族制度はGHQにその廃止を押しつけられてなくなりましたが、「押しつけ」だからよくない、これを元に戻そう、とは誰もいいません。それの復活を望む人は、ほとんどいないからです。「押しつけ」だからよくない、というのは理由として成り立たないわけではないのですが、そのことに不満を感じる現実的根拠がないと、理由として弱くなるのです。

ですから「押しつけ」だからよくない、変えよう、という主張が一定の力をもつとき、その理由は多くのばあい、別のところにあるのです。男女平等、家父長制の否定などが、その例です。

現在、この憲法を占領下に制定された憲法であって、男女平等、家父長制の否定など西洋の価値観を一方的に「押しつけ」るものという見方から、その撤廃と自主憲法の制定を唱える改憲論者がいますが、これらの人々は、彼らが思い描くところの日本の過去の美風がいま損なわれているのは、21世紀の社会が日本を含めてそうなってしまったからだという現実から逃避しています。それは何も憲法にそう書き込まれたから起こった変化ではなく、もし日本の社会にそういう変化が「押しつけ」られたのだとしても、その相手はGHQでも米国でも日本国憲法でもありません。

同じことが9条についてもいえるでしょう。

†本当に大切なのは、人々の懸念と心配にこたえること

そこに規定された平和条項がよくないとしても、それは「押しつけ」られたからではありません。ではどのように国民の安全を保障するか、という安全保障の確保の手立てがそこに明記されていないことが欠陥なのです。その代わりに理念しか記されておらず、憲法外の日米安保と「内縁」関係をつくってしまっていることが、問題なのです。そこから人々の懸念と心配が生まれてくる。

ですから、たとえば、この日米安保を明記しないまでも、このままでは国の安全保障が確保できない。アメリカに助けてもらいたいが、そのために軍事協力が求められ、改憲が必要だというなら、そうしよう、というのは、一つの改憲のための理由になります。

同じように、アメリカに助けてもらう方式が、最近は危なっかしくなってきたので、アメリカなしの方法を考えたほうがよい、しかし、アメリカから角を立てずに友好裡に自立するのは難しいから、国連という新しい連携先に大きく投資をして、自衛隊を国連待機軍に変えるという提案をしつつ、対米自立をすすめよう、そのために、これを9条に明記しよう、というのも、改憲の理由になるでしょう。

同じように、もうここまで沖縄がないがしろにされているのを座視できない。やはりア

メリカからの自立を考える必要がある、というので、右の国連との連携ないし、東アジア圏の諸国との連携を模索する、そのため、憲法9条を使い、そこにこのことを明記する、という改憲もありえます。

また、これまで通り、アメリカに守ってもらい、核の傘の下に入るが、これ以上アメリカのいうことを聞くことはかえって危険になる、これ以上、いうことはきけない、日本は今後、平和主義という原則を守る、その意思表示のため、9条は変えない、というのも、かたちは護憲ですが、十分な新しい現実への対処となることがわかります。

ただし、そのばあいは、それでアメリカが守ってくれない、といってきたら、どうするか、ということへの答えが、用意されなければならない。国民の安全のために、どうするか、が書かれなければならない。

そういうことがわかります。

ですから、私は、一度よくこの「押しつけ」論というものに、とことんつきあってみることが、これを卒業するために必要だという考えです。そうしてみれば、それは内側から、壊れる。そして新しい議論のヒナを誕生させるのです。

5　存在した脅威——安保改定とキューバ危機

さて、少し先回りしすぎたかもしれません。話を、岸信介首相による日米安保改定交渉の時点にまで戻しましょう。

このときの交渉で、現時点から見てもっとも意味深い点の一つは、この時期、米国がいちばん恐れていたことが、東西冷戦という状況のなかで、日本が中立化することだった、ということだろうと私は思います。

岸による日米安保改定交渉は、1957年6月の訪米にはじまります。岸は、ダレスに2年前「重光氏は安保条約を『対等な』条約に改定するように求め」たが自分はそもそも「日本が『従属した』地位に置かれている」とは思わないので「改定」は求めない、ただ「いくつかの事柄」について「再検討したい」といい、再協議のきっかけを作ります(FRUS, 1955-1957, vol. XXIII, p. 371、坂元前掲、165頁)。重光の轍を踏むまいと、低く出ます。

岸が求めたのは、安保条約と国連との関係の明確化、事前協議制の導入、条約に期限をふすことという、米側を刺激しない三点の「再検討」でした。しかしそれでもこの再協議は、その後、ほぼ1年間、停滞します。それが、58年10月に正式に開始されるのは、岸によるその後の日本側の再軍備への努力が認められたからというよりは、米国のハードルが下げられたからでした。

すなわち、アメリカ政府はこの時までに、日本との連携を維持し強化するためには安保条約の改定が早急に必要との結論に達し、それまで相互条約締結のネックとなっていた海外派兵義務を条件から外したのである。そしてその決定は、アメリカ政府の自発的な決定であり、日本政府からの明確な要求に基づくものではなかった。(坂元前掲、190頁)

†米国側の自信をぐらつかせたもの

背景にあったのは、一つは講和後の日米関係、もう一つは東西冷戦におけるソ連、中国の勃興という国際情勢です。

日米関係についていえば、朝鮮戦争をきっかけとした日本の「経済状況の好転、ソ連との国交回復(1956年10月)、国連加盟(同12月)などによって、日本のアメリカ依存」が「減少するように見え」てくるにつれ、「漠然とはしているが根強い不安感」がアメリカの「対日政策形成者の心にのしかか」るようになってきていました（同前、191頁）。

また、これに加え、52年以来の内灘、砂川、北富士など日本各地での反基地闘争、54年3月のビキニ被曝事件、57年のジラード事件（米兵による射撃場内での日本人女性射殺事件）などによる反米感情の高まりが、米国側にとって看過できない懸念材料となっていたのです。とりわけ、56年以来の沖縄での「島ぐるみ」の反基地、反米運動の盛り上がり、58年1月の那覇市長選での革新派の当選は、ダレスを強く刺激しました（同前、193頁）。

また、ソ連、中国の勃興についていえば、57年10月の初の人工衛星スプートニクの打ち上げ成功は社会主義陣営の国力伸長を鮮明に世界に印象づけるものであり、毛沢東の社会主義陣営優勢発言（同11月）を引き出すなど、米国側の自信をぐらつかせるに十分だったのです。

この問題について記す坂元によれば、米国政府は、次の58年1月19日のダレス・メモをきっかけに、はっきりと対日政策の見直しに踏みきります。

ダレスはいいます。


私は、日本と沖縄における現在のわれわれの姿勢をこのまま安全に続けていけるとは思わない。もしわれわれが、単に条約上の権利の上に居座ろうとするだけなら、われわれわれは、敵対的で、親共産主義とは言わないまでも中立主義的な感情を持つ日本政府に導かれた大衆の感情によって、吹き飛ばされてしまうだろう。（坂元前掲、192頁）

駐日大使ダグラス・マッカーサー2世、また国務長官ダレスは、ともに、53年から自ら進んでアメリカ大使館と密接に連絡をとり、55年には保守合同をなしとげ、そのうえ政権について、派閥操縦術にたけたところを見せる岸信介を、高く評価していました。ダレスは、57年6月の岸訪米時にアイゼンハワーにあてたメモに、「戦後日本に登場した最も強力な政治指導者であることのあらゆる徴候を示している」と記しています（原彬久『岸信介』193頁）。明らかに米国側の評価では、戦後、マッカーサーに取り入って多くのことをなしとげたとされる吉田よりも、また戦前戦後を通じて清廉な理路に立つ国士的外交を展開した重光よりも、戦前戦後を通じて反共の色合いを変えず、現実政治のリアリズムを失わず、日本の政財界をコントロールする力をもち続けた岸のほうが、信頼できるすぐれた政治家だったのです。

彼らは、カウンターパートとしてこの「有能で親米的な岸が首相でいる間に」この懸案である日米安保条約の「再調整」を行うべきだと考えます（坂元前掲、192頁）。また岸自身も、この先、安保条約改定後には憲法改正を行うことを視野に、長期政権を担うことを前提に、ことにあたるようになります（原秀成『日本国憲法制定の系譜』Ⅲ、230頁）。

†「中立化」志向が与えた脅威

ですから、その後の事態の展開を考えると、1950年代半ば以降、日米関係を動かす大きな要因となったものが、じつはそれほど日本の国内では注目されてこなかった、この日本社会の「中立化」志向であったことに、私たちは目をひかれるのです。

まず、このとき、米国側の姿勢を転換させ、ハードルを下げて日本からの海外派兵という条件がなくとも対等性の見かけをもつ条約改正へと踏み切らせたものが、この「中立化」志向なのでした。

駐日大使マッカーサー2世は、57年4月17日にダレスに、このままでは「日本は次第に、アメリカの利益に反する、しかも取り返しのつかない決定をなすことになろう」、「私が恐れるのは、日本が漸進的に中立主義に移行していくのではないか、ということ」だと書き送っています（原彬久前掲、189頁）。「在日基地」の「長期確保」のためには「安保改定」が必要とは、マッカーサーの前任者、ジョン・アリソンの持論でもありました。

それだけではありません。このアメリカの新しい判断に乗じて、岸は安保改定を果たすのですが、それをさらに憲法改正へとつないでいこうと考える岸の企図の前に立ちはだかり、彼の目算を狂わせるのも、この同じ日本国内の「中立化」志向なのです。

「中立化」が米国から見れば、アメリカからの離反であるという点、ほとんど「共産化」と同義のものと見えていることにも注意が必要です。それは日本がソ連についていってしまうという「共産化」カードを、いつのまにか、日本が手にしていた、ということでもあります。ただ、アメリカ同様、反共に染まっていた岸に、手中にある、その日本の「共産化」カードは見えていなかったでしょう。このとき、このカードをアメリカに対し、使いこなせる政治家は、日本にはいなかったのかもしれません。

この「中立化」への脅威をアメリカと共有する岸は、安保改定を多少の国内の反対を押し切ってでもなしとげようとまず、58年10月、あらかじめ警職法改正を行おうとします。しかしこの姿勢が、岸の戦前型の「反動的体質」の発露と受けとめられ、国民の広範な反発と警戒を呼び起こします。そして、同年11月、警職法改正案が廃案となると、岸の党内指導力は大きく傷つけられます。

その延長で、60年に入って正念場を迎える安保改定協定の審議で、またも強引な国会運営に端を発し、国民の間に岸の戦前的な反民主主義的姿勢に対する憤激が広まると、やがてそれが反米感情と結びつき、6月にはアイゼンハワー大統領の訪日が中止されます。国中に安保反対のデモが広がり、最終的に60年7月、岸政権を総辞職に追いこむのですが、これらの力がそのまま、アメリカ側の恐れていた政治主張としての「中立化」志向の発露でもありました。

つまり、この日本の「中立化」志向こそ、55年段階でダレスをはじめアメリカの国務省が何よりも恐れた、「現在よりもはるかに強」い「新しい条約を求める日本国内の圧力」と呼んだものの淵源にほかならなかったのです。

†岸信介が見落としていた戦争体験

では、この「中立化」志向の中身とは何だったのでしょう。そこにはさまざまな要因が入っていました。岸はそれを、1957年の段階で、駐日大使マッカーサー二世に、こう要約していました。「第一はアメリカの対日軍事政策への反発、第二に日米安保条約における日本の従属的地位への怒り、第三に領土問題（アメリカが半永久的に沖縄・小笠原諸島をその支配下に置いていること）への反感、第四はアメリカ国内における日本製品への差別的な扱いと、アメリカによる日中通商禁止に対する不満」（原彬久前掲、187頁）。つまり、さまざまなナショナルな意識に立脚した反発、怒り、反感、不満がそうだというのです。

しかし、この岸の分析は、かかる「中立化」志向が、こうしたナショナルなもの、独立の志向と同時に、それとは対極に位置するインターナショナルなもの、理念的なもの、悲惨な戦争体験に裏打ちされた平和主義的なものからもなっていることを、見落としていました。そしてそれこそが、岸がことにあたって足をすくわれる原因となります。58年10月、警職法改正法案が国会に提出されると、「岸はすぐに、自らへの国民の支持が期待ほどのものでないことにきづかされ」ます。国民の反発は強く、岸の内閣退陣要求にまで発展し、これにより「岸は復古・反動主義者であるというイメージが強まり、それがその後の安保改定交渉にも大きな影を落としてい」くこととなるのです（坂元前掲、210頁）。

すなわち、この「中立化」志向のもう一つの内実は、護憲志向でした。1960年6月、岸首相の退陣を要求する「アンポ・ハンタイ」の声が国会議事堂を30万人のデモ行進で取り囲むという事態が起こりますが、それを動かしていた「中立化」志向は、岸のいうナショナルで反米的な独立の感情であると同時に、戦争体験に裏打ちされた平和主義的、戦後民主主義的志向からなっていたのです。

†見かけだけの双務性の危険

しかし、このままもう少し、岸による安保改定の話を続けましょう。

岸による安保改定は、とはいえ、日本に対する大きな貢献の企てではありました。吉田が、講和条約の締結との引き替えだったとはいえ、ほとんど他に例のないほどの不平等条約を米国と結んだ。アメリカは、一番日本に貸しのある自分が債権を放棄すると、他の国の債権放棄も、その条件に倣《なら》わなければならない、という約定を利用して、率先して日本に対する債権を放棄することで他の国の対日損害賠償をも右に倣え式に軽減させます。大国である自分の財布にはさして響かない手段で、日本に対し、貸しを作り、それと引き替えに、自国に有利な日米安保条約を日本に受け入れさせます。他国はその巻き添えを食ったかたちですが、そのアメリカ一人勝ちの講和とセットになった日米安保を、岸の企てはまがりなりにも、見かけだけとはいえ、双務的で対等に近い条約に変えようとするものだったからです。

しかし、見かけだけで双務的となることには、危険がひそんでいました。

安保改定による大きな新旧条約の違いは、次のようなものです。

まず在日駐留米軍が必要なばあい、日本国内の内乱を鎮圧できるという「内乱条項」(旧1条)が削除されます。また、国連憲章との関係が明確化され(1条、5条、7条)、これに加えて、米軍に日本の防衛義務がなかった(米軍は日本を防衛しなくとも条約違反に問われない)のが、第5条として、両国は日本施政下の「いずれか一方」つまり日本国か在日米軍基地か「に対する武力攻撃」が自分の国の安全を危うくするものであると認め、「自国の憲法上の規定及び手続に従って共通の危険に対処する」ことを宣言すると定めました。ただし、これだと、日本同様、米国も「自国の憲法上の規定及び手続に従って」対処するので、日本が攻撃されたら、必ず米軍が防衛する義務を負うとはなりません。しかし、以前に比べ、（日本は基地を提供し、米国は日本を守るという）「ものと人の協力」の双務性は強まりました。

†西春彦の反対意見

しかし、もう一つの、事前協議制の導入で、この見かけとしての双務性の問題が意外なかたちでクローズアップされます。旧条約には第1条に極東条項の記載があり——米軍は「極東における国際の平和と安全に寄与し」とあります——、これは、米軍機の日本からの進発による極東の他国の攻撃を許容するものとの解釈が可能でした。そのため、これによって日本が望まない戦争にまきこまれる危険が指摘されており、事実、1959年3月の砂川事件東京地裁判決では、この点が日米安保条約の違憲要因にあげられます。60年の改定では、かねてからの指摘を受け、事前協議制を導入することでこの危険を軽減することがめざされていたのですが（それで岸・ハーター交換公文がかわされます）、この方針にもとの外務次官で駐英大使を歴任した西春彦（１８９３―１９８６）が、強い反対を唱えるのです。

西は59年1月、政府が進めようとしている安保改定の概要を知ると、2月に意見書を用意して「岸首相と藤山外相に提出し」、その写しを自民党の「関係領袖連」、外務省関係者に配布します。そして、1年後、１９６０年の2月、4月に雑誌『中央公論』に長文の反対意見を発表します。

西の反対理由はこうでした。

今回の安保改定で岸首相は、事前協議などを取り入れ、条約を対等で双務的なものにしようとしている。しかしこれは日本の実力相応のものであれば問題がないが、そうでなく単に見かけのうえでのそれをめざすものであれば、慎重を要する。きわめて危険である。

結論的に言って私は安保条約の改訂は対ソ、対中共関係から見てわが国にとり非常に大きな危険を包蔵するものと考える。それは何故か。

そもそもソ連は従来安保条約は対日講和条約締結の当時アメリカが無力な日本に押しつけたものだと繰返し主張しており、安保条約について日本を深く非難する態度はとっていない。併しながら今回安保条約の改訂を行うことになると、之は完全に日本の自由意思で行うものであるから、仮令《たとい》改訂の内容が日米間の互譲妥結で出来上ったとしても、日本が之に調印し、批准する以上、ソ連中共が日本の責任を問うこととなるのは我国として当然覚悟すべきである。改訂交渉に臨む以上その辺の覚悟なくして交渉すべきものでは断じてない。(「日米安保条約の改訂について」、西春彦『回想の日本外交』184頁)

†西の指摘の重大性

事前協議により、米国の自由裁量は多少狭まるだろうが、他方、それをへた米国機の日本進発については、日本は合意を与えたこととなる。今後は、日本から進発した米軍の攻撃を中ソは日米の攻撃とみなすはずで、現状で日本が「基地飛出しの協議に当って」「米国と対等の実力的立場に於て交渉することは絶対に出来ず、結局不本意乍ら米国の主張に服従するの外ない場合が起るのは必至で」ある。このようなばあい、中ソ両国から「日米の共同責任を追及されることを覚悟すべきものとせば、日本はこの点の協議条項を含む条約を締結する資格、能力がないに拘らず締結したこととなるべく、この点条約改訂上の致命的欠点と考える」(西前掲、189頁)。対等の実力をもたないままこのような見かけ上の双務的条約締結は危険きわまりない以上、すぐにでも交渉をやめるべきである、と西は言うのです。

ちなみに、今度の安保改定まで、ソ連は、日本を批判することを控えてきていた、しかるに、改定後、早くもその態度の変更に踏み切っている、として、西は新条約調印後、1週間後に送られてきた1960年1月27日付のグロムイコ通告をあげています。これは「日本国に外国軍隊が駐在している間はハボマイ、シコタンは日本に返還しない」という通告で、先に首相鳩山が合意にこぎつけた、日ソ平和条約締結後、両島を「ただちに返還する」という規定を破棄するものでした。これが現在の北方四島問題の起点になっていることを考えれば、ことの重大さがよくわかるというものです。

†自国の安全を第一にした合理的判断の例

西はいいます。すなわち、1951年9月5日にサンフランシスコ会議でソ連のグロムイコ外相は反対理由として、講和条約案は、(1)日本の軍国主義の再建に備える保障を備えていない、(2)講和後の日本領土への外国軍隊の駐屯、基地存続を認めている、(3)講和後日本が第二次世界大戦の対日交戦国・参戦国のどれかを目標とした同盟に参加してはならないという日本の義務を定めていない、のみならず米国ブロックに日本が参加する道を開いている、等々の点をあげ、これを非難したにもかかわらず、54年12月に鳩山内閣が対ソ国交調整、対中国貿易促進を新政策に掲げた際には、前後して10月の中ソ共同宣言、12月のモロトフ外相声明などを発して、「サンフランシスコ体制が対日関係調整の障害にならないことを明らかにした」。

そして、56年10月の日ソ共同宣言（国交回復宣言）においては、このあと平和条約調印と同時にソ連は日本にハボマイ・シコタン両島を返還すると約束したが、このたびのグロムイコ通告は、それを破棄するものである。ソ連が日ソ共同宣言後の平和条約交渉途上での日本による安保条約改定を日ソ間の信義を裏切る行為とみなし、対日方針の見直しに入ったという警告にほかならない。

「安保条約の改訂から」危険が「生ずる」。その「危険に曝《さ》らされるのは主として日本であってアメリカではない」。アメリカは現在中ソと敵対しているが、この「条約改訂が行われてもこの関係に別段大きな変化が起るとは考えられない」、しかし日本は、大違いである。

そう述べて、西は、日本は、現にいま持っている中ソとの緊張緩和の現実性という選択肢を一方的に捨ててまで、拙速で自国の実力に合わない条約を締結して自国の安全保障を危険にさらすべきではない。現在の実力を直視し、自国の安全を第一に、しっかりと実力を備えてから、この条約の双務的な改定に向かうので遅くはない。ただちに安保条約の改定作業は中止すべきである、と主張したのです。

この西の主張は、このとき、与野党を含めた政治家、多くの国民に説得力ある説として受けとめられます。理由は、そこには講和以来のソ連、中国の対応を冷静に分析したうえでの国際政治上の合理的で現実的な判断の一例が示されていたからです。

何が一番大切なのか。

自国の安全である。

民族的な独立心でもなければ、
平和主義的な理念の追求でもない、と。

†「中立化カード」の可能性——現実的裏打ちをもつ理想の追求

そもそも、なぜ、この時期、アメリカが日本の中立化志向をあれほど警戒したかといえば、それが、鳩山政権の日ソ共同宣言などをへて実績を積み、いまやきわめて強い現実的な裏づけをもっていたからです。これを対米外交上のカードに生かさない手はなかったのですが、鳩山、重光はすでになく（鳩山一郎は59年、重光葵は57年に死去）、石橋は岸の政策に反対しており、岸自身は、そのカードを生かす戦略的地歩をもつにはあまりに反共主義者でありすぎました。

しかし、だからこそ、アメリカは反共親米の岸が政権にあるうちに、日本を自国陣営に取り込もうとしたのでしょう。西もまた、同じ現状認識に立って、だからいまは拙速に条約改定に動くべきではない。日本は十分に自国のもつカードを有効に使って、自国の安全を最優先に、もう少し実力をつけてからことを進めるべきだと提案したのでした。

ところで、このエピソードを私が引くのは、ここにも、出口なしの改憲論と出口なしの護憲論の対立を破る、自由で広大な憲法9条をめぐる創意の領域が顔を出しているからです。

西は、戦前以来の日本の外交官です。自分は「もともと日米安保条約は止むを得ざるものと考えて」きたと彼はいいます。ですから「この条約にはじめから反対してその廃止を呼号していた社会党などとは全然異なる立場にあった」。じじつ、国会審議において社会党から公述人の出席要請があったとき、彼は、当初、「自民、社会、民社、三党の推薦で出席したい」と応えています。彼はまた、安保改定がさらに日本に「防衛力増強の義務を負」わせることにふれ、大事なのはそれを自国本位に行うことで、「本来防衛力増強は必要があれば日本で独自に実行出来るのである」といいます。とはいえ、「満州事変以来の日本の歩み」がつねに自分の「憂慮した方向へと進んできた」こと、それを外交官として阻止できなかったことの反省に立つ西は、筋金入りの平和外交論者でもありました。

重光の「再軍備」つまり「防衛力増強」は、「米軍の全面的撤退」のための方便でしたが、その限りで、米国の要求に応じるという文脈のもとにありました。しかし、西の「防衛力増強」は、米国の要求に応じるというのとも、日本の独立（心）を堅固ならしめるため、というのとも異なる、日本の中立化志向を強化するための「防衛力増強」というコンセプトがありうることを、その主張によって、私たちに教えます。

ここにも、憲法9条を「特別の戦争放棄」としてではなく、醒めた目で、「ただの戦争放棄」と受けとるなら、そこから、マッカーサーの「光輝」ある理想主義の呪縛を超えて、現実的な裏打ちをもつ、もう一つの理想の追求がどのように構想可能か、ということの、一つの発露例をみとめることができるのです。

†西の安保論の視力——安保闘争とキューバ危機をセットで見る着想

西のこの安保論は、じつは、現実政治の力学のなかでめざすべき方向と優先順位を見過《みあやま》たない彼のような外交官が、どれほど透徹した視力をもちうるかを示すものとして、この20年ほど、私の心をとらえてきました。

というのも、私がこの1960年の日本の決定とそれをめぐる反対運動の意味に目を見開かされたのは、20年ほど前に彼の本を読んで、安保闘争と2年後のキューバ危機を結びつける彼の着想に圧倒されるということがあったからです。この本の終わり近くで、彼はいいます。

グロムイコ通告があったとき、日米安保を改定したからとて、「ソ連はなぜ日本だけ苦しめるのか」という声が日本ではあがった。しかし、ソ連が対抗手段を呈したのは日本にだけだったろうか。そうではあるまい。こう述べて、彼は、ソ連の公然としたキューバ援助が、両国が、1960年2月13日、「広汎な経済協定を締結したときに始まる」こと、これがグロムイコ通告から「わずか半月経たあとのことである」ことを指摘し、「ソ連は今日までキューバ問題が新安保と関係ありと公言したことはないが、果して無関係とみるべきであろうか」と続けるのです。

つまり彼は、世界がもっとも第三次世界大戦に近づいた瞬間といわれる、あの1962年のキューバ危機は、じつは日本の安保改定、安保闘争の帰趨がきっかけで、それへのソ連の対米対抗策から引き起こされたことではなかったか、というのです。

†キューバの「基地化」が新安保へのソ連の対抗策だった可能性

考えてみれば、日本の対米安保改定交渉とキューバ革命は、地球の裏側で、ほぼ同時並行で進行しています。1959年1月にカストロによるキューバ革命が成就され、カストロは米国と友好関係の樹立を望みますが、予想外の冷遇に遭い、60年を通じて、対立が深化、61年、両国は国交断絶にいたります。一方、ソ連とキューバの関係は、砂糖と石油のバーター取引、借款から武器調達の取引へと拡大の一途をたどり、61年のピッグス湾事件（CIA主導の亡命キューバ人と米軍によるキューバ侵攻作戦で失敗に終わった）をへて、62年、キューバへのソ連による核ミサイル配備が検討され、そのあげく、同年10月のキューバ危機となるのです。

世界地図を見てください。するとわかるでしょう。アメリカとキューバの地理関係は、ソ連と日本の地理関係に相似的、自国領土の「のどもと」。すぐ近くに敵国のミサイル基地があるのです。西はいいます。「ソ連側の心理を推測すれば」旧安保は無期限とはいえ「暫定的」で「相当の柔軟性を感ずる」、しかし新条約では「十年という固定された期間中、日本が米軍の基地化する。他方ソ連は、欧亜各地の米軍基地撤去を年来唱道してきたが、自由諸国から一顧だに与えられていない」。これに加えての新条約締結は、「ソ連に対して重圧を加えるもの」だったろう、と。

西は、キューバの基地化が、新安保を受けたソ連の「対抗」策だった可能性は十分にあるといい、このことは、自分にも安保改定時、「予想できなかった」と述べ、「このように見てくると、新安保条約の締結は、善意をもって」日本の「要望に応えようとしたアメリカに対しても」「難問をなげかける一つの素因になった。このように評しても言い過ぎでないような気がする」と、述べるのです（西前掲、198〜200頁）。

†見かけだけの条約改正の代償

このピッグス湾事件とキューバ危機をきっかけに、ケネディ大統領はキューバ亡命者とその支援の右翼集団に見切りをつけ、切り捨てます。その反動として1963年11月のケネディ大統領暗殺が起こるという説がありますが、真偽はわかりません。

しかし、60年のあいだ、大統領選のキャンペーンがあり、61年1月、アイゼンハワーからケネディに政権が代わる。そのケネディの前に、前年反米の嵐に見舞われた日本と、前々年、革命が起こりアメリカの手を離れたキューバがあったことを考えると、そのとき日本の手にあった「中立化」カード、「共産化」カードのリアリティに誰もが気づくでしょう。いずれ、62年10月のキューバ危機までだけをとっても、岸のこのときの「見かけだけの条約改定」は、後に日本にも、国際社会にも、大変に高いコストを支払わせることになった企てだったことがわかると思うのです。

先出の坂元によれば、条約改定は、そもそも米国から持ち出され、終始、これに岸が応ずるというかたちで進みました（坂元前掲、216〜217頁）。憲法改正のときと似ています。このように拙速なまま、米国と条約改定を行う理由は、この時期の日本にはなかったことを考えると、この時期、日本には余裕がなかった、そのため、施政者にも広い視野が欠けていたことがわかります。安保改定は、米国が、日本の「中立化」に先んじて手を打つことを第一目標として、つまり日本を自由主義圏、米国との特別な関係のもとに固定することを目的に、日本に持ちかけられ、岸の国家主義的・反共主義的政治家としての自負心を刺激し、進められ、岸退陣を代償に成就されます。

しかし、これにどれだけの意味があったのか。坂元は、結局、この「実力不相応」(西春彦)で拙速な条約改定により、「見かけだけ」は双務性が実現してしまったため、逆に憲法改正の理由がなくなった。そのため、その後、憲法改正が遠のいてしまった、と評しています。彼によれば、「多くの改善点にもかかわらず、新しい条約も実質的には、日本がアメリカに基地を貸して安全保障を確保するという旧条約の構造(「物と人の協力」)を変えるものでは」なかったのです(坂元前掲、214頁)。

坂元はいいます。「形式がより相互的なものに整えられたこと」はたしかだったが、「新条約はその形式の面でも、依然として自主独立の国家同士が互いに相手を守りあうという意味での対等性には欠けていた」。ですから、ある意味では、得られたものは「見かけ」だけで、実質的にはあまり得るところはなかった。むしろ、その後の憲法改正をより困難にした。負債ないし禍根を次代の保守改憲派に残した。というのも「この一九六〇年の安保改定」は、次なる憲法改定の色合いを「戦前への復古」に近づけただけでなく、「憲法第九条を変えることなく日米安保を双務的な条約に改める」ことができるという前例を開いたからです(坂元前掲、214~220頁)。

このことにより、以後、憲法9条を変えなくとも、いろいろなことが可能だということに道がつけられ、「戦前への復古」への国民の警戒と忌避により、しばらく、日本の経済成長により、日米摩擦が高まり、日本側のフラストレーションが嵩じる1970年代末まで、先の中曽根流の「出口なしの改憲論」は、戦後の日本に出番をなくしていくことになります。出番をなくして、ますます「出口なし」の本領を発揮して、後にふれる江藤淳らの第三次の改憲論が現れるまで、青嵐会など自民党内のタカ派小集団としてくすぶり続けることになります。

そして岸のあとには、1960年の反米感情の爆発による「中立化」カードの対米抑止力を原資に、これまでにない憲法9条へのアプローチが企てられ、吉田の弟子の池田勇人が、新しい憲法9条の使用法に道を開くのです。

第Ⅱ部
安保闘争と日米安定期
――1960〜80年代

1960年5月26日、安保闘争。最大規模の国会請願デモ(photo ⓒ 共同通信社)

第2章　さまざまな護憲論

1　ユルくてずぼらな護憲論

ここで、ようやくこの本も、憲法9条をめぐる論議のなかでふつうには主役を果たす護憲論について書くところまでやってきました。

そもそも護憲論は、いつくらいから、どのようなものとして、日本の戦後に現れるのでしょうか。

それと、それ以前の憲法9条を肯定する論とは、もし違うとすると、どこが違うのでしょうか。

そんなところから、見ていきます。

†改憲論への対抗としての、護憲論の登場

最初の問いから述べると、護憲論は、その名の通り、主要には憲法9条を念頭に、これを「護る」つまり、「変えない」ということの意思表示ですから、改憲論が生まれると、それへの対抗としてやってきます。

改憲論は、憲法、このばあい憲法9条を変えようという主張です。

先に見たように、1950年12月の芦田均による積極的な再軍備論の提起が最初で、きっかけとしては米国による再軍備要求、朝鮮戦争の勃発による東西冷戦の激化と第三次世界大戦の危機の到来がその主要因でした。

芦田は、敗戦後、占領下で帝国憲法改正小委員会の委員長も務め、首相も務めた保守中道の政治家なので、例外的ですが、改憲論は、主に、その後、51年なかばに追放解除によって政界に復帰する公職追放組によって唱えられます。そして、先に見たように、講和成立後は彼らを中心とする反吉田の保守勢力が、保守政党を再編し、おもに占領体制からの脱却、独立の確保を目標に改憲を訴えるようになります。

その嚆矢をなすのは、52年2月の芦田、重光らの改進党の結党宣言でした。そこには「政策大綱」一（独立国家の完成）の第四として、「民主的自衛軍」の創設による「安全保

障条約」の「相互防衛協定」への切替え、つまり再軍備が、第五として、「占領下の諸法令（憲法を含む）」の「全面的」「再検討」と「徹底的」「是正」、つまり改憲が、うたわれました。

これらは米国からの「独立」を達成するための方途である点で、それ以後の民族の独立を前面に出した――重光外交が頓挫し、改憲のメドも立たなくなったあとの――「出口なしの改憲論」とは、一線を画していました。

護憲という考え方は、これらの改憲論に対し、この時期、これに対抗する政治的主張として、当初は憲法擁護という言葉で登場してくるのです。

†「護憲連合」の宣言

まず、1953年8月、社会党の元首相片山哲など政治家、学者、文化人を発起人として「平和憲法擁護の会」が結成され、この団体は、やがて団体加入による国民組織として54年1月、「憲法擁護国民連合」、略称「護憲連合」を発足させます。

「平和憲法擁護の会」の宣言はこううたいます。

変転きわまりなき国際政局と、多難な国際情勢を前にして、日本国民は、再軍備か否かを決定すべき重大政局に直面している。

終戦後、万世に向って太平を開くという大道を進んで、日本国憲法の戦争放棄と戦力不保持は定められたのである。今やわれらは、どこまでもこの条章を守って、戦争を永久に放棄し、戦力を絶対に保持しないという決意をつづけるか、それとも国際情勢の変化をいいたてて、再軍備に国力を消耗し、人類の正しい歩みに逆行するか、これを決定する岩頭に立つのである。

過去の独裁政治が、憲法の否認と無視を前奏曲として行われ、無謀な戦争に突入して、国家を滅亡の淵に陥れた経験は記憶に新しい。われらは平和憲法を擁護し、これを改変することに反対する。

（中略）われらは、絶大なる犠牲によって得た平和憲法を尊重し、世界に先んじて、戦争を放棄したことを誇りとし、ここに（中略）起って、再軍備の企図を阻止し、平和憲法を守らんとする。（「平和憲法擁護の会」宣言、竹前前掲、１４８頁）

この宣言に現れている護憲論の特徴は、これがこれまで見てきた重光らの改憲論、また日米安保交渉時の外務省当局者らの米国との折衝のレベルから見て、論理的にはきわめてユルい、ずぼらな姿をしているということでしょう。

明らかに他国の交渉相手、対話の相手をもたないことが、この独善的な姿勢、緊張のなさをもたらしているのです。

†オールマイティ型の戦後護憲論の原型

まず、ここには「終戦後」という表現がよく示しているように、日本が敗戦によって占領され、主権のない状況で憲法を制定したということへの意識が薄弱です。いまだ自分たちが米国の保護国的状況におかれているという意識もあまり見られません。

また、「万世に向かって太平を開く」の語が、天皇の終戦詔書の「然れども、朕は時運の趨く所、堪え難きを堪え、忍び難きを忍び、以て万世の為に太平を開かむと欲す」（傍点加藤）から取られていることに現れているように、「憲法9条」の光輝と天皇の光輝がまさしく同じ位置に重ねられています（『9条入門』第4章参照）。

その「戦争放棄と戦力不保持」がただの戦争放棄ではなく、「特別の戦争放棄」として、「世界に先んじて」唱道されたものであることを「誇りとし」、マッカーサーの述べた通りの「精神的なリーダーシップ」が無自覚に披瀝《ひれき》されているところも、きわめて特徴的です。

つまり、先に憲法制定時に関し、私は、「日本国憲法の戦力放棄と戦力不保持」が理想の光輝となって天皇の権威の空白を埋めるものとして与えられることになった、と述べたのですが(『9条入門』第4章参照)、それから8年後、いまや、マッカーサーという中間項の退場をへて、国民と天皇との直接的な統合が果たされ、あたかも「天皇」が「日本国憲法の戦争放棄と戦力不保持」を下賜したとでもいうような、オールマイティ型の戦後護憲論の原型が、ここに姿を見せているのです。

†戦争体験に支えられたふてぶてしさと、甘やかされた思考の共存

この護憲論の認識が、いかにおかしなものであるかは、容易に指摘できます。まず、ここには、この「戦争放棄と戦力不保持」が、「われら」――日本国民――の定めたものではなく、敗戦による主権の剝奪のもと、理想の光輝の付与であると同時に、いわば一種の禁治産者宣言でもあるものとして、連合国によって下賜された、あるいは押しつけられたものだという基本的な事実が、すっぽりと抜け落ち、看過されているからです。

しかしここには、

では、対米従属のままでよいのか。

はたまた、どのようにして非武装中立を貫くのか。

――そんなことは、知ったことか、

ともいうべき国なるものへの反感、庶民のふてぶてしさ、無責任さもまた、充溢しています。

ここには、この理路としてのユルさ、ずぼらさも何のその、国民の戦争体験にしっかりと結びついた「戦後の憲法9条と天皇の物語」が何ものにも揺るがせられない強度で、備わってもいるのです。

そして、それこそが、少なくとも冷戦の終了まで、日本の護憲論の力のゆるぎない基盤をなすことになる、というのが私の判断です。護憲論は、先端部分はずいぶんとんがっているのですが、基底部はだいぶズボラにゆるくひろがっている。ふてぶてしさもある。そこに1950年代なかばから、少なくとも90年代初頭まで、日本社会をささえる護憲論の強さがあるのです。そう考えれば、ここに戦後の護憲論の原点がある、と見ておいてよいでしょう。それは日本人の広い戦争体験に支えられています。あまりにしっかりと支えられているため、思考としてはずいぶんと甘やかされた存在だったのです。

†再表出される「9条と天皇の物語」

この「戦後の憲法9条と天皇の物語」について、その原初的ありようをむしろ肯定的に再表出するのが、近年の護憲派の論客、和田春樹です。1954年3月、このときの憲法擁護国民連合清水支部に高校一年生のとき参加したと記す和田は、2015年に書かれた『「平和国家」の誕生』のなかで、これを「古典的な戦後平和主義の情緒」と結びつけつつ、こう述べています。

> 戦後日本の平和主義は三つの要素からできている。第一は日本国民の敗戦体験であり、それが戦後平和主義の基盤をなした。第二は天皇とその周辺が敗戦時に押しだした「平和国家」という新国家目標であり、これが戦後平和主義のかたちをつくった。第三は敗戦後の知識人たちの非武装国家への志向であり、これが戦後平和主義の内容をつくったのである。(2頁)

このうち最初の二つ、国民の敗戦体験について、和田は、当時7歳で空襲に耐えた自分の経験を引いて、次のように説明します。

日本国民の敗戦体験とは、一般の日本国民が自分の生活圏内で戦争の末期、敗戦に向かう過程でくぐることになった経験である。1944年8月、マリアナ諸島全体を掌握すると、米軍はそこに飛行場を建設し、11月から新鋭長距離爆撃機B29による本土爆撃を開始する。その結果、日本の都市は大都市、地方都市あわせて119以上の都市が焼失し、多大な犠牲をこうむったが、ここで「もっとも重要なことは、大本営の決定により、これらの空襲に対する迎撃は、本土決戦に備える航空機保存のために、ほとんどなされなかったことである」。米軍機は完全に制空権を握り、結局、「日本の都市と国民」は、国からも軍からも守られることがなかった。

空襲と艦砲射撃の中で日本国民は、威張りかえっていた軍人たちが国外で進めた戦争の結果がいかに恐るべきものであるかを知った。日本軍は無敵であると誇っていたが、銃後の国民の生命、家、財産も守ることができなかったのだ。ここから国民の反軍意識が生まれた。国民がいかに情報から遮断されていたにせよ、この軍隊不信の感情は実質的であり、強烈であった。(和田前掲、19頁)

その一方で、「こうしたおそるべき空襲は八月一五日の天皇の玉音放送によって終わった」。「国民のあいだには安堵の感情が広がり、それは天皇に対する一定の感謝の気持ちに進んだ」。その結果、先に島民を置き去りにして司令官が自決し、軍組織が崩壊していたため、8月15日の玉音放送が何一つ米軍の戦闘行動に影響することのなかった沖縄島民を除いて、本土の国民は、（中略）災いを招いた軍隊、（中略）守ってくれなかった軍隊に不信をもち、軍隊はいらないと考えるに至った〔うえに――引用者〕（中略）空襲が天皇の放送で終わったことから親天皇的な意識をもった。

こうして、国民の反軍意識は親天皇的な色合いをおびた。この日本国民の心理的な平和主義が戦後日本の平和主義の基礎をなしている。（和田前掲、20頁）

†「世界に冠たる」もの

和田によれば、日本国民の敗戦体験は、こうして「反軍意識」と「親天皇的な意識」のアマルガムを生んだというのですが（和田の論については第6章1節でも検討します）、1953年の最初の護憲派の宣言は、あたかもそれを裏づけるかのように、「天皇」が「戦争放棄」の憲法を下賜したかのように錯覚させかねない文面で、いま見ると、私たちを少なからず驚かせるのです。

それは、まったく論理的でないままに、憲法9条がどのような意味あいで、私たちを深く動かしてきたかについて、示唆しています。

それは、文字通り、新しい「天皇」の代替物、化身として、「世界に冠たる」日本の平和主義の光輝のうちに、護憲主義者たちの「誇り」の器を満たすのです。

ここに表れた護憲派の考え方は、これに先立つ50年前後の全面講和論の運動母体と合流し、このあと、55年10月に社会党を左右統一させる指導理念に育ちます。

その考え方の特徴をもっともよく示すのは、社会党が平和問題談話会の全面講和論と手を取り合うかたちで49年12月4日に決定し（「講和問題に対する党の一般的態度」）、その後、50年12月に正式決定される「平和三原則」（「全面講和」・「中立堅持」・「軍事基地反対」）、ついでそれに「再軍備反対」を加えた「平和四原則」（1951年1月）でしょう。

平和四原則は、平和問題談話会が50年1月15日に発表した「声明」の四項目と三項目までが同じであり、この社会党、総評、革新派知識人のもとで、和田のいう「敗戦後の知識人たちの非武装国家への志向」が「戦後平和主義の内容をつくっ」ていくのです。

†ユルくてずぼらな護憲論の淵源

よく知られているように、社会党の主要メンバーには、多くの戦前の大政翼賛議員が含まれていました。その1945年9月の結成準備懇談会について、無政府主義者荒畑寒村《あらはたかんそん》の『自伝』は、左派から右翼まで約200名が参加したなか、「浅沼稲次郎が開会のあいさつのなかで堂々と国体擁護を主張するやら、最後には賀川豊彦が天皇陛下万歳の音頭をとるやら、遺憾なくその本質を暴露し、私たちの一団は天皇陛下万歳の唱和に憤慨して退場したほどであった」

と書いています。

一方、この社会党と和田いうところの「戦後日本の平和主義」との親和性には、最初からかなり高いものがあります（『日本社会党の三十年』第1巻、34頁）。それが、憲法9条のマッカーサー発の理想主義の「光輝」を、天皇に親和的でかつ革新的でなお反米的でもあるこの党固有のずぼらな護憲論経由で、国民の「敗戦経験」へと架橋するのです。

ところで、ここに顔を見せているユルくてずぼらな護憲論は、その淵源を、46年から47年にかけての新憲法への熱狂にまでたどることができます。たとえば、経済学者の森戸辰男は、45年11月に日本社会党に入党すると、以後、同党右派の理論的指導者として50年、政界を離れるまで、この党にとどまります。また、先にふれたようにその平和四原則は、50年の平和問題談話会の「声明」とほぼ同様です。しかし、ここに生まれている護憲論は、森戸の属していた憲法研究会が先進的な意味をもち、平和問題談話会の「声明」が理路を備えた平和論の骨格を備えていたのにくらべ、そのユルさ、ずぼらさで、それ以前の平和主義の論、戦争放棄の論とは、一線を画しています。

そのユルさ、ずぼらさこそが、先にあげた世論調査結果が示唆する、46年5月の70%の戦争放棄支持（毎日新聞）が、いったんそれぞれ51年3月の47・3％の再軍備支持（読売新聞）、52年4月の43・2％の憲法改正支持（毎日新聞）という半数近い対抗意見の高揚に見舞われたあと、断絶の期間をはさみ、その後再び62年8月に62％の改憲反対（朝日新聞）に転じると、以後、どの新聞の調査でもこの傾向が長く続くようになることの意味だろうと思われるのです。

†新しい政治階層の出現

断絶の以前になく、以後、現れているのが、国民の敗戦体験あるいはより広く戦争体験に裏打ちされ、かつ戦後の生活と価値になじむようになった護憲論の基盤です。なので、これは、戦争体験と憲法9条が、戦前への回帰への警戒、反軍感情、反国家感情、反戦感情を媒介に結びつき、豊かな生活感覚にふれ、これまでにない新しい政治的階層を作り出したことを意味しているのです。

ところで、このあと、この護憲論のうえにあぐらをかいて、それへの依存を深める社会党に対し、この護憲論に新たなアプローチを試みることで、この第一次の護憲論を別種の護憲論に活用するのが、岸のあとを襲う池田勇人の保守本流の経済中心主義（＝吉田ドクトリン）です。

このユルくてずぼらな護憲論は、経済中心主義と結びつくことで、新たな護憲論の基盤となるのです。

しかし、その前に、この護憲論の浮上とその意義を論理的に説明する企てを、二つ、紹介しておきましょう。

一つは、丸山眞男（1914―96）の憲法9条論であり、もう一つが、坂本義和（1927―2014）に代表される新しい国際感覚をもつ現実的護憲派による非武装中立の論です。

2 丸山眞男の護憲論

先に見たように、再軍備と非武装、改憲と護憲をめぐる日本の全国紙の世論調査は、1946年、憲法改正案の発表直後、9条支持の結果（賛成70％）を示したあと、一転、続く10年ほどは、改憲と護憲のあいだを往復する停滞を見せます。そして、55年の保守合同で政権与党の自民党が政綱に改憲を掲げると、護憲伸長の徴候を見せ、3分の1の護憲派の壁を作り出したあと、90年前後の冷戦終了まで、一貫して護憲優位の結果を示し続けるようになります。すなわち、自由民主党が「党綱領に憲法の全面改正を掲げ」ると、以後、今度は「九条改正賛成論が急激に減少し、反比例して反対論が急増」するのです（緒方・古川前掲）。

しかし、そこでもう一つの画期をなすのが1960年のできごとであるらしいことを、たとえば次の朝日新聞の世論調査結果は示唆しています。すなわち、保守合同直後の55年12月の世論調査「憲法改正に賛成か反対か」で50年の朝鮮戦争以来の賛否がはじめて「37／42」と逆転するのですが、60年をすぎると、それが、62年8月「26／61」、69年1月「19／64」、さらにこれは読売新聞ですが、70年5月「16・1／49・9」と、その傾向が長期にわたり、はっきりと固定化されるようになるのです。

†独立か民主化かという選択肢

では、なぜ、1960年前後をさかいに、こうした傾向が現れるようになるのか。

丸山眞男は、60年7月、その理由を、こう見ています。

日本の支配原理は、戦前、官憲主義という人の支配（ルール・オブ・パースン）を実質とするあり方を示していた。しかし、戦後の日本国憲法では逆に法が「権力を制約する」法の支配（ルール・オブ・ロー）が基調となるという意味で、戦前型の官憲主義の人の支配からの転換が「八・一五の画期的転換」の意味となるはずであった。

ところがご承知のように、あのときの革命は、上からの革命であって、占領軍がきて民主化政策をやった。占領軍の押しつけにより日本国憲法ができた。ただ、押しつけというのは支配層に対する押しつけだったということだ。そういう押しつけられた憲法ではあるけれども、諸々の民主化政策の結果が、この十五年の過程を経てずっと下に浸透していった。民主化には（中略）いろいろなものを含むのだが、その最高の表現が日本国憲法である。（中略）

ところがその過程において、上の方では何が起こったかといえば、朝鮮戦争後アメリカの政策が百八十度変わって、反共のためなら手段を選ばずということで、パージの解除がおこなわれた。そして戦前的な勢力およびものの考え方が政界、財界その他いたるところに復活してきた。（「安保闘争の教訓と今後の大衆闘争」『丸山眞男集』第八巻、337頁）

そしてこの勢力は、「戦後の民主化はゆきすぎている」と考え、日本国憲法を敵視し、「ことあるごとに邪魔扱いにしてきた」が、これはこの間「浸透し定着してきた国民の間の憲法感覚とちょうど反対進行なのである」。つまり、丸山は「その反対進行のズレ」が朝鮮戦争から10年たって、「この安保問題で爆発した」というのです。

どういうことか。

ここに欠けているのは、民主化と独立のいずれを取るか、という問題だということです。ですからこれを補うと、丸山のポイントがよりはっきりとわかるようになります。

†痛覚の乏しさと、9条の定型的な論じ方

1955年の重光の改憲論は、対米従属を何とか脱しようとこれを第一目標に掲げました。独立を確保したうえで、戦後の民主主義、平和主義を追求していくと考え、そのために掲げられたのが米軍を全面撤退させるための再軍備と改憲なのでした。

それに先立つ芦田の改憲論は、これにくらべ、米軍の撤退をめざした再軍備と改憲を共産主義陣営からの攻撃の脅威をより重視して主張している点が違っていますが、それでも、そこで独立と安全の確保後、めざされているものが戦前型の政治ではなく、戦後の民主主義、平和主義である点で、重光の改憲論と同じでした。

しかし、それでもこうした改憲論は国民の心をとらえることがなかった。まして、それらに比べれば、鳩山のかかげる対米独立は、より民族の誇りといった戦前への傾斜を色濃くもっており、さらに岸の対米独立は、戦後的な価値をほとんど顧みない、国家主義と反

共主義を一途にめざすものでした。それらは総じて、独立を第一とするか民主化を第一とするかという二者択一のもとで、戦前復帰の反民主化の動きと映るほかなかったのです。

これに対し、日本の国民がもっとも自分を加担させたのは、戦後15年間の戦争の時代のあとに訪れた民主化と平和主義の社会に対してであり、それらはともにGHQがもたらした新しい制度であり、考え方でした。国民が選んだのは、GHQにつながる民主化と平和主義で、戦前につながる民族的な自立、誇り、独立心とかではない。丸山の指摘は、そう翻訳されます。

つまり、たとえ独立がなされていなくとも、まず民主化と平和主義こそが大切だという信条こそが、徐々に定着していったのであって、それと独立を最優先し、そのために再軍備と改憲を行い、そのうえで民主化と平和主義をめざすという改憲論のプログラムのあいだには、「国民の間の憲法感覚」に照らして「反対進行のズレ」があった。安保闘争は、その「ズレ」が最大化され、爆発した機会だったと、丸山はいうのです。

それは、独立よりも民主化、ともいうべき選択が、国民の間にあったという指摘を含む点で、ここまで見てきた改憲論の盲点をつくものでもありました。同じ平和問題談話会のなかで、50年に『愛国心』を刊行し、50年代末には安保闘争に際し、全学連に接近する独立優先派の清水幾太郎との違いが、このような時代把握にあったということでもあります。

しかしそれは、ここに「独立」という項目を補い、投げ込んでみてはじめてはっきりしてくることです。ひるがえって、これを丸山の護憲論と受けとるなら、今度はそこに日本が主権のないまま憲法制定、民主化を甘受したことへの痛覚の乏しいことが、改憲論のばあいとは裏腹に、今度は護憲論の物足りなさとして、浮かんでくるようでもあります。

その痛覚の乏しさは、彼が戦後の改革、あるいは憲法制定をカンタンに「あのときの革命」といってしまうところにも、また「押しつけ」について、それは「支配層に対する押しつけだった」という一言で片づけているところにも、よく現れているでしょう。

そこからその後、護憲論の理路を作り出すものとして前例をひらいたといえる、丸山の憲法9条の「論じ方」の定型がやってきます。

†丸山眞男と憲法9条

丸山が直接に憲法9条について述べたのは、1964年11月の「憲法第九条をめぐる若干の考察」という発表においてです。その発表を、丸山は、このとき、彼も属していた憲法問題研究会の例会で行っています。

憲法問題研究会というのは、当時、政府主導で改憲を視野に内閣に設置された憲法調査会（56年6月〜65年6月）に対抗して、民間につくられた憲法問題の啓蒙をめざした革新派学者の団体です（58年6月〜76年4月）。

憲法調査会が、社会党を除く政党の参加のもと、法学者の高柳賢三を会長に、国会議員30名以内、学識経験者20名以内というメンバー構成で、芦田均、清瀬一郎、中曽根康弘などの政治家、茅誠司、坂西志保、蠟山政道などの学識経験者を擁し、憲法制定時の広範な問題を網羅的に調査・検討したのに対し、憲法問題研究会は、大内兵衛、我妻栄、宮沢俊義らが中心になって広く護憲を旨に学者、知識人に呼びかけ、中野好夫、桑原武夫、竹内好など、憲法学者以外の人文学分野の学者をも多数集めて結成されました。関東、関西に部会をもち、定期的に例会を行い、発表を行うなど、50年代初頭に全面講和を主張した平和問題談話会につらなる、革新的な政治的立場と領域横断的な組織形態をもつ団体でした。

丸山は、先には平和問題談話会の委員として、50年12月に「三たび平和について」と題する報告書の第一章、第二章を執筆しています。

そこで述べられていることから、憲法9条の護憲論に集約される文脈をとりだすと、まず、そこではこういうことがいわれていました。

†中立全面講和論の現実性の主張

第一に、戦争の性質が変わった。——「戦争は本来手段でありながら、もはや手段としての意味を失った」。つまり、原水爆という超兵器の出現により「戦争の破壊性が恐るべく巨大なものとなり、どんなに崇高な目的も、どのような重大な理由も、戦争による犠牲を正当化できなくなった」。いいかえれば戦争が「地上における最大の悪」となった現在、「原子力戦争は、最も現実的たらんとすれば理想主義たらざるをえないという逆説的真理を教えている」。

しかもそれこそ、同時にわれわれ日本国民が新憲法において厳粛に世界に誓約した戦争放棄と非武装の原理から必然的に導き出される態度ではないか。交戦権を単に国策遂行の手段としてだけでなく、およそあらゆる目的の手段として否定した（中略）この憲法の精神は、（中略）上に見たような現代戦争の現実認識に最も即した態度であり、自国または他国による武装に安全保障を託するような考え方こそ、却って安易な楽観論であるとわれわれは考えざるをえないのである。（杉田敦編『丸山眞男セレクション』213〜214頁）

このあと、彼は、東西冷戦の基本構造である「二つの世界」をどう考えるか、そこでは「考え方」を柔軟に保ちつつ鍛えることで、所与の条件（あること）を当為の対象（すること）へと転化していくことが大事で、そうすれば、この条件下でいずれかの陣営に身を置くことを固定化するより、「中立」の立場をめざすことに大いなる可能性が見えてくるといい（「第一章　平和問題に対するわれわれの基本的な考え方」）、第二に、そのうえで、東西冷戦下で「中立」の立場をめざすことがもちうる可能性を、さまざまに提案しています（「第二章　いわゆる『二つの世界』の対立とその調整の問題」）。そして最後に、これらの論証により、「現在において中立の主張が日本の真の自主独立の立場の表現であること」が明らかになると、この文章を締めくくります（「ふたたびわれわれの基本的態度について」）。

†変わりゆく国際状況と国内状況

この文章が発表された1950年12月の段階では、日本が全面講和により非武装中立のかたちで独立することの可能性が、まだ閉ざされていませんでした。ダレスの登場と朝鮮戦争の勃発で守勢に立たされていたとはいえ、なおマッカーサーは日本中立化の考えを捨てずに米本国への最後の防波堤となっていたうえ、先の西春彦の観察にあるように、ソ連も中国も、日本が中立となることの自陣営へのメリットを見越し、日本が中立化するばあい、日本に過大な要求は控えるという姿勢を早くから示していたからです。

それで、このとき丸山の中立全面講和論は、平和問題談話会の主張同様、平和と中立と経済独立の課題が、独立と米軍の全面的撤退の要求と「込み」になっていたのです。

つまり、右の丸山の結論のように、民主化と独立は、全面講和の主張のもと、一体化していました。

しかし、このあと、マッカーサーが解任され(51年4月)、日本の非武装中立の構想をささえる現実的な「力」の源泉は、根を断たれます。日本の米国側カウンターパートは辣腕の反共主義者、冷戦主義者のダレスに代わり、日本は51年9月、中立に代わり、ほとんど実質的には保護国的な同盟である日米安保条約を米国とのあいだに結びます。

そして、それから10年。58~60年の日米安保条約改定交渉と安保闘争をへて、国際状況も国内状況も大きく変わります。このできごとはまた、日本ではあまり意識されませんでしたが、じつは東西冷戦を一挙に激化させるきっかけにもなっていました。先に西春彦の指摘を引いた通り、62年のキューバ危機の一つの起点ともなっていたからです。

ですから、64年、丸山が先にふれた「憲法第九条をめぐる若干の考察」を発表するときには、日本は完全なる米国に対する基地提供国となりおおせていました。憲法9条は新日米安保条約といわば一対の存在として、これと「平和共存」する新たな状況が生まれていたのです。そして、そのなかで、日本国民のなかに、このあとの日本社会で優勢になる、米国との同盟関係を甘受してもよいという気分が育まれようとしていました。

†「憲法第九条をめぐる若干の考察」

この年10月、東京オリンピックが行われています。同じ月、新幹線が開業し、前年には名神間に高速道路も開通しています。

1952年の独立後、保守党が先に見たように憲法改正、再軍備による対米自立の企てに失敗してからは、憲法改正、再軍備の主張は対米自立という現実的目標から切断されたままです。対米自立のプログラムは現実性を失い、その主張が、袋小路に入ってナショナリズムの主張の色合いを強め、以後、先には一体化していた独立と民主化が、戦前的な価値の重視（独立）と戦後の諸価値の重視（民主化）とに分離・対立し、保守陣営に「出口なしの改憲論」を生みだすようになっていました。

そして、その新しい二項対立のもとで、国民は、独立をめざす半面で戦前型の日本への回帰に道を開くよりかは、対米協調、そのじつ対米従属のもとでも、戦後型の民主主義国としての日本の自由と米国の庇護のもとでの経済的繁栄を謳歌するほうがよい、という、いわばイケイケの気分に浮きたち、なじむようになっていきます。このあとに述べる高度成長の時代の気分が、人々をとらえるのです。

そうした時期、東京オリンピックの翌月、丸山は憲法9条について、「憲法第九条をめぐる若干の考察」と題する――その後何度も引かれることになる――護憲論の骨格をなす発表を行うのです。

丸山の憲法9条論は、三つからなっています。そしてそのそれぞれについて、これまで見てきたところから、個別にコメントが可能です。

†丸山における改憲論理解のアウトライン

まず、第一のセクションは、憲法9条がなぜ問題なのか（「一　改憲問題と防衛問題との歴史的連関」）。

改憲問題（改憲論）がどのように生まれてきたか。それをしっかりうけとめることが大事だと丸山はいいますが、彼によれば、改憲論が保守派から生まれてきたきっかけは、米国による日本に対する再軍備の要求です。曰く、「朝鮮戦争の勃発の前後からきわめて鋭く切迫した形で、防衛問題がむしろ他律的に――というのは、アメリカ極東戦略との関連において、総司令部の要請を重要な起動点として登場し、それに触発されて憲法第九条が政治問題化し、やがてそれが一般的な改憲問題へと発展していった、ということです」（『後衛の位置から』24頁、傍点原文）。

丸山はいいます。朝鮮戦争の前年、１９４９年11月には吉田首相はまだ「無軍備こそ最善の安全保障であるという答弁をして」いるし、西村熊雄条約局長も「第九条は自衛戦争自身も放棄していると解釈すべき」との「公式の答弁」をしていた。しかし50年1月にマッカーサーが年頭声明で「日本に自衛権がある」ような示唆をし、6月の朝鮮戦争勃発後に「警察予備隊令」が総司令部から出されると、これは違憲ではないかという問題が政治問題として浮上してきた。

現実にこの前後から総司令部も「日本の再武装の必要をかなり公然と説くようにな」り、そのことが国会でも問題となり、52年には左派社会党が警察予備隊の違憲訴訟を提起したが、この年の10月に最高裁によって却下。また、この年に講和条約と日米安保条約の発効があり、日本は独立し、やがて警察予備隊が保安隊に代わった。ついで53年にニクソン副大統領が来日して、9条を憲法に入れたのは「アメリカの誤りであった」という談話が発表され、その直後には吉田首相が当時の自由党に憲法調査会を設置する要望を出した。

もう少し続けてみましょう。

54年1月になると、改進党が憲法改正により自衛軍を保持すべきと決議した。同じ月、これらの動きに対し、護憲連合が結成される。しかし、3月にはMSA協定（米国による同盟国の防衛力増強支援枠組み構築のための相互防衛援助協定）ができて、日本の防衛力増強が義務化される。同じく3月に自由党と改進党の保守2党が憲法調査会を発足させ、6月に自衛隊法案が国会を通過。11月に自由党の憲法調査会が「日本国憲法改正案要綱」を発表して憲法の全面改正を打ち出し、55年2月の総選挙では改憲問題を最大の争点として総選挙が行われ、その結果、護憲派がかろうじて3分の1以上を占めた。

そこにいたって、保守派も「改憲に抵抗する国民意識が意外に強いことが総選挙を通じてハッキリあらわれたので」やり方を変える。55年11月の保守合同で生まれた自由民主党の政綱には「平和主義、民主主義及び基本的人権尊重の原則を堅持しつつ、現行憲法の自主的改正をはかる」ことがうたわれ、「憲法の三原則」は「われわれも堅持する」、「現憲法の根本精神は少しも動かさないということをしきりに弁明しだす」ようになるのは、それ以後のことである（『後衛の位置から』25～28頁）。

現在の改憲問題、改憲論というものは、いまは「一般化」されているけれども、その本質は「他律性」にある。アメリカの極東戦略の一環として他律的に、まずは日本への再軍備の要求を起点にはじまり、そこからこの米国の要請に答えるため、保守党が再軍備に向けた改憲要求としてこれを出してきた、というのです。

†相手たる改憲論への無理解、無関心

さて、私が、この説を引くのは、これが丸山のというよりも、護憲論者たちの改憲論の

理解として、もっとも定説的な見解なのだろうと思うからですが、ここまでの議論を追ってきた読者にはわかってもらえるように、この見方は、改憲論の理解としては、非常に浅いうえに、間違っています。

第一の問題は相手の改憲論に対する無理解、無関心です。最初の改憲論は、きっかけこそ米国の日本再軍備化への政策転換にあることはその通りですが、最初につくられた改憲論の理路は、けっして他律的なものでも、米国の要求に応じるためのものでもなく、その逆に、これを再軍備が可能な法的措置をすることで日米条約において対等な地位を保つことをめざす、自律的なものでした。

ダレスがヴァンデンバーグ決議と憲法9条を盾に日本とは対等な条約は結べないといってきたのに対し、再軍備、改憲によってこれに対抗し、完全な独立を果たそうとしたのが重光です。その重光は、1945年の降伏文書調印の際、外相として、「明治維新における不平等条約は明らかに列強に対する無条件降伏であったが、明治の人々は忍苦に耐えて国を興した」と述べ、それに続く決意を表明していました（「新たな気力を振起し昭和維新を遂行　外相忍苦の覚悟を要請」朝日新聞1945年9月2日）。すなわち、戦後の最初の改憲論は他律的ではなく、「独立」をめざす自律的な政策思想だったのです。

ですからここにあるのは、丸山が述べるような簡単な支配層と国民の二項対立ではありません。

日本の再軍備と改憲が、丸山のいうように米国の要求に応じるかたちで問題になるのは、吉田路線のもとでであり、しかし吉田は、この米国の要求に対し、サボタージュというかたちで自律的な抗《あらが》いを示します。そのため、それは改憲論に結びつきません。

芦田均によってその吉田批判の形で提示され、55年に鳩山政権のもとで提示される改憲論は、このような再軍備、憲法改正、対米自立、自主外交という理路につらぬかれた独立のための改憲論です。しかしそれに対して、国民は、3分の1の反対で、「ノー」を突きつけるようになるのです。また、日本の戦前回帰、ナショナリズムの発露として改憲論が叫ばれるようになるのは、この最初の改憲論が重光らの試みの頓挫と国民の「ノー」によって対米自立実現の可能性を失い、「出口なし」になってからのことです。

これら三つの流れのうちにある葛藤が、腑分けされず、見逃されたうえ、保守合同後の自民党の政綱を手がかりに、一見整然とした他律的改憲論として示されているのです。

†体制派への最低限の連帯意識の欠落

第二の問題は体制派に対する、最低あるべきレベルですら見られない連帯意識の欠落です。

たとえば、なぜ保守派が、吉田路線と鳩山、重光、岸路線とに分岐するのか、また、なぜ戦前的な体質も強くもつ鳩山が一方で日ソ国交正常化に尽力しつつ、再軍備、改憲を主張するのか、さらに、なぜ吉田のもと、外務省条約局が日米安保を国連の枠のなかにとどめることで最低限の日米対等の基盤を確保しようと努力するのか。こういった圧倒的に不利な状況での日本政府の主権堅持にむけたアメリカへの抵抗に、丸山をはじめ、護憲派の論者は、いっこうに無関心かつ冷淡です。反体制派を自任する一方で、米国という憲法制定権力がいまでも軍事基地の自由使用権を手に、日本の主権を制限していることに、無頓着なのです。

彼らはもっと、こうした体制側の努力にも真剣に関心を示すべきでした。そうすれば、「独立と民主化」の実現というかつての全面講和時代の目標の実現条件が失われたあと、日本の社会に、「独立か民主化か」という新しい二者択一の形をした新条件が生まれつつあること、そのなかにまた、新しい課題が生まれようとしていることにも、いち早く気づけたはずだからです。そのいずれをも――独立と民主化の両方を――視野に入れた護憲論、改憲論が、それぞれどうすれば設定可能か。そのばあい、両者の歩み寄りは、どのように可能か。そういう新しい開かれた課題が、ここに浮上してきていることが、彼らにもわかったはずだからです。

それへの応答がなければ、このあと護憲派、改憲派の双方がそれぞれに「出口なし」の状況に追いこまれていくことは明らかでした。

このあと述べる坂本義和の「中立日本の防衛構想」論文は、こうした護憲派の閉塞に対する危機意識に立って書かれた一歩踏み込んだ考察でしたが、丸山を含め、大半の護憲派の論者はこのとき、そのような危機意識を共有しておらず、その画期的な意味に気づくことができませんでした。

†アメリカの存在とその意味の多重性への認識不足、無関心

また、第三の問題は、日本の戦後におけるアメリカのプレゼンスとその意味の多重性への認識不足と無関心です。それは丸山が1960年に書いた「安保闘争の教訓と今後の大衆闘争」での憲法の「押しつけ」に対する楽観的な見方にも、はっきりと現れています。

そこに欠けているのは、戦争放棄も、非武装中立も、自分たちが、自分たちの発意と力でこれを打ち出したわけではない、ということへの謙虚な自覚です。

改憲派の粗野な「押しつけ論」をはねのけるために、戦争放棄の発想は幣原首相から出ており、全体のGHQ草案には民間の日本の憲法案が影響しており、「押しつけ」は政府へのものであって「国民」に対するものではなかった、「国民」は逆にこれを歓迎した、

憲法9条はほぼ日本人が自分たちの力で敗戦を代償に手にいれたのだ、というような、こちらも粗野な「反押しつけ」論が護憲派からは繰り返されますが、それらからはっきりと身を引き離す冷静さが、丸山の9条論には見られません。

そのため、同じくアメリカといっても、そこにマッカーサーと米本国、マッカーサーとダレス、あるいはダレスとケナンのあいだに、日本統治に関し、さまざまな葛藤があることにも、丸山は、護憲派のほかの人々と同様、総じて無関心でした。

†実行を欠く平和主義への批判

第二のセクションは、憲法9条の「平和主義」の意味とは何か（「二　日本国憲法における平和主義の意味づけ」）。

憲法9条の平和主義は何をめざしているか。丸山は、憲法調査会の理解が、理想としての平和主義の堅持に「全員が一致」といいつつ、その「飼い殺し」ないし「誉め殺し」になっていないかと批判します。

それはこういうことです。こう考えてみましょう。憲法9条の平和主義とは何を実行することなのかと。

まず、理想としての憲法が制定され、その平和主義が誉めたたえられる時期がありました。このとき何が実行されていたかというと、国際社会のもとで、日本の戦力解体、軍事組織解体が実行されていました。日本をして二度と戦争を起こせない無力な国＝平和的な国にするための作業が実行されていたのです。

しかし、そのあと、米国の方針が代わり、やがて警察予備隊令がポツダム命令として下り、憲法に反する現実が現れてきたので、これに対しては、当然、それは憲法違反だという指摘がなされました。もし、この憲法が私たちの意思で作られていたのであれば、この意思が、最高裁を動かして、これは憲法違反だというので、これを作った政府に対し、その解体の実行を命ぜられたはずです。これが、憲法が生きているということだからです。

しかし、この憲法も占領軍出自、警察予備隊設置も占領軍の意思だったうえ、最高裁も十分に機能する独立性をもっていなかったので、これを違憲とはしませんでした。そのため、次には日本のアメリカ極東戦略への組み入れが憲法9条のもとで実行され、日米安保条約と自衛隊と憲法9条が共存する新しい戦後の体制が作られることになりました。

†平和主義の理想の「飼い殺し」

これに対して、独立後、政府から自律的に最初に起こった反応は対米自立実行の企てでした。それが最初の改憲論の理路だったのは先に見たとおりです。しかし、それを行うのに十分な信頼を、この鳩山、重光、岸ら反吉田派の戦前からの政治家たちの保守政府は、それまでに国民のあいだに築けていませんでした。そんなに簡単には問屋が卸さなかったのです。それで総選挙で3分の2以上の支持を集められず、国と改憲派はこのやり方での実行を貫けなくなります。

一方、革新勢力と護憲派も、非武装中立の守護神だったマッカーサーの支えが、マッカーサー自身の主張の後退、ついで解任によってアテにできなくなると、単独講和、日米安保条約をへたあと、その主張を実行するだけの権力的裏づけを失います。国民の支持も投票行動で過半数を超えるほどではないため、政権運営の立場から9条を基礎にする平和的安全保障政策をどう実行するかという課題には出会いません。非武装中立を実行するという機会を奪われるのです。

こうして、保守勢力のなかの反吉田派は、米国の支配から脱することを実行できず、吉田派には、米国のいいなりに改憲・再軍備を実行できるほどの条件もない。そういう手詰まり状態のなかから、日本政府は、実行不能な政治的課題は〝凍結〟することにして、実行可能な経済的な成長に〝活路〟を見出し、袋小路脱却に成功するのですが、その政治的課題の凍結――実行保留――の法的な表現が、憲法調査会が結論とした、「平和主義の理想の飼い殺し」だったのではないかというのです。つまり、私のいう、憲法9条の「解釈合憲」システムです。

†目標実現「への」能力を問う

この「飼い殺し」というのは、私がここに勝手に使うコトバですが、辞書を見ると「その人が能力を発揮できるような仕事を与えないままに、ずっと雇っておくこと」と語義があり、「飼い殺しも同然の扱いだ」という例文があります（『スーパー大辞林』第3版）。

憲法9条には課題実行の「能力」（理想実行能力）がある。それなのに憲法9条に「能力を発揮できるような仕事を与えないままに、ずっとそれを保持しておく」、解雇はせず雇用し続ける。現状を変える邪魔をしないように、手元におき、「理想」としてだけ掲げておく、というのです。

吉田が先に見つけた中二階にとどまり続けることで「改憲」を封じる「当面、九条の改正はしない」という9条護憲＝解釈改憲方式（私のいう「解釈合憲」システム）が、新たに9条の「理想」を「飼い殺し」するシステムへと更新されているわけです。

この「飼い殺し」方式では憲法9条の平和主義の理想をまず「特別な戦争放棄」として受けいれます。そしてそれを名目上は理想としたまま、条文を「実行可能な戦争放棄」に〝解釈し直〟し、前文を「マニフェスト」に〝棚上げ〟することで、日米安保とも自衛隊とも共存できるものに変えています。これがここに生まれる「解釈合憲」システムの要諦です。これは1964年の憲法調査会の最終報告書で正式に政府の採用するところとなります。

その結果、憲法9条は日米安保の存在も自衛隊の存在も否定していない。それは、(個別的な自衛権以外の)戦争の放棄、(必要最小限の自衛的戦力以上の)戦力の不保持を定めることで、なお平和主義の理想に合致している、とされます。そしてこれが日本駐留の外国軍の戦力は(日本の戦力ではないので)憲法9条のいう「戦力」にあたらないとする、1952年10月に発表されていた日本政府見解(吉田茂内閣による『戦力』に関する政府統一見解」(『9条入門』第6章1節))と合わせ、新しい解釈合憲の柱となります。

この解釈合憲方式に対し、丸山は、アメリカ合衆国憲法修正14条、15条が人種差別を禁止して100年にもなるのに、それが「実行」されていないこと、それが「実行」されていないのにその憲法が実行目標として掲げられ、しかも「飼い殺し」になっていないことを理由に、憲法には目標実現の「能力」だけでなく目標実現への「能力」もある、それは理想に達していない現実にたえずプレッシャーとして働き続ける能力だといい、その能力を停止させるように働く憲法調査会の解釈合憲システムは、「理想」の「飼い殺し」になると批判したわけです。

†「統整的理念」(カント)としての9条

ついでにいうと、この実現のないままに発揮される実現への理念の力を取りだすのがカントの「統整的理念」という考え方です。実行に直接結びつく理念が「構成的理念」であるのに対し、実行に直接結びつかないまま、なお指針としてプレッシャーとして力を発揮し続ける理念として、べつに統整的理念というものを考えることができる、とカントはいいます(『純粋理性批判』)。これは理想の哲学的定義です。

では、憲法9条のこの目標実現への力の発揮には何が必要か。そう述べて、次に、丸山は、憲法の規定から直接の利害を受ける国民がもつ当事者性の問題、さらにその理念の過去からのつながりがもつ意味、未来とのつながりがもつ意味に注目すべきといいます。「前文と第九条の思想的連関を全面的に考察するには、さらにそこに含まれた理念の思想史的な背景にまで遡らねばならないでしょう」と述べて、「サンピエールやカントからガンジーに至る」、また「横井小楠などからはじまって、植木枝盛、北村透谷、内村鑑三」等々、「いろいろな形態の表現を第九条の思想的前史として追うことができ」ると続け、1946年3月に当時の幣原首相が「戦争調査会」で語った「原子力時代においては憲法九条の戦争放棄の理想主義こそが現実的」という、丸山自身の15年前の「三たび平和について」での指摘に重なる挨拶を引くのです（「憲法第九条をめぐる若干の考察」『後衛の位置から』50頁）。

最後に彼は、憲法9条に対する国防的観点と民族主義的な立場からする反対意見について、その矛盾を指摘します。平和主義は文化的で質的な領域の拡大をめざすので国柄を作り、「国民的な誇り」になりうるが、軍事主義は画一的で量的な領域の拡大につながるので、国柄にはつながらず「国民的な誇り」になりえない。民族的な「誇り」のために再軍備するという主張は、弱いのではないか、と述べてこのセクションを終わります。

第三のセクションは、現在の国際環境は憲法9条の趣旨にフィットしている。憲法9条は現代国際政治の新傾向に対応する未来性をもっているのではないかという指摘です（「三　現代国際政治の発展傾向と第九条」）。

いまや戦争形態と戦争手段の発展は原水爆という超兵器により超国家化に上昇する方向とゲリラ戦など非制度的な社会レベルの下国家化に下降する方向とに分岐する傾向にある。超国家化の方向では、戦禍を被るのはもはや国単位に限定されず、下国家化の方向でも戦闘は下位レベルの民族同士、地域同士のそれに移り、いまや戦争は従来の国民国家を前提とするものではなくなる傾向を示している。また国際外交においてもかつての外務省・各国大公使の制度的外交ルート中心から首脳会談、巨頭会談の上昇化と民間外交の下降化への分岐が指摘できる。そこに、戦争を放棄し、国の交戦権をも否定する憲法9条のあり方が未来的に見直されるべき新しい動向が顔を見せている、と彼はいいます。

3 理念的把握と国際的文脈

以上が、丸山の憲法9条論です。このうち、護憲論の「論じ方」のあり方の定型を示していると思われるのが、第二セクションで彼の展開する論点です。

そこでの一つ目の問題は、実行にかかわるものですが、憲法9条の平和主義が実行において何をめざしているのか、という点について、その本来の目標の姿が、丸山の9条論から姿を消してしまっています。本来の目標とは、マッカーサーがノートのなかで「日本は、その防衛と保護を、今や世界を動かしつつある崇高な理想に委ねる」と述べ、これを受けて、憲法前文が「日本国民は（中略）平和を愛する諸国民の公正と信義に信頼して、われらの安全と生存を保持しようと決意した」と記したことのうちに顔を見せている行動プログラムです。

つまり、このばあい、〝国連の集団安全保障体制への参加を前提に、国際社会に率先して、われわれはまず一方的に、交戦権の否定という国家主権の放棄——そのじつ国連への主権の移譲——の先駆的実行に踏み切ります。国連警察軍による集団安全保障体制なしには原爆のある世界での平和は不可能だと信じるからです（さあ、皆さんも続いてください）〟というのが、憲法前文と9条がこのとき、国際社会に発していた平和主義的メッセージでした。

後に全面講和の主唱者になる東大総長の南原繁が、（これは交戦権の委譲であって放棄ではないのだから）国際連合に入ったばあい自分は何もしないというのは、「東洋的な諦め、諦観主義」であって、むしろ（国連待機軍のようなものを作って）「進んで人類の自由と正義を擁護するが為に、互に血と汗の犠牲を払うことに依って相共に携えて世界恒久平和を確立する」ことをうたうほうがよいのではないかと、1946年8月の憲法制定議会の審議において述べたのも、彼にそのような国連と9条のつながりがわかっていたからです（貴族院本会議、1946年8月27日、ロナルド・ドーア『「こうしよう」と言える日本』103頁より再引用）。

†理念と現実の架橋部分の欠落

すなわち、それが憲法9条の目標実現のため、ここに内包されている「実行」の内容です。

ですから、日本は、国連の集団安全保障体制がまだ確立されるまで道が遠いとしても、国連に参加し、その体制確立に向けて率先して外交上の努力を行い、他方、それが実行されるまでのあいだは、その未達成段階のために設けられた国連憲章51条による個別的自衛権と集団的自衛権の規定に従った国連の枠内での安全保障体制に厳密に自国の安全保障を組み入れる、という努力目標の行程表を掲げ、それに準拠し、プランを考える必要がありました。それが、憲法9条の「実行」目標であり、その「実行」目標が遠大で、それがすぐには実現しないというばあいに、次に、この目標実現との関連で、目標実現への「能力」、プレッシャーの発揮ということを問題にすべきだったのです。

その行程表が現時点から未来に向けた方向性の指針となる限りで、憲法9条の統整的理念は、人種差別撤廃のアメリカ憲法修正14条、15条の統整的理念と比較できるものとなったはずなのです。

しかし、この戦争放棄、交戦権否定の理念と現実世界との架橋部分が丸山の憲法9条論には欠けています。面白いほど、それだけ、そっくりここから抜き取られているのです。

そしてその代わりに、憲法9条の「目標実現」の能力ならぬ「目標実現」への能力だけが、語られます。しかし「目標実現」への能力とは、このままではいけないぞ、というプレッシャーをかける力であって、現状批判の力ではあるかもしれないが、設定された目標に一歩でも近づこうという「目標実現」の能力ではない。何が「目標」かは、問わないのです。

†「平和を愛する諸国民」の文脈の見落とし

これは、矢部宏治が指摘していることですが（『知ってはいけない』181～182頁）、憲法前文にある「平和を愛する諸国民」とは「大西洋憲章」以降、国際社会で使われてきた術語「ピース・ラビング・ピープルズ（peace-loving peoples）」に対応する日本語で、連合国諸国民、戦後でいえば「第二次大戦に勝利した連合国（およびその国民）」つまり国際連合を構成する諸国民をさしています。

たとえば、その使用例は、次のようです。

「（米英）両国は、いっそう広く永久的な一般的安全保障制度（＝のちの国連）が確立されるまでは、そのような国（＝侵略国）の武装解除は不可欠であると信じる。両国はまた、平和を愛する諸国民（peace-loving peoples）のために、軍備の過重な負担を軽減するすべての実行可能な措置を助け、援助する」（「大西洋憲章」第8項、1941年）

「この国際機関の成員たる資格は、すべての平和を愛する諸国（peace-loving states）に開かれている」（「ダンバートン・オークス提案」第3章、1944年）

「国際連合における加盟国の地位は、この憲章に掲げる義務を受託し、且つ、この機構によってこの義務を履行する能力及び意思があると認められる他のすべての平和を愛好する国（peace-loving nations）に開放されている」（「国連憲章」第4条1項、1945年）

ですから、憲法前文の「平和を愛する諸国民の公正と信義に信頼して、われらの安全と生存を保持しようと決意した」のくだりは、具体的には「日本は第二次大戦に勝利した連合国（＝国連）の集団安全保障体制に入ることを受け入れ、その前提のもと、憲法9条で国家としての軍事力と交戦権を放棄した」という意味だという矢部宏治の指摘（同前、182頁）は、正しいのです。

ところが丸山は、この言葉の出自がマッカーサー・ノートにあると断りながらも、その「思想的意味」は、「普遍的理念に立った行動を通じて」「日本国民はみずからも平和愛好諸国民（ピープルズ）の共同体の名誉ある成員としての地位を実証してゆくのだという論理」にあり、また「その方向への努力」に自らの「安全と生存の最終の保障を求めるという決意」の表明に存しているといやに思弁的なことをいいます（『後衛の位置から』45頁）。

話は国連に行かない。なぜか、明敏で該博な丸山にして、この言葉の背景にある卑近な文脈に気づかず、いわば〝先行論文をチェックしないまま〟ひとりよがりにこの語を用いてしまっているからにほかなりません。

ひとりよがりな理念上の問いへの横滑り

そのため、憲法9条の平和主義の意味は何かという問いに答える努力が、それがどのような行動と実行をわれわれに指し示し、求めているか、という問いから、その思想的な水脈はどこからくるか、また、その理念的価値の源泉は何に求められるか、というやはり垂直的でひとりよがりな平和理念、平和思想上の問いに、横滑りしていきます。

日本の憲法9条が平和思想としていかに人類の叡智をここに集約したものか、いかにすばらしいものかを強調することは、もし憲法9条がマニフェストであれば、それでも構わないのですが、困ることは、それを強調することが、この条文を今後もいよいよ理念として〝棚上げ〟してしまい、実行との緊張関係（実行へのプレッシャー）から解放してしまうことです。この思想的な水脈の探求と理念の重要性の強調は、結局、その現実的な文意をカッコに入れてしまい、「9条は大事だ」、「9条を護ろう」という現状の凍結行為に実行の目標それ自体を収斂させてしまうのです。

さきほど、カントの統整的理念（実現されないままに発揮される理念の働き）と構成的理念（実行に直接結びつくことで発揮される理念の働き）についていいましたが、その双方が生き生きとした力をもつには、両者のあいだに緊張関係があって、互いに相手からのプレッシャーを感じるような磁場がそこに成立していることが大事です。憲法9条の平和主義についても同じことがいえる。それが生きるには理念の高遠さと実行のリアルさが拮抗していることが大事なのです。

ちなみに、この丸山による「9条がプレッシャーとなる」役割説は、現在も健在で、東大法学部の憲法学者石川健治が同じことをいっています。2017年の安倍加憲改憲提案に反対し、自衛隊が違憲におかれていることが自衛隊に「常に身を慎む」ようプレッシャーをかけているので憲法9条の堅持が重要と述べたのなどは、現実と法制の関係こそ逆ですが、そのズレに統整的な機能を見る点、共通しています（東京新聞5月21日）。

†「集団的自衛権行使」と「集団安全保障体制構築」の混同

また、憲法9条の思想的連関を過去にたどる試みは、ほぼここで丸山の指摘している通りの思想の系譜を、その後、思想史家の山室信一が実際にたどり直しています（『憲法9条の思想水脈』）。9条の平和主義は、西洋の思想の系譜では、ルソー、サンピエールからカントへ、日本の思想では、幕末の横井小楠、明治の小野梓から日清・日露戦争期の非戦論へとその展開が検証され、その内容もすぐれています。ただ、興味深いこととして、この山室の憲法9条論にも、丸山における欠落が、そのまま踏襲されています。

憲法9条に日本の無力化（主権の放棄）と国際機関によるその国家的な安全保障への参加（主権の委譲）という両面性を与える文脈の起源となった大西洋憲章→ダンバートン・オークス提案→国際連合憲章へといたるパートの系譜がそうです。先に「平和を愛する諸国民」にふれて引用した三つの文書がこれと重なっており、ダレスが深慮遠謀によって国際連合憲章51条として国連憲章にいわば「毒」を仕込んだ1945年春のサンフランシスコ会議も含まれています。そのことと関わって「平和を愛する諸国民」そのものに関しても丸山と同様の対応が特徴的ですが（山室前掲、19〜20頁）、憲法9条の同時代史ともいうべきリアルな関連個所が、そこだけ、というように抜け落ちています。

日米安保条約の国際法上の権原である国連憲章51条の集団的自衛権行使と、憲法9条の骨幹である国連と集団安全保障体制の構築という真っ向から対立する二つの考え方が、混同して理解されている過ちもきっと同じパートの把握の欠落からきています。

国連憲章51条による加盟国への個別的自衛権と集団的自衛権の授権は、緊急避難的なもので、集団安全保障を基軸におく国連が、国連安全保障理事会の決定による警察行動に出るまでの間、あくまで例外的措置として、応急手当的に認めたものです。それを押し込んだのがダレスだったことからもわかるように、それを支える考え方は旧来型の「勢力均衡による平和」です。これに対し、参加国の主権の移譲によって国連警察軍を創設し、集団安全保障体制のもと、違反国に制裁を加えて参加国の安全を維持する集団安全保障の考えは、「国際機構による平和」です。

しかし、山室はこの二つを同一視します。そしていいます。国連は集団安全保障システムの「権原として集団的自衛権という新たな権利をつくった」。「集団的自衛権とは（中略）集団化された圧倒的な軍事力によって、侵略を抑止しようとするものである」。

この点を考えれば、国際連盟や国際連合による集団安全保障体制は、「勢力均衡による平和」から「国際機構による平和」をめざしたものでありながら、実は大規模で新たな「勢力均衡による平和」に衣替えしただけであるとみることが可能である。

（山室前掲、２０４頁）

この良質な著書のなかで、なぜか憲法9条が国際政治の現実面に直接ふれる領域だけが、こうして理解の欠落と混濁を示しています。山室のこの著書は、容易ならぬ達成を示しているのですが、護憲論の一途でひとりよがりな平和思想へのアクセスの悪弊が、こんなところに顔を見せているのです。

4　坂本義和の非武装中立論

しかし、１９６０年代、国際社会と日本社会は、ともに新しい局面を迎えています。60年の安保危機は国内のものでしたが、61年のベルリン危機（ベルリンの壁構築による西ベルリン封鎖）、62年のキューバ危機という世界を揺るがす激動をへて、米ソは現状の安定を模索するようになりますが、その後、軍事力均衡の相互確認の後、60年代末から70年代末の平和共存期へといたる動きは「緊張緩和（デタント）」と呼ばれます。

その一方、安保危機をへて新たに政治課題を〝凍結〟して経済繁栄に〝突破口〟を見出す経済重視政策によって日本にもたらされる60年代初期から70年代初期までの時期は、国内で「高度成長」の時代と呼ばれることになります。

この変化は、これまで国民の支持に支えられ、何の苦労もなしに育った50年代以降の――ユルくてずぼらな――護憲論を、大きな試練にさらします。右の高度成長の結果、未知の自由と豊かさが国民に浸透するようになり、これまでの護憲派の支持層の地盤に別の意味でのユルみが生まれはじめるからです。

しかし、この時代の変化に気づき、護憲論の更新をめざす動きは、先の丸山の9条論に明らかなように、これまでの護憲派の中心母体をなす憲法問題研究会の周辺からは出てきませんでした。丸山は、安保闘争のさなかに生じたズレないし〝拡散〟——安保反対が岸首相退陣要求に力点を移動させるにいたったこと——にさほどの思想的な意味を認めませんでした。それについての言及は彼の口からは出てきません。

この時期、護憲陣営にあってこの試練に反応し、その現実面との接点、すなわち、これまでの護憲論に欠けていた「平和を愛する諸国民」の組織＝国際連合とのかかわりに注目し、新たな非武装中立の防衛論を掲げて「特別の戦争放棄」の〝ふつう化〟をめざしたのは、ほぼ一世代若い政治学者、坂本義和でした。

坂本は、1927年、ロスアンゼルス生まれで小学校低学年まで上海育ち、東大法学部での卒業論文は英国の保守思想家エドマンド・バーク、という異色の経歴をもつ護憲派です。55年に米国に留学し、シカゴ大学の「現実主義」国際政治学者ハンス・モーゲンソウに学び、帰国後、59年8月に、論文「中立日本の防衛構想」を『世界』に発表します。

†中立志向と反米志向の対立へ

丸山が1914年生まれですから、およそ一回り下。敗戦時、18歳です。そういう年代から新しい護憲派の論者が現れてくるのです。

しかし、坂本は、この先の世代に比べれば、強力なライバルたちと伍して自説を展開しなければならない点で、彼以前の護憲派たちとは生きる環境が違っていました。それが、彼を鍛えたともいえます。

坂本の前にたちはだかるのは、彼とほぼ同世代の、冷戦時代に立脚する、より成熟した現実派ともいうべき論者たちです。

その筆頭格は、彼より数年遅れ、63年にハーバード大学への留学から帰国して、『中央公論』に「現実主義者の平和論」を発表する新進政治学者の高坂正堯（1934—96）で、1934年生まれ。ついで、同年、さらに論考「宰相吉田茂論」を発表し、たちまち当時の論壇の寵児《ちょうじ》となり、やがて自民党政権のブレーンとして時代を動かすようになります。もう一人の論客は、丸山眞男に学び、現実派に転じた永井陽之助（1924—2008）で、1924年生まれ。彼らの特徴は、保守派でありながら非改憲派でもあるという点で、最終的に彼らの論理が自民党保守本流、いわゆるハト派の親米護憲型政治ともいうべきものを基礎づけることになります。

こうして50年代の護憲論と改憲論の対立は、安保以後、保守主流派による改憲論の〝凍結〟をへて、60年代の中立型護憲（非武装で自衛隊は順次縮小）の論と親米型護憲（最小限戦力の自衛隊は解釈で合憲）の論の対位へと変容し、その中身も、戦後（理念）志向と戦前

（理念）志向の対立から、中立志向と親米志向、いわば現実に照らしての理念志向と理念を踏まえての現実志向の対立へと、大きく変わるのです。

†新しい「低姿勢」の出現

これらの同時代の親米型現実派を目して、1965年、坂本はこう書きます。「一九六〇年代の日本の一つの特徴として、ジャーナリズムに『現実主義』という名の新しい反動現象が、かなり顕著に見られることが挙げられ」る。「この『現実主義』は、政治的には保守の機能をになっている」。

> ここで私が保守というのは、単なる反動や守旧を指すのではない。それは、戦後の日本の外交政策、とくに日米関係を、その大枠において承認する、という意味での保守である。つまり、戦前への復帰を志向する「逆コース」ではなく、戦後の日米間の既成事実の中に合理性を追認しようとする立場である。（「『力の均衡』の虚構」『新版　核時代の国際政治』所収、30頁、傍点原文）

安保闘争は、講和後、彼らがひそかに恐れていたものの到来、日本国民の不満の激発として、アメリカ政府に大いなる衝撃を与えます。1960年末の大統領選でアイゼンハワー政権を継承しようという副大統領ニクソンを下した新大統領ケネディは、大使に知日派学者の第一人者、エドウィン・ライシャワーを指名し、赴任したライシャワーはこれまでになく謙虚な姿勢、つまり「低姿勢」(坂本義和)に日本に対するようになります。安保以後、岸政権に代わった池田政権はモットーに「寛容と忍耐」と「低姿勢」を掲げるのですが、この日本政府とアメリカ政府のそれぞれの動機に立つ日本国民に対する新しい「低姿勢」が、護憲論を包む環境をも大きく変えるのです。

†反米運動の爆発——米国が受けた深刻な打撃

この時期の米政府と在日大使館の緊迫したやりとりが、1994年に公開された国務省文書に載っていますが(FRUS, 1958-1960, Japan; Korea, vol. XVIII)、これを読むと、米国側がこのできごとをいかに深刻な衝撃として受けとめているかがよくわかります。

1月に調印された新日米安保条約が衆院で強行採択された60年5月19日付のマッカーサー2世駐日大使から本国国務省に向けた電信は、これで新条約は採決されたが、この強行が引き起こす「新聞や社会の激しい抗議のため、岸政権の問題が深刻な事態にたちいたることは必至だろう」という悲観的見通しで終わっています。

6月10日にはアイゼンハワーの広報秘書官が羽田空港でデモ隊に取り囲まれ、ヘリコプターで脱出するハガティー事件が起こります。それを羽田空港に取材にいった江藤淳が、デモ隊のあまりに生々しい「ヤンキー・ゴーホーム」という反米感情の叫びに衝撃を受け、以後、安保反対の運動から離れた、というのは名高い話ですが（江藤淳「ハガティ氏を迎えた羽田デモ」）、それに先立つ8日のやりとりでは、「モスクワと北京がいま全力で日本の内紛に介入しようとしているのは、反岸、反安保の運動を全国規模の反米運動に拡大しようとする彼らの目論見が、今回の大統領来日によって削がれるのを阻止しようとしているから」という指摘がなされ、背後のソ連、中国の策動をはねのけるためにも大統領訪日は重要、という見方を伝えています。

その大使の国務省宛電信は、ハガティー事件のあとも、15日までは、まだ大統領訪日は可能、日本社会は全体として大統領を歓迎するはずとの判断を上げていますが、学生一名が死んだ6月15日のデモ隊と警察の衝突のあとは、一転、危機感をふかめ、日本社会の雰囲気が一変し、岸政権はもはやもたないだろうこと、後継は池田が適切であろうことを伝えるとともに、ソ連と中国の動きが油断できないこと、日本政府の警護体制が信頼できないことを理由に、もはや「大統領訪日はとりやめたほうがよいといわざるをえず」と、この日の報告を締めくくっています。

この「安保闘争」という反米運動の爆発に対するショックをいかに米国が表に出さず、さりげないふうを装って日本に対して隠蔽してきたのか。そのことに私たちは、一度思いをはせてみるべきでしょう。先に西の分析にも見たように、安保闘争は、ソ連に大いなる対日政策変更をうながしたと同様、別の意味で、アメリカにも大いなる態度変更をもたらすのです。一言でいえば、それは、日本が「中立化」するかもしれない、ということの脅威からもたらされる、「中立化」カードという抑止力でした。

†坂本義和の新しい「中立化」論

坂本が、1959年8月、安保闘争の1年前に雑誌『世界』に発表する「中立日本の防衛構想」は、そういう意味で、はじめて、もし日本がめざせば、「中立化」というものが理念の発露ではなく現実の国際政治で一つのカードとなりうることを示す、新しい「中立化」論でした。以下、坂本の論の骨格をあとづけてみましょう(引用は『新版 核時代の国際政治』による)。

坂本は、これまでの護憲的な論立てから離れ、日本の非武装中立を国際政治の共時性のなかに再定義します。つまり、日本の非武装中立の思想がなぜ日本国民にとって重要かを、いかに平和主義思想の歴史性(通時性)のなかで先端的な理念として意味深いかによってではなく、いかに現在の国際政治の現実という共時性のなかで安全保障上、意味深いかによって、説明するのです。

論は三つのパートからなります。彼は、まず「一　錯誤による破滅」で59年現在、日々北極海の上空で米ソの核搭載爆撃機同士の緊急発進が繰り返される核対峙のなかで、「錯誤による」米ソ全面戦争がいつ起こっても不思議ではないことを示します。「二『同盟』の脅威」では、当時の（旧）日米安保条約下で日本の米軍基地から米国による中ソへの爆撃機発進が認められている現状のもと、もし日本政府が日本国民の安全と生存の可能性を少しでも高めようと考えれば、「同盟」がむしろその危険を増す選択にほかならならず、このさき、「中立」しか方法のないこと、一方、日本の「中立」を中ソが求めている国際状況のなかで、それは不可能ではないことを、現実政治のパワーポリティクスを踏まえた上で説くのです。

†パワー・ポリティクスを組み込んだ9条観

というのも、坂本がシカゴ大学で師事したハンス・モーゲンソー（1904―80）は国際政治をパワーポリティクスの場ととらえる現実主義学派の代表的学者です。このあと日本でも「現実主義者」たちに採用される「ナショナル・インタレスト」（国益、国民的利益）という概念の創出者としても知られています。モーゲンソーは、軍事力偏重の考え方を取らず理念的立場を堅持した現実主義者としても名高く、意外なところでは、73年、連れ合いを亡くした旧知のアンナ・アーレントに老齢ながら求婚し、固辞されるエピソードの当事者としてアーレントの評伝にも出てきます（エリザベス・ヤング＝ブルーエル『ハンナ・アーレント伝』603頁）。坂本は、その米国流の現実主義に立脚する革新派として登場し、日本の安全と生存のためには「非武装中立」しかないと説き、いいます。

ところで言うまでもなく、現在中立主義は日米安保条約体制との対決において主張されており、そして日米安保条約は基地協定の形をとった事実上の軍事同盟条約であり、現在の条約改定交渉はこれを明文上も同盟条約にする方向をとっている。同盟である以上安保条約は何らかの戦争を予想しているのであって、戦争も敵国も予想しない同盟は史上に存在したためしがない。換言すれば現在の日米安保体制の背後には、予測しうる戦争の像とそれに対応する戦略構想があるはずである。したがってこれとの対決において中立主義もその戦争像と防衛構想とを持たなければならないであろう。
（「中立日本の防衛構想」『新版　核時代の国際政治』12頁）

もし日本が非武装中立政策をとるというのなら、日米安保体制に代わる「予測しうる戦争の像とそれに対応する戦略構想」(＝防衛構想)がなければならない、というのです。そして「三　国民の防衛構想」で、彼は、当時社会党が提案していた「米ソ中日の諸国から成る集団安全保障条約」締結構想にふれながら、それよりも有効でより日本の平和主義に合致する「防衛構想」として、56年に中東のスエズ危機解決のために国連総会で創設された国連緊急警察軍に範をとる「中立的な諸国の部隊から成る国連警察軍の日本駐留」と、これに合わせ、「大幅に縮小」された自衛隊を「国連警察軍の補助部隊として国連軍司令官の指揮下に置く」案を提案するのです。

この論文が単行本に収録される際(一九六七年)に付された「追記」では、この提言をささえる自分の9条観が、その背景をなす時代認識とともにこう述べられます。

日本国民が軍事的な主権を「自発的に放棄する」ことには平和思想的に、「二つの思想的な柱」がある。一つは、核時代にあっては「人間の生存や安全は、軍事の独立主権《インディペンデンス》によってではなく、対立的な関係にある諸国家の政治的な相互協力《インターディペンデンス》によってしか守ることができないという判断」である。二つは、現代の総力戦の戦争は「国民の忠誠と犠牲をトータルに要求する」が、かえって国家に「個人からそうしたトータルな忠誠と犠牲とを要求する権利はない」ことがはっきりしてきたという「自覚」である。換言すれば、伝統的な主権国家には「国家相互の関係」においてと「国家と個人の関係において」と二重の意味で「もはや最終的決定権」がない。すなわち、この「軍事的国家主権の放棄――その反面としての国際管理の受容」という考え方が「日本の平和思想と憲法とに内在するミニマムの公分母」、背水の陣のライン、最後の抵抗ラインだといわれるのです（I「追記」、坂本前掲、60頁、傍点原文）。

ここにはその詳細にふれませんが、これは当時としてよく考えられた案で、その考え方は現在でも参考になります。

†非護憲型中立化案の嚆矢

ところで、私がここにこの坂本の提案を紹介するのは、ここでの坂本の考え方が、私の現在考えている日本の現自衛隊を「国連待機軍」と「国土防衛隊」に再編し、国連警察軍の創設に向けて率先して努力を傾注することで国連中心主義の立場を確立して対米自立をはかり、日米安保条約の縮小と解消、米軍基地の撤廃を実現するという、いわば「民主化と独立」をともにめざす方向性に、合致しているから、その主張の先駆例にあたると考えるからです。もう一つあります、右のように平和思想と憲法への言及を一度行っていて、そのことに十分に自覚的とはいえないまでも、この坂本の論が、少なくともその出発時においては、平和思想と憲法9条に依存することなく、徹底してそれと独立して考えられている点、そのような非護憲型中立化案としても嚆矢をなしている、と思うからです。私自身の「防衛構想案」は、先に前著『戦後入門』に憲法9条の平和主義をさらに前進させるための「左折改憲」案として示したもので、この本でも、最後に取りあげますが、ここで坂本は、自分のこの提案について、次のようにこの「追記」に語っていて、私には大事な指摘と映ります。

彼はいいます。

この提案はコンゴ、キプロス、中東などにおけるこれまでの「いずれの先例とも異なる」る点をもつことから、さまざまな困難の指摘、批判が寄せられた。なかで日本に固有の問題として、次の二つの批判があった。

一つは、「日本政府が自衛隊の国連軍としての『海外派兵』を、自衛隊の正統化や合憲化の手がかりとして利用しようとしている時に、私のような提案を行うことは、こうした企てに悪用される危険がある、ということである」。たしかにこの危険はある。特に私(坂本)は「待機軍」構想にも反対ではないから、「それだけいっそう政府の考えに似て見えるかもしれない」。

> しかし私としては、政府の構想は、国家主権や日米安保体制を前提とした上での国連軍参加であるのに対し、私の主張は、あくまでも軍事的国家主権や軍事同盟を否定した上での国連軍創設であって、この二つの間には原理的な差異がある、ということを強調する以外にはない。(同前、傍点原文)

もう一つは、この国連警察軍が朝鮮戦争時につくられた「米軍を主力とする反共同盟軍の性格の強い在韓国連軍と連結される危険が高いという点」である。その根本的解決は「朝鮮問題を朝鮮再統一の方向に解決する」ことだが、「さし当たりそれ以前の措置としては」両者を峻別する「取決めを、日本と国連との間に結ぶ」ことが対策となるだろう――。

自分への批判に対する坂本のこの答えが、いまも有効であることに驚かされますが、私の考えも、ここでは坂本と同じです。坂本はよくぞこの時点でここまで論じきったものよと感嘆しますが、しかし、いまから見ての難点は、すぐれた観点提示のすぐ後段で、この日本の非武装中立国家案を、どのようにアメリカに呑ませるかという方途に関し、彼が信じられないほどの楽天性を示していることです。

†坂本案の楽天性

では、この日本中立案は現実的に可能か。まず、彼はいいます。たしかに現実的にたやすくはない。現在の国連の状況からいえば多難が予想されるが、しかし、国連憲章の趣旨に沿っているという意味では、努力目標として成立する。そこが大事である。

とにかくここで最も重要なことは、もし日本がこのような動きを開始したならば、仮に安保条約の消滅期日に至っていなくても、それは世界に対する事実上の中立宣言とな（中略）るという点である。こうした努力に並行して、国連警察軍創設のための活動を早急に国連で開始する必要があることは言うまでもない。（同前、28頁、傍点原文）

これは重大な観点で、私の右の9条の「左折改憲」案も、この努力の開始が世界に対する事実上の「国連中心主義」宣言となるということに、大きな意味を見る提案でした。それが対米自立後の日本の国際社会での孤立を回避するカギになるというのが、私の提案の要諦でもありますから、これは我が意を得たりの指摘で、いまさらながら、自分も『戦後入門』で、こう明記すればよかったのだと教えられる思いです。

しかし一方、どう米国の軛を脱するのか。こちらの問いへの判断では、坂本はひどく楽観的、かつ非現実的です。

彼はいいます。「日本の軍事的中立化によってアメリカは基地と軍事同盟とを失わなければならない。だがミサイルの発達と共に早晩基地を日本から後退させることは、実はアメリカ自身の辿る傾向でもあり、また日米軍事同盟の解消にしても、日本が軍事的に共産圏内に入らない保障があれば、日本の中立化がさほど決定的なマイナスになるとは考えられない」。また日本の経済が健在なら日本が自壊的に「社会経済的に共産化することもなかろう」。さらにアメリカが賢明に対処すれば日本は「政治的にはアメリカの友好国としてとどまるであろう」。その逆に妨害に出たりすれば「日本の共産圏への接近を助長するだけで、何らアメリカの利益にはならない」。そのことをアメリカはよく知っているはずである、云々（同前、26頁、傍点原文）。

したがって、アメリカも愚かではない以上、日本の中立化を認める方向に動くだろう、というのです。奇しくも後の江藤淳を彷彿とさせる米国の「善意」と「合理的判断」に対する楽観ぶりに驚かされるのですが、これまでダレスの判断を見てきたことから明らかなように、アメリカがこんなにやすやすと基地の自由使用権、地位協定の特権を手放すわけがありません。米国はこれを第二次世界大戦の兵士の血であがなった戦果（戦勝国特権）と考えているのです。

†保守派と革新派の双方が理解できなかった観点

そういうアメリカの軛の強さに対する共通認識が、保革両翼の陣営に成立していない、というのも日本社会の特徴です。１９５０年の講和論の時期にそれは丸山の「三たび平和について」と外務省条約局の苦闘とのあいだの断絶として現れたのですが（『9条入門』第6章参照）、それがほぼ10年後、坂本のこの現実的でもある主張と、高坂ら「現実主義」的論者の親米基調の戦後価値構築の模索とのつながりを、やはり嚙み合いにくくするように作用するのです。

一方、この坂本の洞察は、温室の中、逆風にさらされることなく非武装中立の「必要性」と「重要性」をもっぱら憲法の平和理念の尊さによって説明して足れりとしてきた護憲論の陣営でも、十分な理解を得られません。護憲派には、このときから5年後の丸山の「憲法第九条をめぐる若干の考察」に明らかなように、このとき坂本が感じていたような危機感が共有されていなかったからです。

このときの坂本と従来の護憲派の認識の違いは、安保闘争の受けとり方、その評価の軸の違いとしても現れています。

坂本は、安保後に書かれた「革新ナショナリズム試論——新たな国民像を求めて」(1960年)のなかで、革新陣営が国民の間の中立主義的ムードに依存し、このムードを運動に転化するための「日本の政治経済体制の明確な未来像」の創造の努力に欠けていることを厳しく批判します。そこから、「新しい日本のナショナリズムの創造」を課題にあげるのですが、そこに示されている方向を一言でいえば、それは対米自立(独立)にむけられたナショナリズムではなく、平和と民主主義の確立にむけられた新しいナショナリズムなのでした。

彼はいいます。なぜ安保反対運動は5月19日の岸内閣による強行採決までは「国民的」運動となりえなかったのか。なぜ、強行採決以後、多くの国民を巻き込む「国民的」運動となりえたのか。それは、このできごとがこの日を「転機として安保と民主主義という二つの問題が重なり合」う新たな様相を呈するようになったからである。

「安保体制における日本の従属性を示す政治的指標」には「基地と日中関係との二つ」があるが、このうち「基地」が対外的指標(独立の欠如)であるのに対し、「日中関係」は、民主化の確立に向けられた国内的指標を意味している。つまり、日本の革新政党が中国共産党のやり方とは別の「日本独自の体制の未来像」をどう「創造」できるかがそこで問われている。「基地」が対米自立の問題だとすると、独自の民主主義の創造が「対中自立」の課題なのである。

この点に関し、日本の革新派は「基地」（対米自立）では「強い反対運動を原動力として若干の改善をみ」ているものの、この「日中関係」に示される国内的目標（日本民主化）については「いささかも進歩がみられないばかりかかえって後退すら行われてきた」。この二つの問題の「重なり合」いと国内的指標にしっかりと照準を合わせることが、革新ナショナリズムのカギとなる、と（酒井哲哉編『平和国家のアイデンティティ』126頁）。

つまり、「独立」と「民主主義の確立」のあいだに戦前型発想と戦後型発想の分岐がある。また、革新派護憲論者たちの現状認識の遅れが見られる、というのであり、先に丸山のところで見たと同じ、日本の戦後の政治課題をめぐる「独立」（対外的指標）と「民主化」（対内的指標）の対位が、ここに正しく、正面から指摘されていました。

しかしこれは従来型の保守派と革新派の双方から理解されがたい、新しい観点でした。ここに胚珠された新しい護憲論の展開の企ては、安保闘争以後、次に見るように、その苗床を変え、数奇な運命をたどることになるのです。

第3章 折り返し地点——保守系ハト派の護憲型政治

1 日米安保と9条の結婚

日本の社会を、憲法9条を基点に見ると、草野球にいう三角ベースが思い浮かびます。ホームから一塁、三塁と回ってホームに戻る簡易野球です。そのばあい、一塁の最初の折り返し地点が、1960年の安保闘争、三塁の次の折り返し地点が、1990年前後の冷戦終結となります。

最初の折り返し地点である1960年のところで、ここまでの経過を簡単に整理しておきましょう。

†対米従属という選択肢の一時消滅

　9条に関する改憲論と護憲論の構図は、1950年代のなかばから60年代初頭にかけて、大きく変わっています。

　50年代初頭の講和問題においては、対米自立か対米従属かということが一大争点となっていました。これが全面講和vs単独講和の対立を作っていました。そしてこのうち、対米自立は革新側が打ち出し、全面講和、非武装中立、米軍基地撤退を平和三原則として主張し、これに対し、保守側が、対米従属を受け入れ、単独講和による早期独立達成、日米安保体制への移行による国家安全保障、反共を旨とする自由主義陣営への加担を主張したのでした。図にするとこうなります。

保：単独講和、9条堅持＋米軍基地存置、日米安保（対米従属）
革：全面講和、9条堅持＋米軍基地撤退、非武装中立（対米自立）

　つまり対立点は、米軍基地の存置か撤廃かに関わり、対米従属か対米自立か、というところにありました。

ところが、前者の単独講和派が勝利するかたちで、講和が成立し、いちおうの独立とともに保護国色の強い（旧）日米安保体制がはじまると、保守側にこれまでの吉田政権の対米従属路線への反発が生じます。そこから、反吉田で結集した対米自立・保守の鳩山政権が成立し、保守と革新の構図が、大いに変わります。つまりここではじめて9条の改正と堅持が争点となり、保守と革新の対立が、改憲論と護憲論の対立に代わる一方、改憲論の目標が、対米自立に絞り込まれます。その結果として、対米自立の二つの方法が、競い合う形となるのです。すなわち、

保：改憲と再軍備による日米安保の対等化の追求（対米自立）
革：護憲と再軍備反対による非武装中立路線の追求（対米自立）

ここでいったん対米従属という選択肢が消えています。これが50年代後半の吉田政権の崩壊（と鳩山政権の成立）が意味したことでした。再軍備要求をはぐらかす一方、国内では対米従属がすぎてレームダック化（死に体化）しつつあった吉田内閣に愛想をつかし、芦田など反共の再軍備・改憲派に乗り換えたつもりが、米国は、その後の鳩山政権が対ソ接近をはかり、外相重光が相互防衛条約を提示するなど、対米自立を前面に出され、思わ

ぬ日本中立化の危機に際会させられます。米国務省をして、日米安保条約の早期改定へと方針転換させたのも、この変化でした。

新たな指摘の登場——問題は対米自立である前に、国内の反民主的要素の克服

この保守陣営における対米自立路線は、このとき、厳密にいうと、二つに分かれていました。一つは、石橋湛山、芦田均らの対米自立・戦後民主化路線で、彼らは対米自立をはかった上で戦前とは断絶した憲法9条の精神を堅持しようとしていました。天皇に対しても一定の距離をもっていました。ですが、もう一つは、鳩山・岸らの対米自立・戦前政治融和路線で、彼らは対米自立をはかると同時に戦前の日本とのつながりを回復しようとしており、天皇との関係も戦前とさほど変わりませんでした。対米自立をめざし、第一次の改憲論を主導し、重光外交を推進したものの、ほどなく頓挫した重光は、その中間に位置していました。

ところで、このうち、後者型の保守・対米自立路線の挫折を決定づけたものが、憲法9条の改正の行く手を阻むことになった1955年2月の第二七回総選挙です。鳩山政権は対米自立をめざし、改憲を訴えて選挙をたたかいますが、国民は、3分の1以上の議席を護憲派に渡し、これらの対米自立のための改憲という主張に「ノー」をつきつけます。坂

本義和が正しく評価した通り、ここに新たに生まれようとしていたのが「基地撤廃（対米自立）」か「戦後価値の確立（民主化）」か、という新たな二択の選択肢でした。

　この時期、吉本隆明が、従来の左翼と新しい学生左翼組織、全学連を対比して、後者の同時代認識を高く評価しています。日本の資本主義体制を米国に従属したものと見て、反米愛国、対米自立を唱える日本共産党の主張を否定し、日本にはすでに独自の独占資本主義体制が形成されており、それにこそ照準を当てて反体制運動を組織しなければならないと述べた全学連のイデオローグ姫岡玲治（のちの青木昌彦）の分析（「民主主義的言辞による資本主義への忠勤——国家独占資本主義段階における改良主義批判」）を卓抜な洞察として高く評価するのですが（「戦後世代の政治思想」1960年）、ここにも、坂本に通じる見方を認めることができます。

　問題は、対米自立である前に、国内に新たに生まれつつある反民主主義的要素と正面からぶつかり、これを克服することだ、とこのとき、吉本隆明（1924年生まれ）、坂本義和（1927年生まれ）、青木昌彦（1938年生まれ）、という当時護憲派に収まりきらなかった突出した三人の日本の革新派知識人がともに指摘しているのです。

†対米自立型主張から対米融和型主張へ

さて、先の後者の改憲・保守派のうち、重光の対米自立路線の頓挫に学び、対米自立は〝一部凍結〟して、対米従属を基軸に、しかし可能な自立と反共の戦前回帰を同時にめざそうと方向転換をはかるのが、岸信介です。岸は、保守党内での立場を万全とした上で、長期政権を視野に、親米の対米従属路線へと舵を切り直し、とりあえず外見だけでも安保条約を対等に近いものに改定し、そのうえで、戦前親和型の反共的国家主義路線の確立をめざすのですが、この企ては、実はこのとき、日本社会に「独立」か「民主化」かという選択肢がまったく新しい意味のもとに生まれていた——それは岸退陣要求の形をとった——ということを見通せなかった点、従来型の護憲派と同様でした。

岸の試みは、この認識の古さゆえに、岸の頭脳の明敏さにもかかわらず、頓挫します。坂本が述べたように、このとき、(旧)日米安保条約への反対は、これが憲法9条に違反することは明らかだったにもかかわらず、強行採決のあった1960年5月19日までは、一部にとどまります。とうてい「『国民的』運動とは呼びえない状態にあ」ります。

59年3月には日米安保条約を違憲とした名高い東京地裁、伊達秋雄裁判長による砂川事件判決も示されていますが、このときの主要紙の社説は、この判決に対する批判一色で、

50年の講和論争時に先頭に立って全面講和を訴えた朝日新聞、毎日新聞の社説が、「安保条約や行政協定までを審査の対象としたのは果たして妥当であろうか」(朝日新聞社説、4月2日)、「駐留米軍は極東の平和と安全のために行動する使命を持っている。憲法の規定によってしばることができるものではない」(毎日新聞社説、4月1日)と安保条約、行政協定、駐留米軍を擁護する始末でした。

つまり、対米自立の主張から離れ、親米的になるのは、岸だけでなく、護憲派をささえてきた大新聞を含む、国民の意識一般もそうだったのであり、いつのまにか、日本の護憲論は、憲法9条を平和の象徴、非武装中立政策の基盤として高く掲げながら、それによって日米安保条約と駐留米軍の撤退を迫る50年代の対米自立型の主張から、憲法9条を称揚しつつ同時に日米安保ならびに駐留米軍を憲法の埒外に置かれたものとして不問に付す60年代の対米融和型の主張へと変質をとげようとしていたのです。

†政治的従属、経済的・社会的自立

これらの変化は、日本の経済体制の回復と自立の傾向が明らかになったことからもたらされました。それは対米従属の反対給付であるとともに、日米関係の成果であり、いずれであろうと、それと同時に日米関係の動かしようのなさがいわば誰の目にも明らかになる過程でもありました。この経済の安定化、冷戦の固定化のもとで、少なくとも国民のあいだには、これでいけるのなら、日米関係は当分このままでいい、とでもいうような気分が広まってきます。それが、安保闘争が「安保反対」（対米自立の実現）であったうちはまだ小さな流れで、「岸退陣要求」（戦前の否定と民主化の実現）にかわって「国民運動」になったという坂本の指摘が見抜いていたことでした。

つまりは、この時期、岸に、親米（対米従属）路線への転換を決意させた日米関係の国民層への定着が、同時にその反面である民主化志向の強まりとなって、彼を政権の座から追い落とすのです。坂本、吉本、青木らに、対米自立という課題はもはや「古い」、それを追っていては「日本の民主化」「日本の革命」をめぐる新しい課題を追えなくなる、と感じさせているものも、この「独立」から「民主化」へという動きでした。政治的な従属はそのままに、経済的に、社会的に、日本は対米自立を実現しつつあったのです。

†転換点としての安保闘争——保革両陣営の変化

この「独立」から「民主化」への動きの転換点を画したのが安保闘争で、坂本が指摘したのも、そのことでした。当初の「安保反対」が5月19日の後、国民運動に拡大しながら、「岸退陣」へと〝拡散〟してしまった、とこれを否定的にとらえるのが、当時から変わらない革新派、護憲派の定説的な理解なのですが、そうではなく、この大きな転換が、安保闘争のただなかに起こり、その同じ動きが、岸退陣と次の池田内閣の高度成長政策に道を開く。ここに戦前型の文脈から戦後型の文脈への転轍点、折り返し地点があったというのが、この本での私の考えです。

この新しい感覚と社会の動向は、反吉田の改憲派に、外から見ているかぎりは、吉田の対米従属ぶりが歯がゆいかぎりと思われたのに、実際に自分たちも政権を担当してみたら、そんなに簡単ではなかった、という苦い現実感覚への覚醒をもたらします。また、社会党左派などゴリゴリの教条的な護憲派に、非武装中立、戦力不保持、自衛隊違憲、日米安保違憲という字義通りの憲法9条の教説の追求が、一種タテマエに似た空疎な理念に化しつつあるという苦い幻滅に近い現実感覚をもたらします。

その結果、以後、この従来型の改憲論は、自民党内の反主流タカ派の主張として、現実感覚を欠いた戦前への郷愁に基づく復古型国家主義的改憲論へと後退します。その「出口なし」の不満のはけ口として、以後はさかんに「押しつけ改憲論」が彼らの口から語られます。

これに対し、岸内閣の後を襲って自民党内の主流に返り咲く旧吉田派は、保守本流としてのハト派を自任し、親米＝対米従属路線を堅持します。米国からの再武装の要求には極力抵抗しながら、国内の健全な経済成長を最優先することで、いわば経済的にナショナリズムの心的欲求を満足させる新しい護憲的立場を作り上げるのです。そこから生まれてくるのが自衛隊の「解釈合憲」論、日米安保の統治行為論を介した合憲論で、以後、憲法9条と日米安保は「棲み分け」、共存するようになります。

他方、それと並行して、革新側にも変化が生まれます。社会党が、変化する現実に呼応する現実対応型と理念死守型に分岐するようになります。一方にあくまで憲法9条に基づく非武装中立の貫徹のため自衛隊解体を論旨からはずさない教条派が存在を続けるなか、たえず現実を直視し、これに対応しようとする現実派の流れが生まれ続け、論争の末、これを排除するという動きが続くのです。そのもっとも顕著な例が、構造改革の「江田ビジョン」を唱え、1962年に党内の批判によって書記長を辞任したのを手はじめに、長きにわたる党内論争の末、77年、最終的に離党する江田三郎です。

†9条と自衛隊の〝内縁〟成立と、9条と日米安保の〝結婚〟

その結果、憲法9条に関し、先の図式は、次のように変わります。ポイントは、憲法9条と自衛隊の〝内縁〟関係の成立、そして憲法9条と日米安保条約の〝結婚〟です。

保守1：改憲と再軍備によるナショナルな感情の発露としての対米独立の要求（対米自立／自民党タカ派）

保守2：自衛隊、米軍基地、日米安保を認めたまま、9条を盾に日本の経済ナショナリズムの確立をめざす「解釈合憲」論（対米従属／自民党ハト派）

＊

革新2：自衛隊、米軍基地、日米安保を認めたまま、9条の軽武装と福祉国家、中立日本をめざす護憲論（対米融和／民主社会党・社会党構造改革派）

革新1：護憲と自衛隊違憲主張による9条の非武装中立志向の追求（対米自立／社会党左派）

＊

ここでの保守1の改憲論は、第一次の改憲論と似ていますが、第一次の改憲論があくまで独立の手段として改憲・再軍備をめざしていたのに対し、こちらは独立の象徴として改憲・再軍備を掲げているにすぎない点が違います。重光の第一次改憲論があくまで現実的実行をめざすのに対し、この時期の中曽根――「憲法改正の歌」の作者――の第二次の改憲論は、現実的な回路をもたないイデオロギーとしての改憲論、自主憲法制定論にすぎませんでした。

また、革新1の護憲論は、先の第一次の護憲論と似ていますが、現実の変化を遮断して、もはや現実化の回路を断ってしまっている点が、それと違っています。第一次の護憲論には、本国の対日政策に対抗して「東洋のスイス」論を掲げるマッカーサーという現実的権力者との回路がまだ開かれていました。しかし、その後ろ盾を失ったあと、マッカーサーに代わる現実的権力との回路をもたないまま、今度は国民の圧倒的な戦争体験に支えられるかたちで、このイデオロギー色の濃い反体制的な護憲論として存続していきます。

こうして、この袋小路に入ってしまった改憲論とやはり別のもう一つの袋小路に入ってしまった護憲論のあいだに、現実的な「解釈合憲」というあり方に基礎を置く護憲的立場が築かれます。それをここでは、第二の護憲論と呼ぶことにしましょう。護憲論は、こうして、先にマッカーサーにささえられたあと、次には広く国民にささえられ、保守派に担われます。

†矛盾を抱えた新しい国民層の出現へ

つまり護憲論は、政治的には自民党ハト派により実現され、理念的には社会党左派により体現されつつ、日本の戦後の一大興隆期を形作るのです。そこでの一大変化は、憲法9

条が自衛隊と日米安保を違憲とするものから、この二つを不問に付すという形で、許容するものへと変わったということでした。

それは憲法9条を考えるうえで、最大の画期をなすできごとだったはずですが、「赤信号、みんなで渡れば怖くない」という冗句の示すように、この「赤信号」を日本の社会は、ほとんどの政党、ほとんどのジャーナリズム、そしてほとんどの国民を動員するかたちで、「渡」るのです。

こうして生まれるのが、日米安保条約に基づく体制を是認しながらも、なお憲法9条の戦争放棄の理念を支持することをやめない、広範な層をカバーする国民です。このそれ自体大いに矛盾を抱えた新しい国民層が、安保闘争のあと、はじめて現れてこようとしていました。

2 吉田ドクトリンと「解釈合憲」システム

安保闘争は、「独立」という政治課題に「戦後民主化」というもう一つの政治課題が「重なり合」うことで、はじめて「国民運動」になります。

これまで、この動きは、安保闘争は安保破棄をめざしながら結局、岸内閣を退陣させるだけで終わった、というように評されるのがつねなのですが、本質は、この〝横滑り〟と〝拡散〟のほうにあったのです。

たとえば私は、前著『戦後入門』で、1959年に対米自立というパラダイムのなかで書かれた三島由紀夫の『鏡子の家』という野心作が、社会にスルーされ、三島にとって最初の失敗作となる理由を、こう推測しています。つまり、そのころ、「日本は東京オリンピックを前に大きく経済成長に向かって舵を切りはじめてい」た。「経済の領域に新しい視界がひらけ、社会の気分も変わろうとしてい」た。だから「対米従属の『壁』の屹立《きつりつ》、政治的な従属、こうした主題が、早くも少し古めかしく感じられるようになってきていた」のであると。

ですから、それは、翌60年の安保闘争の「独立」パラダイムから「民主化」パラダイムへの〝横滑り〟と〝拡散〟を、見事に予言するできごとだったのです。

独立などより、もっと関心のあること、それが、日本の社会がより欧米に近づき、生活がようやくゆとりをもてるまでに豊かになることでした。同時代にあって、この〝横滑り〟と〝拡散〟の積極的な意味あいに気づいていたのが、先にふれた書き手たち、当時30代、20代の吉本隆明（36歳）、坂本義和（33歳）、青木昌彦（22歳）らであったことは、ここに進行していたのが戦後初の本格的な社会変化であったことを、示唆しています。

鋭敏なエリート文学者である三島由紀夫（35歳）がなお「独立」の物語から抜けだせないとき、政治だけでなく経済の動向にも関心を向ける社会科学者、思想家たちの目に、日本社会は、日本独自の「豊かさ」、「民主化」の実現に向かって動き出しつつあると見えているのです。

†池田内閣の新政策――高度経済成長政策

さて、この時期、1960年7月に退陣する岸信介に代わって政権の座に就くのが、吉田首相の愛弟子であり吉田内閣時に蔵相を務めた池田勇人です。彼と彼のブレーンたちがどこまでこの「独立」から「民主化」への民心の〝横滑り〟の意味に自覚的だったかはわかりません。

しかし、彼らには、一度政権を失い、再復帰することによってえられた経験値というものがあり、その前回の経験は、日米関係がちょっとやそっとでは動かしがたいものであること、また次の未開拓の政治課題が、むしろ経済成長と国民経済の繁栄という経済的領域にあることを、教えていました。そしてそこから、対米自立という政治課題を〝凍結〟する一方、憲法9条を米国の対日再軍備要求に対する防波堤として〝再利用〟する、彼らの新しい方策が導き出されるのです。

こうして、60年に成立する自民党政権の新政策は、親米（＝対米従属）を基調としながらも、「政経分離」という新しい考え方（中国とは政治的に対立しているが経済的には通商を行う）を導入して日中貿易は行い、憲法9条を口実に軽武装に徹しつつ、もっぱら無際限に経済成長を追求するという新路線となります。そしてこの新政策が国民のナショナルな自尊心をいわば経済的に満たすことにより、彼らは以後、長きにわたる安定期を実現するのです。

池田内閣のこの新政策は一般に高度経済成長政策と呼ばれています。それは憲法の問題としてみると、自衛隊の「解釈合憲」論の導入による改憲論の凍結と、日米安保に立脚する親米路線の既定路線化、つまり吉田政治への復帰を意味していました。これに右の経済中心主義を加えたものが、安保以後の社会に向けてバージョンアップされた、戦後の保守本流型の護憲政治のプロトタイプ（原型）となるのです。

†変則的な護憲派主導政治

いまになって考えてみると、これは変則的ではあれ、日本の戦後の国情に合致した護憲派主導の政治だったといえなくもありません。私たちは、護憲派と改憲派の対立をだいぶ固定的に考えてきたのですが、そもそも私たちにとっての護憲論、改憲論とは何かというところから考え直してみれば、そういう見方が生まれてきます。

　私の考えでは、護憲論とは、第二次世界大戦後、二度と他国を侵略したりしないと謝罪の気持ちをこめて相手の国に約束することを含んで、先の戦争の反省に立ち、平和主義を国是に、国際社会と協調し、世界の平和を追求し、国内的には国民主権と国民一人ひとりの権利尊重、幸福追求を支えることを明記した憲法の精神に準拠する信条態度を意味しています。

　こう書くといいこと尽くめのように聞こえますが、なぜそれが戦後の日本社会全体の考えにならなかったかというと、この新しい戦後に向けての信条体系を、私たち日本国民が自分で決め、作り上げたわけではなかったからです。

　それは二つのことを意味しています。一つは、このような信条体系を自力でつくり出すだけの民主的成熟度を私たち日本国民がもっていなかったことです。戦争に敗れ、心は砕け、日々の生活に追われた当時の日本国民に、それだけのことを求めるのは酷だったかもしれません。それくらい、戦後の憲法改正、新体制への移行は急激でした。イタリア、ドイツに比べ、敗戦国民の自主的な再生までの時間的な余裕がありませんでした。

　もう一つは、このことと関係しますが、この新体制への移行が、圧倒的な占領軍主導のもとで行われたことです。ですから、敗戦国民が先の戦争の反省に立つ前に、戦勝国による敗戦国に対する処断がありました。日本が戦争放棄の高い理想を与えられ、もつことと、日本が自分の意志に関わりなく戦争能力を奪われ、無力化されることが、同じコインの両面だったのです。

†9条の理念と精神はなぜ実行困難か

護憲論が、このことのもつプラスをどう実現するか、というかたちで生まれてくるとすれば、改憲論は、このことのもつマイナスをどのように克服するか、という課題に応えるために生まれてきます。しかし、この課題はともに実現が難しい。その課題に応えられず、護憲論は非武装中立を金科玉条にし、改憲論は自主憲法制定自体を目的化し、ともに現実的可能性とのあいだに緊張感を失い、イデオロギー化して互いに不倶戴天の敵のようにいがみあうのですが、その根をたどれば両者は出自を同じくする、一卵性双生児のようなものなのです。

その問題が一番よく現れているのが、いまこの本で扱っている憲法9条の問題です。憲法9条の理念と精神が実行できない。その理由は大きくいって三つあります。

一つめは、憲法9条の定める絶対平和主義とも解釈しうる「特別の戦争放棄」的なあり方が、ハードルが高すぎて、そのままではほぼ実現不可能だからです。

二つめは、この憲法を日本にもたらしたと同じ憲法制定権力（GHQ／米国）が、その後考えを変え、当初の考え方と対立する「再軍備化」を次に日本に「押しつけ」たとき、やはり勢力関係としてハードルが高すぎて、「対米自立」できず、これをはねのけられなかったことです。前回と同じように、今度は「特別の戦争放棄」の廃棄に従わざるをえなかったのです。

そして三つめは、この理念と精神が戦勝国から戦勝国の思惑に立って与えられたという性格を払拭できない側面をもっていたため、これを手にした日本社会が、これを実行しようという側とこれを廃棄しようという側に分裂した際、その両方に言い分があり、その分裂がなかなかとけないものだったからです。

ですから、憲法9条の理念と精神を実行しようと企てることのうちには、この三つの困難を自らの意欲と創意工夫に立って克服する努力が含まれなければならないのです。

†三つの困難の克服へ

私たちは、まず第一に、この9条のめざす「特別の戦争放棄」の考え方が現実的にはどのように実現可能かを、考えなければならないでしょう。それを実現したいという意欲が強ければ、当然、何の後ろ盾もない単独での非武装中立というあり方は、実現不可能なわけですから、原点に戻り、当初のマッカーサーの構想にあった国連警察軍にまで戻らなくてはなりません。そしてそのばあいには、マッカーサーという後ろ盾がなくなったあと、どのようにしてか、自分たちの力で実質的な自主外交権を獲得（＝対米自立）し、そのうえで、国際連合の集団安全保障体制に参加し、自ら先導してこれを強化していくことで、当初の非武装中立の理想を追求していくという道だけが残されていることになります。

後にふれますが、私が『戦後入門』で述べたのも、タイプからいえば、このラインに属する方法です。対米自立から国連の強化にいたる努力の過程で憲法9条に不可欠のマスターキー的な役割を果たさせるというアイディアでした（対米自立・国連中心主義）。

しかし、これに対し、第二として、先の一つめの「特別の戦争放棄」を「ただの戦争放棄」と受けとってハードルを下げ、さらに二つめの「対米自立」を「対米従属のなかでの必要最小限の対米自立の確保」とやはりハードルを下げ、政治的には従属するが経済的には自立する、と読み替えて、憲法9条の理念と精神をかろうじて実行する、という策もありえます。いわば次善の策としての9条実行です。

そして、安保闘争は、何を意味したか。それは米国のダレスを代表とする原初的ジャパン・ハンドラー（対日外交を対日操作の観点から行う知日派外交担当者）たちにとっては、あまりに日本を軽く見て自分の自由にできる根性なしの国と考えていたら手痛いしっぺ返しを食らうゾ、という大いなる、ぞっとするような警告にほかならなかったはずです。ダレスは1959年5月に癌で死去していますが、生きていれば、恐れていたものがきた、と思ったでしょう。

50年代の半ば以降、ジョン・アリソン、マッカーサー2世といった歴代の駐日大使が、現行（旧）安保条約の改定を急ぐべきだとダレスに上申した背景には、日本各地の反原水爆運動、反基地闘争の盛り上がりがあります。なかでも59年3月の伊達判決（砂川事件の第一審判決。米軍駐留を認めることは政府の戦力保持にあたり、憲法9条に違反するとの判断を示した）は、54年3月のビキニ被曝事故と3000万筆を集めた原水爆実験禁止署名に続く、米国の対日政策を揺るがす危機的事態を意味したはずですが、そうした米国の危惧の念にとどめを刺すできごとが、60年6月のアイゼンハワー大統領訪日を断念させた安保闘争の高まりだったのです。

61年1月、ケネディ政権に代わった米国は、この事態を受けて、リベラル知日派のライシャワーを駐日大使に任命し、非常にソフトな姿勢で日本に対します。日本もこの大いなる機会を使わない手はありません。

戦後最大の大衆的な護憲的反米運動の〝脅威〟を背景に、憲法9条の護憲勢力を防波堤に見立て、さらに自らも護憲をもって任じる非改憲の親米・軽武装・経済重視路線が、このたびは自民党主流派の手で確立されます。そしてこれが、23年後、日本にふたたび対米自立の政治的ナショナリズムが頭をもたげるようになると、これを抑えようと、保守本流、自民党ハト派（護憲派）のイデオローグの一人である現実主義派、永井陽之助によって「吉田ドクトリン」と名づけられ、称揚されることになる60年以来の護憲型政治成立の背景なのです（「安全保障と国民経済――吉田ドクトリンは永遠なり」１９８４年）。

†当時としての「最適解」としての吉田ドクトリン

このとき、池田勇人が策定した政策は、対米自立という課題を凍結したうえ、政経分離を行い、政治的には憲法9条を防波堤として再軍備要求に抵抗し、経済繁栄によってもっぱら国民のナショナリズムの充足をめざすという、画期的なものでした。

永井は、その画期性を、保守派の現実的親米平和主義と革新派の理念的反米平和主義の、経済繁栄、民主主義重視の一点での合流に見て、こういいます。

ことさら逆説を弄するつもりは毛頭ないが、社会党はじめ野党が政権担当能力をかき、とくに保守合同以降、政権交代の可能性も閉ざされていたことが、防衛力最小限主義に徹した保守本流（吉田路線）の異例な持続性をつらぬかせた理由のひとつであった。もし社会党が（中略）政権担当の可能性をもっていたならば、（中略）非武装中立、自衛隊違憲、日米安保条約の破棄などのいわば、〝空想〟的理想主義を高くかかげることは不可能となったにちがいない。理想と正論をかかげて、（中略）わが国の軍事化への歯止め、抑制機能をはたらかすことはきわめてむずかしくなったであろう。（『新編　現代と戦略』78〜79頁）

ここでは永井は、軍事産業に力を注ごうとする保守党のタカ派勢力と反米勢力の合同（＝改憲派）を仮想敵に、戦争体験に裏打ちされた革新平和勢力が、現実化の道を断たれた〝空想〟的理想主義を武器に「拒否権行使集団」として「政権担当集団」に対抗する構図こそが、日本の経済を健全に保ち、その中間的位置で親米的な経済繁栄と平和主義を安定させたカギであると考えています。

しかし、私にいわせれば、吉田ドクトリンがこの時期、日本が取りうる政策の最適解となったゆえんは、より広い視野で、これが護憲派と改憲派の存在理由の双方を吸収消化したものだったことに、むしろよく現れています。健全な経済繁栄と日本の民主化の定着と平和主義の堅持というこのときの自民党政権の政策基準が、日本が戦後、手にいれたもののプラスを最大限に生かし（護憲論）、意に染まずに受け入れさせられたもののマイナスを最小限にとどめる（改憲論）という条件を、あの「解釈合憲システム」の導入により、巧妙に満たしているのです。

†影をひそめる改憲論

この時期、つまり1960年代初頭から70年代末まで、改憲論がほとんど影をひそめ、護憲論が必ずしも政府批判と結びつかないままに推移したことは、この政策の最適解ぶりを物語る一つの指標にほかなりません。

じじつ、憲法学者の愛敬浩二の作成した戦後の「主な改憲論議と関連事件」をめぐる年表（『改憲問題』57頁）を見ると、1964年7月の「政府憲法調査会最終報告書」の提出から1980年8月の「奥野（誠亮）法相の改憲発言」まで、16年間が異例の空白となっていて、この間「目立った改憲論」も改憲の動きも「ないことがわか」ります。

愛敬は、この間、歴代内閣が「改憲に消極的なスタンスをとった」理由を、政府が『解釈改憲』を採用した」したことに求め、これは、60年の安保闘争に代表される「国民の平和意識・憲法感覚の一定の定着と平和運動の高揚を前にして」「余儀なく」追いこまれた結果だというのですが（同前、65～66頁）、違うでしょう。

坂本、吉本が指摘したように、安保闘争は、国民が、対米自立、平和運動といった政治的な課題よりも、戦後的な価値を尊重しつつも、経済繁栄のもと、豊かな生活を享受したいという別種の欲求にとらえられるようになったことを告げる転換点でした。ですから、岸の強行策を他山の石として池田内閣の採用した政策は、この国民の志向の変化に促されて、改憲ならぬ解釈合憲方式によって目的を達そうとしたものであり、その目的も、自衛隊の必要最小限戦力を認めつつ、次にはこの9条を盾に、それ以上の米国からの再軍備要求は謝絶しようというものでした。

自衛隊、日米安保を憲法9条の名のもとに合憲と解釈——これが「解釈合憲」ということです——する一方、野党の〝空想〟的理想主義にも最大限のリスペクトを示すことで、憲法9条を対米抵抗の防波堤とする。しかも健全な産業構造を確立するため、米国依存の軍事産業には手を染めない。しかし、ずるずると、ほぼ無際限に、米国の要求には辛抱強く、寛容に押し切られ続ける、抵抗とは受けとられないようにする、というのがこの「解釈合憲」システムのキモだったのです。

ですから、この方式は、自民党内のタカ派の首を真綿で絞めるような効果ももったはずです。実質的には、改憲で成就すべく彼らタカ派の主張してきたこと——改憲と対米自立——の実質を、ほぼ合憲と対米従属の名のもとに実現してしまっていたからです。

自衛隊と日米安保の存在を「改憲」の形で認めようとすれば、国民の大半から反対される。しかし、これを「合憲」の形で9条のなかに繰り込めば、今度は国民の過半数がこれを黙許するだろうことに池田らは気づいていました。国民の志向は「独立」から「民主化」へ、「民主化」から「経済繁栄の享受」へ、と移っています。しかし、それらの共通分母は、戦争体験に裏打ちされた平和志向なのです。改憲派、タカ派をささえる基盤は、高度成長期の日本には、ほぼなくなっていました。このような動向をなかば見すえ、なかばこれに促されるようにして、この解釈合憲システムは生まれてきていたのでした。

†社会安定のカギとしての9条

このとき、日本は順調に驚異的な経済成長を遂げており、パイは大きくなる一方でした。米国が圧力をかければ、政権の座についた保守党の主流派が、小さな抵抗は示しながらもしっかりと譲歩し続けました。ですから、米国の知日派、いわゆるジャパン・ハンドラーたちにとって、保守党内で権力をもたない不満分子のタカ派とつきあうメリットは、ほぼ皆無でした。

自民党の改憲派の退潮の一番の原因が、この米国とのつながりの減少でした。この間、自民党タカ派に動きがなかったわけではなく、たとえば、1973年には石原慎太郎など当時若手の議員を中心に党内に「青嵐会」という自主憲法制定をめざす集団が結成されています。しかし、このとき、メンバーの多くは、韓国や台湾の独裁政権とのつながりを重視し、日中国交回復を行った田中角栄政権に反対しています。とても国民の支持を受けるだけの広がりはもてず、主張も「日本民族の真の自由、安全、繁栄」を標榜する復古型に後退していました。

また、これを護憲論について見るなら、60年代後半に大学生で全共闘運動などというものに頭を突っ込んでいた私のような新左翼の学生に、護憲論とその「平和と民主主義」という標語は、ベトナム戦争のもと、生ぬるい、欺瞞的なものと映っていました。なぜなら、それらは自衛隊を違憲と主張する一方で、ではどうすればよいかについては何も述べず、これに踏み込んで敵対するような動きに対しては暴力反対を唱える、安全地帯から出ない議論と見えたからです。米軍の駐留についても、日米安保についても、沖縄からベトナムへの爆撃機発進についても、これを盾に反対を唱えるところが終点で、そこから踏み込んで現状を打開するという姿勢がなく、現状追認の論となっていることが不満でした。

しかし、このとき、日本社会は、現在にくらべれば、はるかに順調な経済成長のもとにあり、安定していました。憲法9条は一方で自民党ハト派から親米路線のもとに実質的にささえられ、他方で社会党などの革新陣営から非武装中立路線のもとに名目的にささえられていました。しかもこの憲法9条が、日本社会の安定のカギとして機能していたのです。

この池田路線は、どのように日本社会に定着したのでしょうか。

3 「護憲体制」への懐疑——清水幾太郎と江藤淳

このような新しい経済中心主義政策の可能性にいち早く気づき、その起点において、これを吉田茂の作り出した路線としていわば過大に評価することで政策誘導をはかったのが、これまで何度か言及してきた高坂正堯です。高坂は、つぎのように書いています。

再軍備の問題に対する吉田茂のこの態度（アメリカに対しては「再軍備はしない」と抵抗しながら、国内的にはなし崩しに「徐々に再軍備をすすめた」こと——引用者注）は、彼の最大の失敗となりうると同時に、最大の業績となるかも知れない。たしかに、（鳩山一郎ら反吉田保守勢力の——同）憲法改正論と（革新護憲派の——同）完全非武装論は、国民の意思をはっきりさせるという点では秀れていた。吉田の立場は論理的にはあいまいであった。しかし、彼は完全非武装論と憲法改正論の両方からの攻撃に耐え、論理的にはあいまいな立場を断固として貫くことによって、経済中心主義というユニークな生き方を根づかせたのである。講和条約後においてさえ、もし日本が憲法改正していたならば、日本はアメリカの再軍備要求をことわるのにより大きな苦労をしたことであろう。そのため日本の経済発展の速度はかなりおそくなっていたかも知れない（「宰相吉田茂論」『宰相 吉田茂』67頁、初出1964年）

「論理的にはあいまいな立場を断固として貫く」ことを選んだのは、吉田ではなく、吉田をそのように描くことを選んだ高坂だったでしょう。しかし、高坂のこの吉田の中間地点への着地のさせ方は、非凡でした。

高坂は、先の坂本の「中立日本の防衛構想」については、これを非現実的すぎると批判する一方で、「外交における理念の重要性を強調し、価値の問題を国際政治に導入した」点、多大な寄与が認められると評価しましたが、これも単なる現実主義に堕さない、一見柔軟な、中間的な姿勢でした（「現実主義者の平和論」1963年）。

高坂のほか、永井陽之助、猪木正道ら、主に『中央公論』に拠る新知識人たちが、この保守的で現実主義的な解釈合憲路線を領導し、丸山に続く坂本ら革新派知識人が『世界』に拠って革新的で中立主義的な護憲論を主張するという、60年代以降の保守・革新の構図が、こうしてここに作り出されます。

自民党がほぼ3分の2に近い、しかしそれには及ばない議席数を確保して安定政権を堅持し、その内部にハト派の多数派とタカ派の少数派を抱え、社会党を主体とする中道・革新派の野党が、戦争体験に足場をもつ平和主義を基盤に3分の1を少しだけ上回る議席数をもつ、55年体制が、こうして日米安保体制を基本に平和基調で経済繁栄をめざす「戦後日本の目標」を、はじめて手にするのです。たぶん、戦後を代表する経済人、松下幸之助が主唱した「PHP」（ピース〔平和〕・ハピネス〔幸福〕・プロスペリティ〔繁栄〕）が、この高度成長期に実現された「目標」を過不足なく示す言葉だったでしょう。

†同時に進む従属事実の隠蔽、空気化

しかし、この時期は、憲法9条と自衛隊の「解釈合憲」のきしみが時折意識される一方で、米軍基地の沖縄への移転、集中にも促され、憲法9条と日米安保条約の相補的な共存体制が、一見平和裏に一般国民の視界のなかでなじんでいく過程でもありました。これは同時に、アメリカに日本が従属しているという事実が、隠蔽され、意識されなくなり、空気のような存在に変わっていく過程でもあって、この新しい動きが、1959年というその起点で、アメリカに屈従する日本の閉塞を描いた三島由紀夫の『鏡子の家』を「空振り」させもすれば、他方、坂本義和の「中立日本の防衛構想」を、やはり政治論文としての影響力という点で護憲陣営のなかで孤立させるように「悪さ」をしもしたのでした。

何より、日米安保を正面から否定すれば、では、どのように国を「防衛」するのか、50年代初頭の全面講和論のままの「非武装中立」でよいのか、という反論が不可避ですが、坂本の論考は、50年代後半以降の護憲派の論壇で、これに唯一正面から答えるものでした。

この坂本論文を収録したアンソロジー『平和国家のアイデンティティ』の解説で、編者の酒井哲哉は、この論説を「日米同盟（中略）に対する批判であると同時に、非武装中立論批判でもあった」と述べ、坂本はここで「日米同盟論と非武装中立論以外」の防衛構想として、「中立的な諸国の部隊から成る国連警察軍の日本駐留」を提案した、と指摘しています。酒井が指摘するように、「講和論争期の革新勢力の平和論」が「多分に正戦論批判を下敷きにして」いたことを考えれば、それと「必ずしも調和しない」坂本の論は、「戦後日本の平和論としてどこまで代表的なものと見做されるかについては、難しい問題が残る」ものでした。つまり護憲論中の異端に属しました。革新陣営のなかでは現実対応型の変種の扱いでした。

政府の護憲型の経済中心政策をささえ、社会を動かすことになったのは、こうして、先の分類でいうなら、保守1（改憲派）でも革新1（護憲派）でも革新2（現実的護憲派）でもない、高坂らの親米非改憲の保守2（経済中心主義・自衛隊日米安保解釈合憲）に部類されるべき新種の保守護憲派だったのです。

†新たな改憲への動き——清水幾太郎と江藤淳

　しかし、やがてこの経済成長が、1965年に日米貿易収支の逆転をもたらし（米国が赤字化、日本が黒字化）、68年には日本をアメリカに次ぐGNP世界第二位の地位に押し上げ、70年代に入ると、繊維、ついで鉄鋼などの分野で経済的に日本をアメリカの敵手に押し上げるようになります。日米間の経済摩擦が激しさを増し、輸出自主規制が広がるようになると、さすがに、この自民党ハト派の路線の行く手にも暗雲が漂うようになるのです。

　75年、ベトナム戦争が南ベトナム（とそれを支援する米国）の無条件降伏により、終結します。米国経済の疲弊ははなはだしく、日本とのあいだの貿易摩擦はさらに激しさを増し、80年代に向けて、競合領域は農産物、自動車へと拡大の一途をたどります。そしてその動きに伴い、70年代の末にいたると、これらの相次ぐ対米譲歩への不満から、ふたたび、この対米従属型護憲政治への疑念、つまり改憲の動きが現れてきます。

　その代表的な論者の一人は、50年の全面講和派から、60年の安保闘争での全学連支持後、一転して、保守色を強め、80年に『日本よ　国家たれ——核の選択』、『戦後を疑う』を出して正面から改憲と再軍備の必要を世に問うにいたった社会学者の清水幾太郎（1907—88）。そしてもう一人が、60年の安保闘争をへて革新陣営への疑念を強め、やがて戦後の評価をめぐる78年の本多秋五との無条件降伏論争をへて、79年に『忘れたことと忘れさせられたこと』を、80年に『一九四六年憲法——その拘束』を発表し、憲法の改正を訴えるようになる批評家の江藤淳（1932—99）です。

彼らによる80年前後の改憲の動きを、ここでは第三次の改憲論と呼んでおきましょう。すると、この第三次の改憲論は、改憲論の論理として、重光らの50年代なかばの対米自立をめざす第一次の改憲論と、その後の中曽根、石原らの50年代から70年代にいたる「出口なし」の第二次の反米・戦前復帰型の改憲論との、ほぼ中間の位置にくることがわかります。

まず、この改憲論は、反米ではなく対米自立をめざす点で、第一次の改憲論の延長上にあります。また、清水と江藤のあいだには、清水が米国の退潮とソ連の脅威拡大という変化を重視し、江藤が米国との対等のパートナーシップの確立（対米自立と主権回復）をめざすという力点の違いこそあれ、ともに日本の米国に迫る経済力を背景に、新しい国際情勢に立脚した日米関係を要求する点で、共通性があります。現実的に可能な範囲で対米自立を志向する点、民族主義的な色合いを残し、もっぱら占領期の対処へのルサンチマン（「押しつけ」）にこだわる第二次の改憲論とは、違っていました。

とはいえ、それが日本の対米従属型の日米同盟へのフラストレーションの捌け口的表現となっていることもたしかで、その直接の憤懣の源泉は日米貿易摩擦でのほぼ際限のない日本の譲歩でした。その点、この改憲論は、動機を第二次の改憲論と同じくする、そのより洗練された形での再浮上という意味ももっていました。

†清水の論――米ソの軍事バランスの前提への注目と、日本の軍事力増強の主張

清水の論は、江藤のそれに比べれば、単純なかたちをしていました。彼は、戦後の歴史に二つの画期があったと見ます。

一つは1950年の朝鮮戦争勃発の前後で、もう一つは80年前後の彼いうところの戦後の「新旧」の交代期です。彼によれば、憲法9条は敗戦国日本に「二度と強大な国にならないように」「徹底的弱体化を狙って、アメリカが」「与えた規定」でした。それは敗れた以上仕方のないことですが、そのような「強制によって成立した憲法が何時までも正当な有効性を持つわけは」ありません。不当なものでした。とはいえ、「当時の日本の飢餓状態に照らして」戦力の不保持以外の選択肢があったとは思えませんから、「日本の政治及び経済の状態からすれば、或る時期まで、それは智慧であ」り、「意地であ」り、「気骨であったとも言え」ます。「しかし、その時期は」、「朝鮮戦争の前後」で終わります。

その後、「朝鮮戦争以後の発展の過程」で、戦力の不保持の「智慧」は、「無智」と化し、

「かつては高貴な思想であったもの」も「空虚な非現実性に変じて行」きました（『日本よ国家たれ』84〜86頁）。非武装中立という命題は、それ以降の日本の経済力、国際情勢のもとで、全面講和論の敗退、マッカーサーの解任、（旧）日米安保条約の締結という新しい現実とともに、現実との回路を失い、空虚になっていったというのです。

その後、日本は、対米従属を基本とした親米・軽武装・経済中心主義の「解釈合憲」による護憲型政治へと転じますが、清水は、それが可能だったのは、米ソ冷戦のもとで、つねに米国が軍事バランス上の優位を保っていたからだ、といいます。そしてこの状況を「古い戦後」と呼び、これが「新しい戦後」に変わる80年前後にもう一つの画期がある、と続けます。

彼によれば、この吉田ドクトリンの時代は、アメリカに「おんぶに抱っこ」で過ごすことのできた、「甘え」の許された時代でした。1940年代末から70年代末にかけて、日本は「アメリカの軍事的優勢を前提とし、その下で、戦後思想に弁護されながら」、「甘えたり、駄々をこねたりして来た。色々な面倒はあったにしろ」、それは「暢気な時代」でした（同前、251頁）。しかし、ソ連がアメリカを凌ぎ、軍事的優勢を取るようになると、そうはいかなくなります。ベトナム戦争での疲弊をへて、いまその「バランスはアメリカに不利な方向へ傾き始めて」おり、自分たちが「慣れて来た」「甘えて来た」、「アメリカの軍事的優勢を根本的条件とする」「『古い戦後』は」、終わろうとしていると彼はいいます（同前、94頁）。

そして、その「新しい戦後」においては、日本はいわば責任国として、「その経済力に相応しい軍事力を整備すること」で、「米ソの軍事的バランスの崩壊を阻止し、それを通じて、日本の安全を守り、世界の、特に極東の平和に積極的に寄与しなければならない」といいます。清水は、「軍事力の回復及び増強によって、日本が一人前の国家になることが、現実的な、日本国籍の平和運動である」と結論するのです（同前、240頁）。

†日本の経済力への全能感

この『日本よ　国家たれ』でしばしば繰り返されるのが、「1980年」という日本の経済的頂点を示す年と、日本の「経済力に相応しい軍事力」というコトバです。米ソのバランスが崩れたことは、二義的で、そのことの危機感の一方で彼を動かしているのが、いまや日本が経済力で米国を脅かすまでになったという全能感であることが明らかです。日本の出番がやってきた。そのためには、いまこそ、憲法の改正、軍事力の増強が必要だというのが、清水の主張の根幹となっています。

これに対し、江藤では、親米基調が特徴的です。そこが清水との一番の違いでしょう。

親米のままでの、従属関係の是正としての対等化、それに向けての日本の対米自立、その象徴としての主権の回復に照準が当てられ、そのための憲法の改正が主張されるのです。

そこにも日本の経済力に対する全能感は否定できません。また、この経済的繁栄をもたらした吉田ドクトリン下の高度成長の時代が、「甘えた」時代として記述される点も、清水と同じです。

†江藤の論――護憲派政治の二律背反の指摘

江藤は、まず早くも1970年に書かれた「『ごっこ』の世界が終ったとき」で、60年代以来の親米・軽武装の保守本流の護憲型政治をさして、ここには「自己回復を実現するためには『米国』の後退を求めなければならず、安全保障のためにはその現存を求めなければならない」という二律背反があるといいます。

その背景に50年代以降の繊維に続き、69年からはじまる鉄鋼の輸出自主規制など日米貿易摩擦の浮上があります。60年代、経済的な繁栄でもって代補されてきたナショナリズムの要求は、このところの米国の無体な要求への相次ぐ譲歩で日本側にフラストレーションを高め、いまでは新たに日本に「自己同一性《アイデンティティ》の回復」を求めさせるまでになっている。しかしそれを進めようとすれば「米国」の後退を促しかねない以上、これは日本に新たな二律背反の困難をつきつけるものだというのです。

つまり、この先、いつまでも親米・軽武装・経済中心主義のままでは行けない。この対米従属路線には耐用限界が見えている。しかし、それに反対して、やみくもに自己回復を求めるだけの、三島由紀夫の「楯の会」のような右派の運動も、やみくもに革命を叫ぶ新左翼の運動も、米国への依存をどう脱するかという問いへの答えをもたない、「ごっこ」の世界の身ぶりにすぎない。この課題にどう答えるか、それが今後のリアルな課題だというのですが、別にいえば、高坂流の体制順応型保守ハト派現実主義に、はじめて保守言論のなかから、強力な異論が出てきたことを、この江藤の立論は意味していました。

これを受けて江藤は、10年後の「一九四六年憲法——その拘束」では、高坂・永井流の保守護憲政治を次のような保守改憲派、革新護憲派、米国の黙契関係のうちにとらえ、憲法改正によって、この袋小路を打開しようと主張します。

つまり、この黙契関係では、軍事力の増強を求めている米国は、その実、一方で9条2項の重しがあるためけっして日本が「固有の自衛権」を行使できないことを承知しており、米国の要求に応じて新型戦闘機等を購入している日本の保守改憲派も、これを戦争のために本当に使うことなどを予定しておらず、革新護憲派もまた、相変わらず非武装中立・安保破棄を唱えてこれに反対しながら、保守改憲派が戦争を起こす気のないことは重々知っている。したがって、憲法9条の2項を改め、日本に「交戦権の回復」をもたらし、いわば「活」を入れることが、新しい時代に応じた日米関係の対等化と健全化と強化のためには必要だと、いうのです。

†経済力と平和主義の結びつきの見落とし

しかし、いまの目から見れば、ここで江藤は、日米関係、ならびに吉田ドクトリンの基本構造を、見誤っているというよりほかありません。というのも、この高度成長下の日本の親米・軽武装・経済中心主義の路線は、――先に述べた「解釈合憲」システムをテコに――保守改憲派によってではなく保守護憲派によってこそ、米国との黙契関係なしに、構築され、推進されてきたものだからです。

そこでは、米国は、日本がむろん「固有の自衛権」を行使できないことを予期しつつ、しかし日本とは黙契なしに、もっぱら米国の国益のために日本に軍備増強を要求していま す。日本の保守護憲派は、その多くを受け入れながらも、そのことを通じて日本主導の対米従属を、なんとかやりくりしようとしています。そして、日本の革新護憲派は、自分の国内的な存在理由を示し、保守護憲派にとっての抑止力としての役割分担をも念頭に、いまでは彼らにとっても〝空想〟的でしかない、非武装中立・安保破棄をなおも主張するということを続けているのです。

つまり、黙契関係は、現実的な保守護憲派と理念の提示に自足する革新護憲派のあいだにあるのみで、米国は、その外部にあって、自国の世界戦略と国益を追求しているにすぎません。日米関係は、どんな黙契によってもつながっていないのです。

江藤は、このとき、吉田が1950年代に結んだ有事における自衛隊の指揮権密約（自衛隊は有事の際、米軍の指揮下に入るという密約）などは、知らなかったわけですが、これは共犯的な黙契ならぬ従属関係の密約なのであって、日本が憲法を改正し、「交戦権」を回復しようとすれば、当然、米国は、——江藤のいう日米の対等化の容認に動くどころか——ダレス以来の日米安保条約の双務性の要求を強め、より深く米国指揮下の世界戦略の一翼を担うよう日本を追いこみ、むしろ対米従属の度合いを強めさせるはずです。国際社会とりわけアジア太平洋地域における駐日米軍の正当化の理由は、1971年にキッシンジャーが周恩来に述べた、日本の再軍事化の抑止、米軍は〝ビンのふた〟だという考え方なのです。

では、江藤の読みは、なぜ間違っているのでしょうか。このとき、彼の改憲論は、日本の経済的成功による全能感と米国の理不尽な貿易摩擦の譲歩要求に対するフラストレーションを背景に生まれています。彼は、この現在の日本の経済力に見合う新たな日米関係が確立されれば、彼の宿願は果たされると考えるのですが、この日本の経済力は、逆説的なことに、対米従属を甘受することによってこそ、得られているのです。それが吉田ドクトリンの要諦なので、もしそこから日本が「誇り」を生みだすなら、保守現実派のイデオローグだった永井陽之助がそれをめざしたように、「経済力」を「平和主義」と結びつけるほうが、よほど自然なはずなのです。

清水は、この日本の経済力と米国の国力低落とソ連の軍事的脅威の増大を理由に、ここから日本が経済力に見合う軍事力を備えて「一人前の国家」となり、政治的ナショナリズムの欲求不満を満たすことを考え、江藤は、この日本の経済力を背景に、対等の日米関係の実現によって、日本の「自己回復」が成就すると考えるのですが、この経済力の伸長を可能にしたのは、そもそも日本の平和志向だったのです。ですから、ここに欠けていたのは、平和志向をあくまで現実的に「誇り」に結びつけ、さらに「対米自立」へとつないでいく、旧来の護憲論とは異なる、もう一つの平和主義の考え方の構築なのでした。

†壊れやすい論理——夢と悪夢の二択

江藤は、1970年の論考に、こう書いています。日本が、米国の資本投下を大幅に受け入れ、日米関係を新しい同盟に切り替え、その代わり、基地を撤去してほしいと米国に要求したとしよう。米国がこれを受け入れれば、「はじめて戦後の日米関係は、政治・軍事・経済の三つの分野にわたって均整のとれたものとな」る、そうすれば「そのときはじめて、『戦後』はほとんど終る」。しかし、この要求を米国が「拒否すれば、いたしかたがない。日米関係は決定的に悪化して、日本政府は核武装による自主防衛への路に追いつめられ」るだろう、と（「『ごっこ』の世界が終ったとき」『一九四六年憲法――その拘束』所収、158頁）。

なにやら、先に引いた坂本義和の、アメリカも愚かではない以上、日本の中立化を認める方向に動くだろう、という発言（「中立日本の防衛構想」）を思わせないでもない、いい方ではないでしょうか。坂本はこういったのでした。「日本の軍事的中立化によってアメリカは基地と軍事同盟を失わなければならない」が、アメリカも愚かではないから、日本の中立化を認める方向に動くだろう、なぜなら、もしアメリカが賢明に対処すれば日本は「政治的にはアメリカの友好国としてとどまるであろう」。しかし、逆に妨害に出たりすれば「日本の共産圏への接近を助長する」。そしてこれは「何らアメリカの利益にはならない」からである、と。

ここで、中立日本の実現、対等に近い日米関係の実現という夢が、日本の共産化、日本の核武装化という悪夢と二択のうちに語られるのは、窮鼠猫を嚙むのにも似て、彼らの論理のフラジャイルさ（壊れやすさ）を現しています。いうまでもなく、米国が日本から自国の軍隊を撤去するのは、日本から脅されてではありえません。それが、単に自らの国益と軍事的な世界戦略に適うとき、あるいは世界戦略的にそれを促され、強いられるときでしかないでしょう。また、米国にとって最も好ましいのは、「政治・軍事・経済の三つの分野にわたって」つねに日米関係が米国優位の従属関係のもとに保たれることに決まっています。

したがって、対米自立のために日本のめざすべきことは、どのようにして、このような米国が、それを受け入れざるをえない状況を作り出すか、ということにつきるのですが、そういう自明の理が、なぜか江藤には、1959年の坂本と同じく、なかなか、わからないのです。

†抑え込まれる第三次改憲論

結局、この時期の清水、江藤による反米自立ないし対米自立の「主権回復（「日本よ国家たれ」）」型の第三次の改憲論は、より穏健な永井らの保守護憲派の反対主張の包囲網によって、押さえ込まれます。江藤は、1983年、山崎正和、中嶋嶺雄、粕谷一希ら旧知の人士の振るまいを名指しで非難するエッセイ（「ユダの季節」）を書いて、孤立します。

それはちょうど、彼らと同じ系統の第一次改憲論以来の主張を堅持していた中曽根康弘が、82年11月、「戦後政治の総決算」という政治目標をかかげて首相に就任しながら、改憲の主張は首相在任中、封印する一方、85年には中国からの非難を考慮して靖国公式参拝も取りやめるよう、追いこまれた事情と同様でした。当時は日本の経済は順調でした。「金持ち喧嘩せず」という言葉が思い浮かびますが、日本社会は良好な日米関係と日中関係の堅持を、それが経済的成功に結びつく限りで、強く支持していたのです。

†永井陽之助の「政治的リアリズム」――平和基調の現実的政治戦略論

1980年代初頭のこの清水、江藤の主張は、このあと、反米と対米自立の方向を切除し、日本の経済力の充実とソ連の脅威の強調の部分をひきとるかたちで、外務省の岡崎久彦の『戦略的思考とは何か』（1983年）に代表される、軍事優先のテクノクラート的戦略論に流れていきます。これらの総体に対し、永井陽之助が先述の『現代と戦略』収録の論考で、対置することになるのが、「吉田ドクトリンは永遠なり」という副題中の一文に示される「政治的リアリズム」という名の平和基調の現実的政治戦略論にほかなりません。

永井は、80年代中葉における防衛論争は、50年代なかば以降に端を発する「革新」対「保守」、「ハト派」対「タカ派」、「理想主義者」対「現実主義者」、――つまり護憲論対改

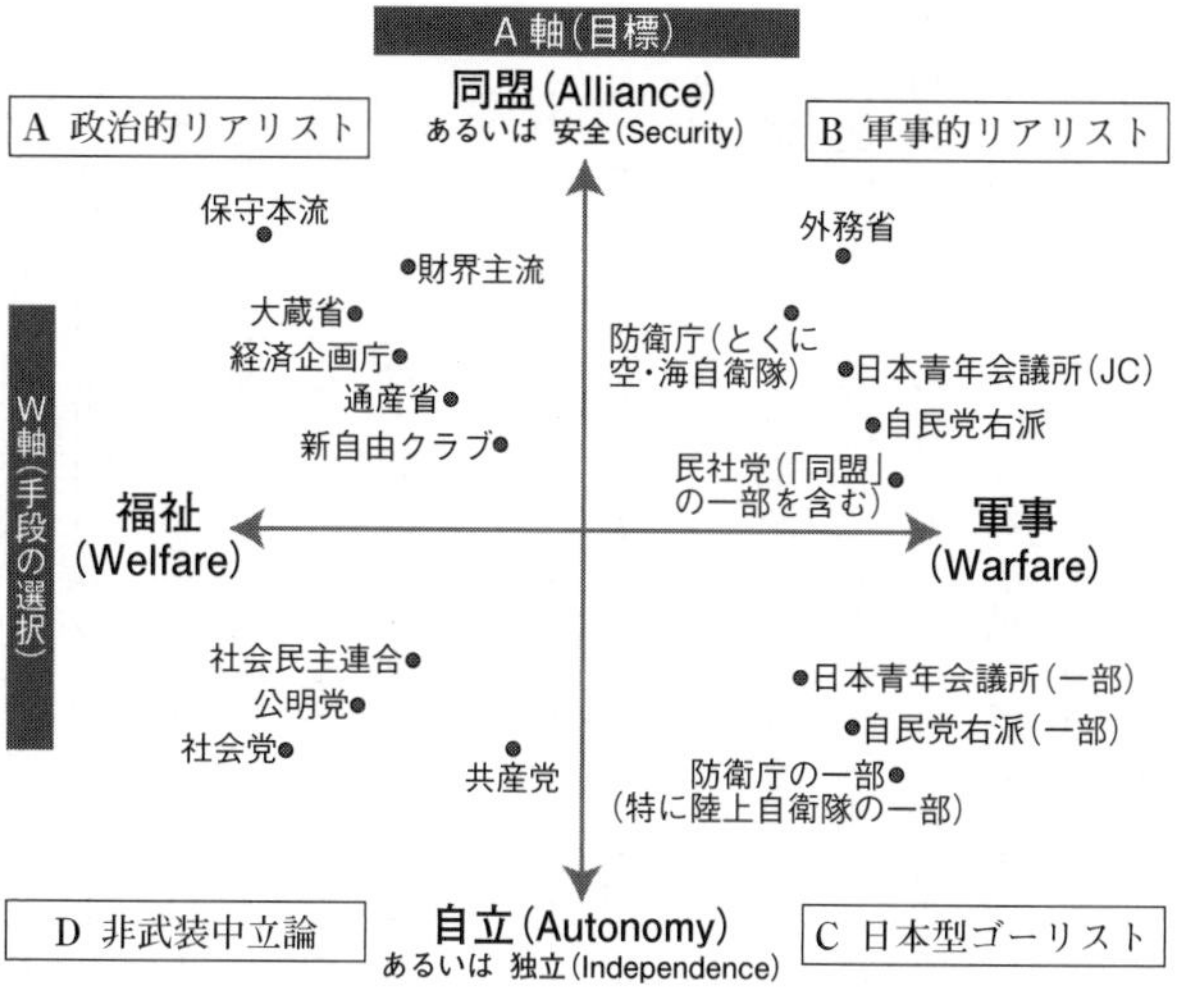

憲論といった――「単純な座標軸では、交通整理不可能なものとなっている」と述べ、次のような「日本の防衛論争の配置図」なるものを掲げます。これは、先に前著『戦後入門』でも、これを応用した図を使わせてもらったのですが、ここでは原図のまま引用します（『新編 現代と戦略』79頁より）。

†二つの基軸――軍事vs福祉、自立と同盟

永井によれば、政治を考える場合に大事なのはそのもとになる人間観です。小学校のクラスには、いろんな子供がいます。頭のよい子もいれば、きれいな絵を画く子もいれば、腕力の強い子もいれば、スポーツが得意な子も、クラスをまとめ

るのが上手な子も、一人静かにしているけれども、どこか気になる子もいるものです。しかし、クラス間に問題がもちあがったりすると、ついそのうち、腕力の強い子がどれだけいるかを数え上げて、問題に対処しようというような考え方が出てきます。しかし、そのような考え方が優勢になるときに、すでに、考え方の幅は、狭められてしまっており、そこから決められることは方向を誤ることが多い。クラス間にもめ事が起こったりするときほど、できるだけ人間の社会生活の全領域を考慮して、問題に立ち向かう態度が大切になる。

そのような考えから、彼は、経済、社会、文化、伝統など、できるだけ多くの要素を繰り入れて国の防衛や安全保障の問題を決定していこうと考えるあり方をとる人間を、政治的リアリスト、腕力、つまり、軍事力や戦力、戦略にまつわる専門性に特化して国の防衛、安全保障を考える立場をとる人間を軍事的リアリストと呼び、東西冷戦下の軍事的バランスに変動が生じる激動の時期に、大事なのは、軍事的リアリストの勃興に対し、堅実な政治的リアリストの考え方で、これに対抗することだと考えるのです。これが、この図の横軸の軍事対福祉という対抗軸の意味です。

しかし、政治には、もう一つの基軸があります。それはその人の信念、信条、哲学といったものをどう政治に関わらせるか、という問題です。

ある人は、自分の信じる理想を自分の生きる世界に実現したいと考えます。彼がそう考えるのには、それなりの背景があったりします。そして、自分の考えを社会に訴え、動かそうとする。これも政治の大事な働きの一つです。しかし、これに対し、そうではあるけれども、その信念がぶつかりあって解決がつかなくなるのでは困る、というので、この信念対立を調停し、共に生きる人間にとって、最善の解を見つけだすことが政治の力なのではないか、という立場も生まれてきます。いわば、理念、信念の追求と現実的な調停と最適解の模索の間に生まれる理念と現実の座標軸です。

戦後の日本の防衛と安全保障のばあい、それを自立と同盟に代表させるのが都合がよい、というので、そこには、この二つが選ばれています。自立とは、自主、独立ということで、同盟というのは、他国との同盟、国際組織との連携ということです。具体的には、前者は対米自立、主権の回復などの立場をさし、後者は、日米同盟を重視する立場、必要なら対米従属をも甘受するという立場をさしています。

そしてこの二つの縦横の座標軸に区切られる象限を、永井は、A（政治的リアリスト）、B（軍事的リアリスト）、C（日本型ゴーリスト）、D（非武装中立論）と名づけるのです。

Cのゴーリストとは、フランスのドゴール主義者からとられた言葉で、米国に靡《なび》かず、自国の自主性を重視する立場、つまり反米・自国主義を指します。日本型ゴーリストとは、対米自立など独立重視の立場を示し、右翼の民族主義から左派の反米主義者までの幅を含みます。

†永井の図式がもたらす眺め

さて、これまで見てきたことを、この図に重ね、時代ごとに分類するなら、こうなるでしょう。

まず、1950年代初頭。この時期の全面講和論と片面講和論の対立とは、A（吉田政治の従米主義）とD（革新・非武装中立）の対立でした。この時期、BとCには、ある意味で、米本国の国務省・統合参謀本部、大統領府（B）と、これに対立するマッカーサーのGHQ（C）が位置しているかもしれません。マッカーサーは本国には無断で憲法9条を「特別の戦争放棄」として提示しますが（「米本国政府が、あるいは国務省が憲法改正案の原案にかかわっていたという事実は、どこをどう探しても出てこない。国務長官が、（中略）知らされて驚いたという事実がすべてを物語っている」と憲法改正史の第一人者の古関彰一が述べています〔豊下楢彦・古関彰一『集団的自衛権と安全保障』107頁〕）、マッカーサーが日本のドゴールだったのです。

その後、この日本版ドゴールは、本国の圧力のもと、方向転換を強いられます。その方向転換から吉田茂の単独講和路線（A）と南原繁の全面講和路線（D）が、ともにマッカーサーを淵源に流れ出してくるのです。

しかし、マッカーサー解任後、52年の単独講和と（旧）日米安保条約締結をへて、50年代なかばまで、このABCDが、A（吉田）B（ダレス）C（重光）D（非武装中立派）というように変わります。最初のA（吉田）とB（ダレス）の対立が、憲法9条を防波堤に経済回復をはかり再軍備に抵抗する日本の保守護憲型政治と、占領期の基地自由使用の権利を講和後も保持して日本を意のままにしようという米国のとりわけ軍部の意思の角逐を意味しているとすれば、Cの象限には、独立がなって追放解除されて政界に復帰した反吉田の政治家たちの、改憲再軍備による対米自立回復の努力が位置し、Dにはその後、Aとともに55年体制をささえ、いまや現実的な可能性の回路を断たれたタテマエ的な非武装中立の護憲論を担う革新陣営が位置するようになるのです。

しかし、Cの重光外交が頓挫すると、C象限の改憲論と、かたや単独講和・日米安保体制の確立により現実的な可能性の回路を断たれたD象限の非武装中立の護憲論は、それぞれ、ともにタテマエ的なイデオロギーのまさった、「出口なし」の国家主義的改憲論、絶対平和主義的護憲論へと後退していきます。

そして、60年の安保闘争後、Bの象限で日本の反米化の広がりに怖れをなした米国のプレゼンスが軟化・後退を見せ、Cの保守党タカ派のイデオロギー的改憲論もみるみる辺境化し縮小傾向をたどると、70年代末まで、米国の圧倒的な軍事的対ソ優位性を背景に、日本は米国に譲歩、従属し、庇護されるかたちで、国内的にDの革新護憲派とのあいだに「解釈合憲」の黙契関係を作り上げるAの保守護憲派が、親米・軽武装・経済中心主義の政策を掲げて安定した政局を確立するのです。

しかし、日本が経済大国化する一方、東西冷戦のもと、1979年末のソ連のアフガン侵攻が起こり、80年代に入り、米国優位で推移してきた米ソの軍事力バランスが崩れると、これまでの貿易摩擦での譲歩では足りず、さらに一段と米国からの軍事的役割負担の要求が強まり、一部はこれに呼応するかたちで、また一部はこれに反発するかたちで、自主的防衛力増強の気運が日本に生じ、新たにA（政治的リアリスト＝保守護憲派）とB（軍事的リアリスト＝保守改憲派）の対立が浮上してきます。そして、ここに生まれる構図が現時点の日本の姿を要約していると、永井はいいます。

†対米取引カードの存在と、その無力化

私は、この永井の観察は1980年代初頭の時点で、ほぼあたっていると考えます。

しかし、それは、冷戦のもとで、日本が米国の対ソ世界戦略上、かけがえのない重要性

をもち、また日本の手にいくつか対米取引上のカードがあったからこそ起こったことだったろうとも思います。

1960年代の西春彦の指摘が教えるように、米国の世界戦略上、日本が西ドイツとともに対ソ包囲網において占めていた地勢的な重要性は、ソ連が対米軍事戦略でキューバに与えようとした役割に比定できるほどに大きなものでした。また、米ソ対立のもとでは、日本が米国との同盟関係から離脱したばあいの自由選択の幅もおのずと大きいことから、対米自立し、米国から離反する可能性のもつ対米抑止力も、かなり大きな現実性に裏打ちされていました。

ですから、59年に坂本義和が示唆したように、日本が中立国として独立し、そのあと、米国との関係をこじらせて共産主義国に接近することは、80年前後に、清水幾太郎が言及し、江藤淳が示唆し、後述する森嶋通夫も彼の国防論（「『新・新軍備計画論』補論」）に述べるように、日本が米国への依存を断ちきり、単独で自衛しようと「核武装」へと走ることと並んで、冷戦時代、米国にとっては最大の悪夢だったはずなのです。

そうであればこそ、安保危機での反米的な国民運動の盛り上がりは、それ以後20年に迫るアメリカの本格的な再軍備要求を抑え気味にとどめる抑止要因となりえたのです。

しかし、90年代初頭の東西冷戦の終了は、日本から、米国にとっての地勢的な重要性を決定的に剝がしとり、対米自立し、中立化をはたし、社会主義国圏に接近するかもしれないゾという共産化カードを完全に無力化し、東西冷戦の空隙を縫って米国の軛から逃れるために独自に核武装するかもしれないゾ、という核武装カードの恐喝力をも、ほぼ無力化させるように働きます。

と同時に、それは一時的であれ、米国がソ連という「敵」を失い、日本をソ連に代わる新たな〝脅威〟に仕立てあげる要因にもなり代わります。

日本はアメリカに対する主要な対抗カードを失ったそのときに、アメリカにとっての敵、主要な〝脅威〟に仕立てられるという窮境に置かれるのです。

もと外務省国際情報局長でウズベキスタン、イランの大使などを歴任した孫崎享は、この時期、91年に米国で行われた世論調査で、一般人の60%、指導者層の63%が、「米国にとっての死活的脅威」として「日本の経済力」を、「中国の大国化」（40%／16%）、「ソ連の軍事力」（33%／20%）、「欧州の経済力」（30%／42%）を抑えてトップにあげていることを指摘しています（『戦後史の正体』３１２頁）。

89年には三菱地所がロックフェラーセンターを、ソニーが映画会社コロンビア・ピクチャーズを買収していました。

アメリカはその世界戦略の展開のためにつねに「敵」を必要としており、もしいなくなれば、新たに作り上げます。88年製作のハリウッド映画『ダイ・ハード』の舞台はロスアンゼルスに進出した日本の商社がもつ高層ビルです。「日本の経済力」は90年代初頭、「ソ連の軍事力」に代わる新しい敵に擬されようとしていました。

†アメリカの巻き返しと護憲論の停滞——「失われた30年」へ

なぜ、そんな日本を自分たちが守らなければならないのか。

東西冷戦の終了は、そう自問する米国にとって日米同盟と日米安保条約の存在理由を抜本的に問い直すきっかけとなります。むろん、事情は日本でも変わりません。ただ日本はそのことに気づく余裕がありません。

これまでの日米安保条約はソ連を仮想敵として構築された安全保障構想です。しかし、1989年5月、ソ連は、もう日米安保体制を敵視しないと表明します。11月にはベルリンの壁が崩れ、12月になると地中海マルタ島での米ソ両首脳（ブッシュ・シニアとゴルバチョフ）会談で、公式に冷戦終結の宣言がなされ、ついで、91年12月、ソ連が崩壊し、消滅します。問いは、こうです。では、これまでの存在理由を失った日米安保条約をどうするか。

すぐに動いたのは、アメリカでした。

アメリカは、まず厄介な日本の経済力と潜在的軍事力が自国の脅威とならないよう考えます。ついで日本をどう冷戦以後も、自分の統御のもとにおきつづけるか、手を打ちます。冷戦終結の前後から、この世界の激変を機に、日米関係を一気に巻き返したのは、アメリカで、日本の対応は後手後手に回ります。冷戦以後、日本の動きを大きく立ち遅らせ、その後「失われた30年」をもたらすことになる大きな要因は、このあと述べる経済的なものですが、その背後に、日米安保の見直しをめぐる無策と敗退が横たわっています。その淵源に、つきつめていうなら、護憲論という、憲法9条をめぐる考え方の停滞があったというのが、私の考えです。

4 森嶋通夫の「ソフトウェア国防論」

ここで、一つだけ、個別の論の話に立ち寄ります。

それは、1979年、右にあげた清水幾太郎、江藤淳の改憲・再軍備論とほぼ同時期に書かれ、世を騒がせた、ロンドン大学で教える経済学者、森嶋通夫（1923―2004）による非武装中立国防論、「新・新軍備計画論」です。

この論考は、60年代以降の護憲論の総体にかかわる、重大な論考だというのが、私の考えです。

†森嶋通夫と関嘉彦

森嶋は、1979年、日本から帰国の途において、前年の9月15日にサンケイ新聞の「正論」欄に掲げられた、社会思想史家の関嘉彦（1912―2006）による「『有事』の対応策は当然」という論説を読み、その軍事的国防論者ぶりにショックを受けて、その批判を北海道新聞に書きます。それに端を発する関との新聞紙上での論争が話題となり、場所を『文藝春秋』に変え、「大論争　戦争と平和」と題して、関の反論と両論併記の形で持説を展開したのが、彼の「新・新軍備計画論」です。

論争当事者の森嶋と関について簡単に述べておきます。森嶋は、1923年生まれで、学徒出陣で海軍に入隊、長崎の大村航空隊配属の暗号解読担当少尉として敗戦時の軍の壊滅的混乱のさまをつぶさに経験します。その後、京都大学、大阪大学の経済学部助教授をへて、世界有数の経済学者としてロンドン・スクール・オブ・エコノミクス教授として活躍、76年には、文化勲章を受章しています。名誉は辞退する信条をもつため、これも辞退するつもりでしたが、年金がつくことがわかり、若手学者への奨学金とするため、これを受けたということです。つまり、この一種奇矯な論争を起こしたとき、すでに文化勲章受章者という〝名士〟でもあったわけで、彼が何事も「自分流に考える」破天荒な人物であることが、このあたりからもわかります。

一方の関は、1912年生まれで、戦前、自由主義者の河合栄治郎の弟子、戦後、社会思想史の学者として教壇に立つかたわら、社会党をへて、民社党の綱領起草に携わっています。教条的で閉鎖的な革新党の体質に嫌気がさし、より柔軟な展開を求めてそこを離れ、70年代の末には改憲派の論客の一人となっていました。

その関が、第二次世界大戦のナチスの跳梁の理由の一つとして、イギリス知識層の非軍事的で対敵融和的な平和主義的な考え方をあげ、これと同じ過ちを、戦後の平和主義的な言論が再び犯そうとしていると述べて、戦後の平和主義者たちを批判したのが、森嶋の眼にしたくだんのエッセイです。そこに関は、日本は常日頃から「国家としても」「侵略などの有事に備え」ておくべきで、そのための法律改正、さらに「核戦争に備えたシェルターなどの用意」も必要と述べていました。さらには「軍備や非常時の対応策を講じておく」ことが国家の安泰につながった例として民兵組織で「可能な限りでの軍備をととのえ」、ナチスの侵入を抑止した第二次世界大戦時のスイスのケースをあげていました。

†森嶋の徹底した非武装中立国防論

この関の論説は、1980年前後の、永井いうところの軍事的リアリストの論の特徴をよく示すものでしたが、たまたまイギリス、ナチスドイツ、スイスに話が及んでいたことから、森嶋の好奇心を刺激し、関との論争へと発展し、それが、森嶋の徹底した非武装中立国防論を、導き出します。

最初、森嶋はこういいます。関にあげられた歴史的事例から学ぶべきことがあるとしたら、英国に勝利をもたらしたのは、「軍事力ではなく」、ドイツとの戦いで欧州の多くの国、米国ばかりかソ連までをも最終的に自分の陣営にまとめあげた「政治力」であり、スイスをナチスから守ったのは、「民兵組織ではなく」、「中立国というスイスの政治的地位」だということである、と。

そして、これに対し、関が、とはいえ「最小限の自衛力は必要」とここまでこの本で述べてきた解釈合憲の論理の核心を提示して反論すると、次に、森嶋は、こういいます。

国防論は、具体的でなければならない。よって、仮想敵をソ連に擬して立論するが、たとえばソ連軍が北海道に侵攻してくるばあい、それはGNPで世界有数の国である日本が米ソの相対する戦場となるので、第三次世界大戦に拡大する危険性が非常に高い。そういうばあい、米国は参戦を決定するのに慎重を要し、日本を助けに来るとしても、しばらくの期間、かかるだろう。イランにおけるアメリカ大使館員の幽閉のばあい、それは1年半だった。ソ連のアフガニスタン侵攻の場合には、いまなお、援兵は表だった形では派遣されていない。ほかにも、イラン・イラク戦争とかポーランドにおける自由化要求とか、類似の事例に事欠かない現在、関のいう、「二週間程度持ちこたえる」通常兵器による「最小限の自衛力」説に、どんな説得力があるというのか。

そもそも「日米安保条約では、アメリカに日本防衛の義務はない。それゆえ米軍が助けに来なくても、それは条約違反でも不信行為でもないし、その証拠に助けに来なかった場合の罰則はない」。そして「アメリカが適当な潮時に必ず助けに来るというワンダー・ウーマンもどきの仮説が正しくない限り」、「ソ連のような核武装国を相手に」した「通常兵器による軍備案が、全く他人まかせの無責任な案であることは、もはや誰の目にも明らかである」。

ではどうするか。残るのは日本が単独で核武装も視野に入れた重武装へと進むという選択肢か、逆に、非軍事的なソフトウェアの国防策の強化に踏み切るかのいずれかである。しかしそのうち、自衛隊の核武装を含む重武装は、周辺国家から不信の眼で見られ、日本を孤立に追いやり、日本の経済をやがてはめちゃくちゃにするだろう。どこまでその軍備が必要か、という論議のなかに仮想敵として、ソ連とアメリカの両国が連携して日本に攻めてくるケースをさえ想定せざるをえないはずだが、それ以前に、米ソいずれか一国への対抗の負荷に日本の経済は耐えられないはずである。すると、残るのは、ソフトウェアによる国防しかないのではないか。

†降伏の用意の仕方こそ国防論の要

すなわち、歴史的事例に学べば、核の時代にあって日本にもっとも有効な国防の方法は、欧米主要国と同程度のGNP4%にも及ぶ巨額の予算を、ハードウェアの軍人・軍備にではなく、ソフトウェアの外交・国際文化交流・経済協力などの領域に投資し、日本を侵略・攻撃するとけっして得にならない——貿易上、得にならず、さまざまな協力事業の恩恵に浴せなくなり、国際的な貢献等により名望ある国を攻撃することで非難を受ける——、また東西対立のなかにあって仲介者的能力で国際社会の信頼を得るといった多様な非軍事的抑止力を強化することで、防御することである。したがって、日本は、米国同様、ソ連とも、中国とも、仲良くすべきである。また、国際社会全般に対し、他の国とは格段に差のある、巨額の平和的投資、貢献を、国をあげて行うべきである。

しかし、世界情勢のうえから、それでも、日本が戦争に巻き込まれる、つまり、北海道にソ連軍が侵攻してくる、等々の事態が起こることも想定しておかなければならない。

歴史文献はナチスがスイスを攻撃しなかったのは、その地勢、軍事的な理由以上に、その中立国家という政治的立場が国家的危機あるいは降伏交渉の際の連合国との交渉のルートとしてナチスに有用だったからであることを示している。スイスはその中立国という自らの存在理由に自覚的だったため、戦時中、ひそかに連合国同様、ナチス・ドイツにも協力したのである。降伏のケースを考慮するというナチスの政治的配慮が、その中立的立場の有用性を最大限に生かそうとしたスイスの政治的配慮と合致したのである。

第二次世界大戦時の日本の国防論には、八紘一宇の聖戦観が災いし、降伏への備えがなかった。しかし、降伏をどのように用意するかは、国防論の要でなくてはならない。

ではどうするか。むろん、ソフトウェア領域で政治的外交的経済的文化的国防に死力を尽くした後のことだが、最後にやむなく降伏するとしよう。その際には、34年前、米国に対してそうしたように、白旗と赤旗を掲げて整然と降伏するにしくはない。どのような場合にも、激戦をへた後の軍に冷静沈着を求めることには無理がある。ここでは、「戦うことなく（したがって戦禍を受けずに）冷静に威厳ある降伏をした時の日本と、戦った後に（したがって廃墟の中で）猛りたつソ連軍に降伏を請うたときの日本」をこそ比較考量してみることが必要だと、そう、森嶋はいうのです。

†全く独自に獲得された構想

さて、この森嶋の非武装中立国防論には、ほかにも、日本ではなぜシヴィリアン・コントロールが根づかず、軍備増強が軍部独走を再び招来する可能性が大きいか、など、見るべき指摘があまたあるのですが、それらを措いて、私が森嶋の論を重大と考え、ここに取りあげるのは、この論を森嶋が、明らかに、自分の戦時と敗戦時の経験に照らし、これにその後の経済学者、理詰めの知識人としての知見を加えるだけで構想していることが、明らかだからです。

そこには、戦後にもたらされた民主主義、平和思想、理想主義といった「舶来の思想」、ないし憲法9条をめぐる戦後的護憲論の〝残滓〟が、意図してかどうかは知らず、いささかも入っていないのです。

たとえば、森嶋は、この論を1979年7月、『文藝春秋』に掲載する際には、「故海軍大将井上成美氏にささぐ」と副題しています。また、81年、この論争をめぐる二つのエッセイを収めた単行本『自分流に考える――新・新軍備計画論』を刊行するに際しては、これに、論争の翌年、80年に雑誌に連載した「学徒兵として働いた一年八ヶ月の海軍生活」を含む「学生時代」の「思い出の記」である70頁に及ぶ自伝（「忘れかけていることなど」）を、自分の「防衛論のプロローグ」として加えています。

当該の論が「故海軍大将井上茂美氏にささ」げられていることは、海軍随一の知性といわれ、英仏独語をよくした井上成美が、1941年1月、時代に一歩先んじた観点から、海軍首脳陣に日本独自の創意豊かな軍備を持つべきだと主張し、「戦艦無用論と海軍の空軍化」を説いた「新軍備計画論」の遺志を引き継ぐ、という森嶋の意気込みを語っています。森嶋は、いいます。自分の論の要諦は、日本には強力な国防が必要だが、それはハードウェア（軍人や兵器）によってでは成就されず、ソフトウェア（外交、国際文化交流、経済協力など）によってしか果たされない、という点にある。これらについて、批判を加えてくる人たちには、「私がなぜ私の論文に」こうした「副題をつけたかを考えてほしいと思う」。

いうまでもなく井上は軍人であり、しかも真実の意味での愛国者であった。彼は、大和や武蔵のような巨大戦艦を建造すべきでなく、その代り飛行機を無数につくって、航空機中心の海軍を建設すべきであると、「新軍備計画論」で主張した。当然のこととして彼は、頑陋で反動的な艦隊派の提督たちと真向から対立し、その結果、彼は左遷されてしまった。（『自分流に考える』171頁）

もし、第二次大戦前に海軍首脳部が井上の主張を受けいれていれば、「少なくともミッドウェー海戦は負けなかったであろう」。

以上からもわかるように、井上の「新軍備計画論」のエッセンスは、世界の他の国よりも一歩すすんだ発想にもとづく国防策を講じよという点にある。（同前、１７３頁、傍点原文）

森嶋は、自分のソフトウェア国防論ならびにその延長に説かれる死力を尽くした果ての降伏に際しての対露白旗降伏論は、井上新軍備計画論のエッセンスを引き継ぐものだというのです。遠回しに、自分の論はいわゆる戦後民主主義なるものとも、平和主義、護憲論なるものとも、無縁だといっているのです。

†経験と合理的推論のみに基づく森嶋の論

その降伏論がどこから来ているかを補うものに、彼の学徒兵としての九州の大村航空隊での暗号解読担当少尉としての体験を記した自伝「忘れかけていることなど」がありますが、そこには、日本の軍隊が、１９４５年8月15日の「終戦の詔勅」の玉音放送の後、いかに一気に、無秩序状態を呈し、無惨に、廉恥心のかけらもなく、崩壊していったかが縷々語られています。

ですから、私がこの森嶋の論をここに掲げておくのは、ただ一つの理由からです（ちなみこの自伝のタイトルは、前年に雑誌『諸君！』に連載された江藤淳のエッセイのタイトル「忘れたことと忘れさせられたこと」を意識した可能性があります。そのばあい、意味は、人は「忘れ」も「忘れさせられ」もしない、ただ「忘れかけ」たことをおぼえているだけだ、となるでしょう）。

私は、以前から、森嶋に名高い非武装中立の主張とソ連に対する戦わずしての整然たる降伏の論のあることを、いくつかの著作を通じて、知っていました。それは、間接的に見聞するところ、徹底した非武装中立と非戦闘降伏の論のようでした。ですから、当然私は、長いこと森嶋が、憲法9条の平和主義、全面講和論、護憲論につらなる非武装中立論者で、ことによればガンジーにも通じる積極的な非暴力主義者なのかもしれないくらいに思っていたのです。

しかし、この森嶋の非武装中立論、非戦降伏論が私たちに教えるのは、彼が絶対平和主義や憲法9条の平和条項や戦後の民主主義に則って、その論を考え、構築しているのではない、ということです。事態は逆なのです。

つまり、非武装中立、非戦闘降伏の論は、必ずしも、憲法9条の平和主義、護憲論とは何の関わりもなく、日本の戦前の失敗と敗戦の教訓だけから、合理的に立論されうる。何よりもそのことを、この森嶋の論は、私たちに雄弁に示唆しているのです。

†護憲論がむしろ足枷に

1979年、解釈合憲システムに蚕食されて、革新派護憲論の内実はぼろぼろでした。高坂、永井、猪木らの保守（平和）護憲派、関、岡崎、福田恆存らの保守（再軍備）改憲派、さらに清水、江藤らの反米・対米自立志向改憲派の攻勢の前に、丸山眞男以来の憲法9条の平和論、護憲論は、守勢一方でした。

おまけに、84年には、「非武装・平和中立への道」を掲げてきた社会党が、自衛隊「違憲・法的存在」論を公式見解とするに至ります。非武装中立は、①反核・軍縮の戦い、②連合政府による安保解消、③自衛隊の縮小・解体の三段階をへて達成されるが、このうち、①と②の段階では、「違憲」の自衛隊が自衛隊法などによって「法的」に存在している（非違憲存在＝合憲存在である）として、自衛隊の事実上の承認――革新陣営流の解釈合憲論――に道をひらくのです（原彬久『戦後史のなかの日本社会党』208～209頁）。護憲論一般が、その非武装中立の論を含んで、もはやフリーズの状態にあり、解釈合憲システムに太刀打ちできないのは誰の目にも明らかでした。

しかし、そういうときに、まったく異なる場所から、この森嶋の非武装中立の論は現れます。それは、「平和論」としてではなく「国防論」として発想され、「軍事的国防論」に対し、それではもはや「国家防衛」はできない、そのためには「非軍事的国防論」という新しい考え方が必要になる、と主張するのです。

この関・森嶋論争の5カ月後、カナダの大学での授業で鶴見俊輔が、この論争をカナダの大学生にこう紹介しています。私はこの講義をたまたま贋学生として受講していて、カナダで知りました。今読み返してみると、鶴見の紹介は、当時の受けとりの水準を頭抜けたものであったことがわかります。

一九七九年に、森嶋通夫と関嘉彦という二人の経済学者のあいだで論争がありました。関嘉彦は戦争中の時代に河合栄治郎の忠実な弟子として、軍国主義に対する批判者の道を貫いた人ですが、戦後には日本のためにはっきりした再軍備の道をとることを勧めました。これに対して森嶋通夫は、これはより若い経済学者で、ロンドン大学の教授をしている人ですが、外国軍事力による侵略があった場合、日本人は組織だった降伏の道をとるべきである、と説きました。それが日本人にとって最も損害を少なくするであろう、というのです。関嘉彦の議論には誠実さと道徳的勇気がありますが、森嶋通夫の提案は、六〇年代と七〇年代の日本人のくらしぶりと、よりよく合っているように私は感じます。（鶴見俊輔「くらしぶりについて」〔1980年3月13日講義〕、『戦後日本の大衆文化史』210～211頁）

ここにはこのときの保守的改憲論のもつ「誠実さと道徳的勇気」と非武装中立論のもつ平和な「くらしぶり」への防衛意思が対比されています。いまなら、私は、この鶴見の指摘のその先に、こうつけ加えるでしょう。この森嶋の非武装中立論に、憲法9条、護憲、戦後民主主義の語彙の限りでの平和という言葉が、一語も現れていないことに注意しよう。そのことに私たちは驚くべきです、と。

その意味で、森嶋の論は、空前絶後の論でした。それは、日本に今後、非武装中立の論、平和主義の論が作られるには、これまでの護憲論はむしろ足枷になる、という新しい逆説的な事態が生まれつつあることを、知らせるものでした。

第Ⅲ部

冷戦終結から日本の閉塞へ
——1990年代以降

1991年、湾岸戦争。イラク領内に進攻した米空挺師団の兵士（photo ⓒ ロイター=共同）

第4章

冷戦以後の日米安保

1　なぜ日本の対応は遅れるのか

さて、話を1980年代末に戻しましょう。この時期、日本の立ち後れは、すでに冷戦終結の何年か前からはじまっていました。

最初の問いは、こうです。

なぜ、1980年代の末には、日本企業がアメリカの象徴をなすロックフェラーセンターやハリウッド映画を買収するまでに突出した経済力を見せていたのに、バブルの崩壊を機に、日本経済は長い停滞期に入ってしまうのか。

一つは、米国の巻き返しです。

さまざまな理由があげられるでしょうが、日米の関係で見ていくと、日本停滞の第一の起点となるのが、1985年9月のプラザ合意です。問題はこれが、経済というよりは政治要因によっても起こっているということです。

これを機に、当時およそ1ドル240円だった円ドル為替レートが、1年のうちに、1ドル140円くらいにまで円高に変わります。これで、どんな影響が起こるかといえば、ドル建ての日本購入の米国債、つまり日本へのアメリカの借金が、約四割も価値を失ってしまうと同時に、日本からの輸出品が、約四割も値上げになってしまうことを意味しています。当時、日本は世界最大の対米債権国でした。アメリカの赤字の大きな割合を、日本がその国債購入でささえていたのでしたが、これがすべてドル建てでした。『マネー敗戦』の著者吉川元忠は、日本が米国の「八〇年代前半の長期国債」を「そのまま保持していれば」「九五年四月の円高のピーク時には約七割も価値を失い、九五年以降の相対的ドル高の期間においてさえ、四割以上も減価している計算とな」り、これは「為替差損とひと言で片づけるにはあまりに巨額な国富の消失」だったと述べています(『マネー敗戦』11頁)。吉川によれば、これは購入した米国債をすべてドル建てのままにした日本政府、大蔵省(当時)の失策です。しかしそこに日米同盟、従米基調という無言の基本文型の強制力が働いています。ドイツなどはこの危険を察知し、EU創設に動きます。

「極論すれば、アメリカが債務を負う相手国の国力を殺ごうと思えば、為替相場をドル安に誘導するだけでこと足りる。そうであればこそ、ドイツを初めヨーロッパ諸国は、『ドルからの自由』を求めてユーロを創設したのである」(『マネー敗戦』11〜12頁)。

単なる為替差損としても、これは、85年9月からの1年あまりで、日本で72万円する小型車が、それまでは関税がかかるまえの値段で3000ドルだったのが、1年でおよそ5140ドルにはねあがった計算です。これらをとっても、どれだけ日本経済が打撃を受け、米国市場で日本の企業が不利になったかがわかるのですが、具体的に、このとき日米間でどのようなことが起こっていたのか。このプラザ合意の特異さと、それが日本企業の業績を凹ませ、アジア産業の進出に太刀打ちできなくさせ、ひいては日本産業の空洞化が生じるまでの理由を、私に得心のいくかたちで教えてくれたのが、先にあげた——経済のではない——外交の専門家、孫崎享《うける》の説明です(『戦後史の正体』)。

†アメリカの新通商戦略

孫崎は、日本の停滞は、1980年代、貿易赤字(経常赤字)と財政赤字の「双子の赤字」に苦しむアメリカが、85年9月に打ち出した二つの経済政策が、はじまりとなったといいます。

一つは新通商戦略です。それまで米国との貿易紛争での米国の要求は、70年代初頭の繊維にはじまり、鉄鋼、自動車と広がって、日本を苦しめるようになるものの、その言い分は、貿易で赤字になるのは米国が悪い、米国産業に競争力がないからだ、しかし競争力をつけるまで「若干の猶予をくれ」、輸入制限をするかも知れないし、輸出自主規制を要請するかもしれないが、理解してくれ、という比較的に「真当な謙虚な」ものだったといいます。

たとえば81年の自動車の輸出制限の要求などは、そうしたものです。しかしそれが、この80年代なかばの新政策への転換を機に、米国の産業が負けるのは、米国が悪いのではなく、相手国が悪い、「市場閉鎖など不公正なことを行なっているから」だ、「不公正な制度」には「米国政府自身が特別チームでも作って」叩くことにしよう、という理不尽で攻撃的なものに変わります。このやり方で、以後、米国は日本に米国の半導体を無理に買わせる協定を結び(86年)、通商法301条で、パソコン、カラーテレビなどに100%という高関税を課し(87年)、規制をさらに強化するスーパー301条を可決し(88年)、ついには日米構造協議の開始を決定します(89年)。

非関税障壁というこれまでにない概念を捏造し、米国の製品の輸出、産業の進出がうまくいかないのは、日本の産業構造に問題があるからだ、その非関税障壁を「協議」して

「是正」しよう、に変わるのです。

†プラザ合意と日本の低落

また、もう一つ、こちらが主因ですが、プラザ合意があります。その特異さに政治的要因がからむというのは、こういう話です。

米国はドル高のために貿易赤字に苦しんでいました。ですから、競争力を高めるためには、「ドルを切り下げすればいいだけの話」だったのですが、レーガン大統領は「ドルを切り下げると国民の支持を失う」と考え、ドルはそのままに、「主要非ドル通貨」である「円」のほうの切り上げを日本に求めます。1985年6月にベーカー財務長官が来日して中曽根首相、竹下蔵相と協議し、あらかじめ同意をとりつけ、米国は9月のプラザホテルでの先進五カ国蔵相・中央銀行総裁会議で、「主要非ドル通貨の、ある程度のいっそうの秩序ある上昇」に向けて五カ国が「密接に協調」するという合意をとりきめます。合意はほんの20分で決します。これがプラザ合意で、その結果、「主要非ドル通貨」である円（だけ）の切り上げが決まるのです。

しかし、このときの大蔵当局の円高ドル安幅の見通しが甘かったことに加え、「主要非ドル通貨」ではないほかのアジアの国の通貨は、「そのまま」だったことから、「このときから日本製品はアジア各国の製品に対して競争力を失い」ます。「中国、韓国が優位に立ち、日本の企業もどんどんＡＳＥＡＮ諸国に進出」します。こうして「日本経済の空洞化が始まった」、というのです（孫崎前掲、２９４〜３０１頁）。

このアメリカとの交渉当時、通貨を所管とする大蔵省と貿易を所管とする通産省とのあいだには連携がありませんでした。そのため、事の真相を把握する人材に事欠いたのでした。「反対者は」いなかったそうです。その後、「円高が予想以上に進展して」、ことの重大さに気づいたときはもう遅く、日本は巻き返しに動いたものの「ベーカー財務長官はガンとしてゆずりませんでした」。

孫崎は、同じようなことが、88年の銀行のＢＩＳ規制（バーゼル合意）でも起こったといいます。日本の銀行をターゲットにアメリカは、国際業務に携わる銀行の条件として総リスク資産に対して自己資本比率８％の保持を義務づける方向に動きます。当時日本では倒産など少なかったので、そもそも日本の銀行は自己資本比率が低かったのです。しかし吉川によれば、８％に根拠はなく、「アメリカの銀行にクリアしやすく、邦銀に難しい数字が八％であったにすぎ」ませんでした（吉川前掲、96頁）。その結果、貸し渋り、貸しはがし、企業活動の停滞、不良債権の増大といった負のスパイラルが生じ、１９８０年代、世界の金融機関ベスト10に七行入っていた日本の銀行が、２００９年には、かろうじて第

9位に一行が入るまでに低落します（孫崎前掲、302〜304頁）。

30年の繁栄のツケと「失われた30年」への道

誰が悪かったのか、といえば、特定の個人を見つけることはむずかしい。そのくらい、政府全体として、問題を長期的に広い視野で考える態勢がありませんでした。そのことを嘆くわけにはいきませんが、親米・軽武装・経済中心主義の30年の繁栄のツケとして、国ぐるみで米国漬け、ドル建て漬けになっていたというほかありません。

それで、銀行が資金の貸し出しに躍起になっていたバブル期のさなか、企業の業績が悪化へと転じ、お金が返せない状態が拡大し、銀行の不良債権も一気に深刻化して、バブルがはじける。以後、企業の倒産、海外移転、産業の空洞化、財政赤字の累積、少子高齢化の到来とあいまって、経済の停滞がはじまり、「失われた30年」へと道が開かれたのです。

余談ながら、このとき、先の森嶋通夫は、経済学者として、冷戦終了後、小さなエンジンしかもたない日本は自ら「風を吹かせ」なければ、前に進まず、停滞するしかないと予言し、政治と外交の力で「イノベーション」を起こす（「風を吹かせる」）べく日本、中国、南北朝鮮、台湾による東（北）アジア共同体の創設に動け、という提唱を行っています。「1994年秋頃より」そのような考えを明らかにし、構想を展開して示しますが（『日本の選択』1995年)、「反響は、驚くほどなかった」(『なぜ日本は没落するか』1999年、147頁)といわれるままに、事態は推移していきます。

一方、アメリカは、この日本の低迷を尻目に、インターネットによる通信革命の揺り籠をシリコンバレーに作り、その「イノベーション」を風に、米国一極化の勢いに乗じて、一気に世界の金融を動かす動力の提供先となり——2008年の金融危機まで——飛躍を遂げます。1980年代末から90年代初頭にかけて、日本は経済的に、アメリカの跳躍板となることで、自分自身はアメリカのキックを受けとめるかたちで蹴落とされるのです。

しかし、この本の文脈上、重要なことは、これとほぼ並行して、これと似たことが、政治の領域でも進行していたことといわなければなりません。ふつう「失われた20年」云々といわれると、私たちはそれを経済停滞として受けとめるのですが、同程度に深刻なことが、政治と外交の世界で繰り返されます。日米安保の「再定義」と呼ばれる、日米同盟の見直しをめぐる動きがそれにほかなりません。

†日米安保見直しの気運

先に示したように、1989年5月には、ソ連が日米安保を敵視しないと表明し、12月にはマルタ島で米ソ両首脳が冷戦の終結を宣言します。91年7月にはNATOもまた冷戦終結を宣言、新たな展開を示しますが、一方、冷戦後の新たな動きとして、90年8月にイラクがクウェートに侵攻、それを阻止するために侵攻から5カ月半後の91年1月、米国主導の多国籍軍がイラクへの爆撃を開始して、湾岸戦争が起こります。

戦争は3月にはイラクが暫定停戦を受けいれる形で終了しますが、このとき、日本が自分らの人的支援の要求に応じなかったことが米国の右派のジャパン・ハンドラーたちを硬化させたこと、クウェートが米国紙に掲載した感謝広告の対象国に日本が入っていなかったことをとらえて日本の従米派がこれに強く同調したことなどから、以後、米国の対日要求のギアが、一段とあがり、それが日米安保「見直し」の気運を高めるのです。

このとき、冷戦終結と中東での新しい戦争の勃発を受けて、米国内では「約半世紀維持されてきた」「安全保障政策の枠組みは、もはや不適切になった」という認識のもと、国防総省において、世界戦略の見直しがはじまっています。政策策定のもととなる対立軸が「西と東」の冷戦型から「北と南」の地域対立型に、また、そのありようが、核弾道ミサイル中心の〝重厚長大型〟から、ハイテク中心の〝サイバーウォー〟型に変わります（前田哲男『在日米軍基地の収支決算』32頁）。これを受けて、94年にはクリントン大統領の訪日に向けて、ジョセフ・ナイ国防次官補（国際安全保障問題担当）を中心に、新たな日米安保の枠組みの検討が開始されます。

これに対し、この世界の激動に対する日本の対応は、決定的に遅れます。まずやってきたのは、政界の再編でした。

1989年、昭和が平成へと改元されます。冷戦が終結し、91年1月の湾岸戦争をへて、12月、ソ連が解体されると、ほどなく起こるのが、社会党の大崩壊です。

これは、護憲論の基盤の崩壊が地上に液状化となって目に見えるものとなって現れたということでもありました。

†政界の再編——社会党の大崩壊

社会党の党勢伸長は、そのまま護憲論の浸透拡大と重なるのですが、50年代のなかばに左右両党の急激な党勢拡大があり（52年10月から55年2月までの2年4カ月間で、三度の総選挙をへて右派は衆院57議席から67議席へ、左派は衆院54議席から89議席へ、左右合計で衆院111議席から156議席へと増大を見ました）、55年10月、左右社会党の統一をへて、3分の1（165議席）に近い議席数をもつ野党の最大勢力となってから、途中、60年の民主社会党（民社党）の飛び出しがあったあとも、党勢は維持され、90年2月の時点で、この党は、なお136もの議席を保持していました。

それが93年7月の総選挙で、一挙に70議席へとほぼ半減すると、その後、細川、羽田両非自民連立内閣への参加、村山自社さ連立内閣の成立を見たあと、自衛隊合憲、日米安保堅持へと急場しのぎの「政策大転換」に踏み切り、社会民主党に党名を変更、その後、約半数が新党「民主党」に離脱することもあり、わずか6年にして、96年10月の総選挙での15議席へと激減してしまうのです。

†護憲論退潮のプロセス

この社会党の退勢を護憲論退潮の一つの指標として見るなら、憲法9条をめぐる社会党の主張は、次のような経過をたどり、変化してゆきます。すなわち、

49年12月　平和三原則（全面講和・中立堅持・軍事基地反対）を決定。
51年1月　平和四原則（右に再軍備反対＝非武装を追加）を決定。〔第七回党大会〕
53年4月　総選挙で、保守陣営の改憲の主張に対し護憲を掲げて反対。
54年1月　憲法擁護国民連合に参加（左右社会党）
55年10月　左右社会党合同。衆参両院で改憲阻止に必要な3分の1の議席数を単独確保、護憲勢力を国会で確立。

しかし、上げ潮はここまでで、59年の選挙での党勢停滞をきっかけに、再軍備を容認する最右派が離党。以後、停滞、減少へと転じます。

60年1月　右派の一部が離脱し民社党を結成。社会党は以後、非武装中立の主張で左右一致。

66年1月　「非武装・平和中立への道」（絶対平和・非武装中立／社会党政権成立後、日米安保を解消し、自衛隊を解体する）を発表。

これは従来の主張をはっきりと明記した基本文書（石橋構想）で、一見、勇ましいのですが、左派は、実現までのプロセスを加えることで、政権成立にいたる期間の安保と自衛隊の実質的容認につながると主張して反対します。そしてその後、事態は、左派の懸念通りに展開します。

84年2月　自衛隊「違憲・法的存在」論を採択。自衛隊の存在を実質的に容認。

87年8月　安保、自衛隊を「現実に存在する事実として認める」旨の山口書記長見解を発表。

ここに、明記されてはいないものの、同じ論理で、「日米安保の維持」も実質的に容認されます。そのことがあって、自社さ連立内閣が成立し、左派の村山富市が6月に首班に任命されると、

94年7月　「政策大転換」。村山首相、自衛隊の合憲、日米安保の堅持を、国会答弁。
95年5月　「1995年宣言」で、自衛隊の合憲、日米安保の堅持を社会党として、正式決定。

ある女性作家の小説のタイトルをなぞっていえば、「号泣する準備はできていた」。ということで、冷戦終結を節目に、戦後50年目にして、非武装中立を掲げ、護憲論の牙城であった社会党は、その主張をあっけなく取り下げます。

これに伴い、護憲論は、その当初の、護憲派政権の成立後、「日米安保を解消し、自衛隊を解体する」という「絶対平和・非武装中立」政策のプログラムをもつ政治的勢力を失います。

では、どうすべきか。

護憲論は、ここで一大岐路に立たされたはずでしたが、この問いを引き受ける政治勢力は、すぐには姿を現しませんでした。

†日本政府の対応の鈍さと、新しい路線の模索

一方、この間、日本政府は日米安保の「見直し」にどう対処していたのでしょうか。

1994年2月、前年38年ぶりに成立した非自民連立内閣の首相細川護熙が、「世界に率先して軍縮のイニシャティブをとる」という大いなる触れ込みで、防衛問題懇談会（座長樋口広太郎、一名、樋口委員会）を設置しています。しかし、その後、細川は首相の座を離れ、この懇談会の報告書は、短命の羽田内閣をへてその次の首相となった社会党の村山富市にあてて、8月に提出されます。そしてそのときには、それは、「日米安保を当分の間、堅持する」といった新味の乏しい、尻すぼみのものとなっています。先の湾岸戦争での試練をへたあとの政局混乱、そして新しい政権与党である社会党の「政策大転換」が、この時期の日本政府の動きをひときわ鈍いものにしてしまうのです。

じつは、日本の社会全体としては、このとき、冷戦終結後の日本の政治と外交を見すえた注目すべき提言が、踵《きびす》を接して世に現れていました。世間の耳目を引いたのは、先に青嵐会を立ち上げた保守改憲派の石原慎太郎が共著のかたちで上梓した『「NO」と言える

日本』（89年）だったのですが、これは内容的に負け犬の遠吠えにも似た第二次の改憲論のままの主張で、新味のあるものではありませんでした。

いまの目から見て、注目すべき提言と受けとられるのは、この石原に対し、米国中心主義から国連中心主義への転換を具体的に提案したイギリスの知日派、ロナルド・ドーアが公刊した『「こうしよう」と言える日本』（93年）であり、同じく新しい自主外交の可能性を国連中心外交の方向に求めた小沢一郎の『日本改造計画』（93年）であり、さらに先の非武装中立、無抵抗降伏論の延長で、その自主外交の目標を「東アジア共同体」の創設というかたちで具体的に方向づけようとした先出森嶋の『日本の選択――新しい国造りにむけて』（95年）であり、そして今後の日本の課題を憲法9条から切り離して日米安保解消に収斂させた都留重人の『日米安保解消への道』（96年）でした。

もはやこれまでのように護憲論によるのではない、新しい日本の平和的自主外交の路線確立に向けての模索が、はじまろうとしていたのです。

†冷戦終結後のアジールとしての日米安保＝護憲論

じつは私もこのとき、「敗戦後論」というものを雑誌（『群像』）に発表して、反戦や非戦や平和追求の理由を「平和憲法の存在に求める」というのは転倒であって、この転倒を終わらせるために、もう一度9条を中心とした「憲法の選び直し」をしなくてはならない、と書いています（1995年）。もう護憲論のスタンスでは、冷戦終結と湾岸戦争以降の事態に対処できないと思ったからです。

しかし、この時期に現れた注目すべき日米安保見直し、非武装中立見直し、護憲一辺倒見直しの論は、あるいは当時の社会に受け取られず（ドーア、森嶋、都留）、あるいは受け取られても、受け入れられるところまではいたりませんでした（小沢）。私の論も、左右両陣営から批判され、四面楚歌となりました。

理由は明らかです。この時期、もっとも力をもっていたのは、日米安保解消にはふれずに護憲を掲げる、日米安保＝護憲論だったからです。このことは、長年の親米・軽武装・経済中心主義路線の果て、保守本流（ハト派）の長年の解釈合憲システムが、最後に冷戦終結後の日本社会という次の走者にさしだしたバトンが、この日米安保＝護憲論だったことを示しています。94年6月、非自民連立内閣の瓦解をへて、誰もがあっと驚く自社さ連立内閣が成立できたのも、そのためでした。

このときの自民党総裁は、ハト派色の強い河野洋平で、やはりハト派の後藤田正晴らと党基本問題調査会を設置して、「改憲色を抑えた」新宣言を準備しています。自民党には当時、この年の6月の（社会党村山への）首班指名選挙でも党議決定に造反した渡辺美智雄を筆頭に30名ほどの改憲派がおり、この新宣言も結局彼らの反発で内容を薄められるのですが、河野らがこの新宣言でめざしていたのは、この先の政界再編に備え、「現行憲法の自主的改正」を掲げた1955年の「党の政綱」を〝上書き〟することで「歴史的文書としてお蔵入り」させてしまうことでした。

その意味では、先に自民党を飛び出した新党さきがけの代表も中道ハト派の武村正義であり、社会党左派にもかかわらず首班指名されて連立に参加した村山富市による安保堅持・自衛隊合憲への「政策大転換」も、この日米安保・護憲路線に合流するため行われたものといってよく、このとき、日本共産党を除く全政党にとっては、この日米安保＝護憲論こそが、冷戦終結後の避難所（アジール）として映っていたのです。

†小沢一郎の「日本改造計画」

ちなみに、このときの政界の内実にふれて書かれた佐々木芳隆の『新秩序への道——多国間安保と日米同盟』には、自民党のもと首相竹下登のこんな発言が記録されています。

「（前略）さまざまな議論があるだろうが、九条は人類永遠の平和の中で貫いていく理想的なものがあると僕は思っているんだ。（中略）日本が今後も不戦の理想を掲げていけば（中略）『普通の国』とは違い、『ハンディキャップ国家』にならざるを得ない。（中略）（しかし――引用者）本当は世界全部が不戦国家になった方がいいと思うんだよ」（『新秩序への道』307～308頁）

この『新秩序への道』という本は、朝日新聞記者の佐々木芳隆が、さまざまな日米要人にインタビュー取材を行い、1995年3月に刊行したものですが、この本の記述から、憲法9条、日米安保をめぐる当時の日本政界の受けとめ方が浮き彫りになってくる点、興味深い記録となっています。ここで「普通の国」というのは、先出の小沢一郎の『日本改造計画』での国連中心主義外交に向けた改憲論をさしています。小沢は、そこに、第3項として自衛隊の国連待機軍参加を明記した憲法9条の改定を提案しています。曰く、

3　ただし、前二項の規定は、平和創出のために活動する自衛隊を保有すること、また、要請を受けて国連の指揮下で活動するための国際連合待機軍を保有すること、さらに国連の指揮下においてこの国際連合待機軍が活動することを妨げない。

竹下は、この政敵小沢の提案を念頭に、日本は（「普通の国」ではなく）「ハンディキャ

ップ国家」である「不戦国家」として今後も生き続けるのでよいのではないか、といいます。著者佐々木の目に、このとき、こう発言する竹下、また「自衛隊の海外派遣には反対」が「持論」の橋本龍太郎（連立内閣に通産相として入閣、その後、首班）らは保守護憲のハト派と見えており、その一方、そのラインから離れた小沢の志向はタカ派的なものと見えているのです。彼は小沢の改憲案を引いて、「これは、自衛隊の海外における武力行使を容認することを意味し、ひいては日本の軍事プレゼンスを紛争地に送り込むことにつながる」と警戒しています。

しかし、いまの目から見ると、湾岸戦争時、自民党幹事長として海部俊樹首相の頭越しに自衛隊の海外派遣要求をめぐり、「ミスター外圧」といわれた当時のアマコスト米国大使とサシで真剣勝負のやりとりしたことが、その後の小沢を、日本の政界から一人浮き上がる存在にしてしまったことは否めません。

このとき、小沢は、戦争か否かの土壇場で、いったん〝キバを剝いた〟米国の要求をはねつけることがどれだけ困難か、しかし、そこでなお国益を守ることができなければどのように国を過つことになるかを、誰にも伝えられない緊迫度で、体感したのでしょう。そして、その彼とその他の保守政治家たちの「落差」が、その後の彼の自民党からの離脱、度重なる政界再編の策動、国連中心主義への接近へと促し、同時に彼を日本の政界のなかで、孤立させていくことにもなったのだろうと思います。

小沢の主張は、93年の「普通の国」をめざし「日米を基軸に平和維持を（日米安保を基軸に国連中心主義外交を）」という日米基軸（『日本改造計画』）から、99年の「憲法の改正」をテコに「アメリカを説得して」「国連常備軍の創設を」（「日本国憲法改正試案」『文藝春秋』1999年9月号）という対米説得へ、さらに2005年の「国際連合における正統な意志決定に基づく安全保障活動と（米国主導の多国籍軍などの――引用者）その他の活動を明確に区分し、後者に対しては日本国民の意志としてこれに参加しない」という対米相対化の見解（民主党「憲法提言」）をへて、2009年には、日米地位協定の改定、米軍基地の見直し、東アジア共同体の提唱（民主党選挙「マニフェスト」）を行うまで、対米自立の色合いを深めていきます。その足取りは、彼が日本の政界に生きる政治家であるだけに、重みのあるものとして受けとるべきと思われます。

しかし、この年、政権交代し、民主党政権を実現したのち、これを実行しようとして米国ならびに国内親米派の妨害にあって、頓挫します。

†日米関係の変質と対米自立という課題の浮上

では、湾岸戦争後の小沢とほかの保守政治家たちの認識の「落差」とは何だったのでしょうか。それは、今後の日本政治のさらなる展開にとって一番の課題が、対米自立になるという認識の深浅だったはずです。

この時期のほかの多くの保守本流の政治家たちが、これまで通り、親米の日米安保堅持のまま、何とか護憲を防波堤に、平和志向の経済繁栄路線を追求できるのではないか、と考えていたとき、小沢だけは、東西冷戦終結をへて、ソ連という抑止力を失った世界でいつでも〝キバを剝ける〟ようになった米国を前にして、もはや冷戦期の日米安保＝護憲論では国益を守りきれない。そのためには、憲法9条に代わる防波堤が必要であり、また、たとえ時間がかかっても、はっきりと対米自立、日米安保解消へと舵を切る政策の構築が今後は必要になる、と気づいていたのだと思います。

そのために新たに防波堤として呼び入れられたのが、日米安保と憲法9条の双方のメタレベルに位置する国際連合憲章で、そこから彼の国連中心主義と東アジア外交が発想されたのでしょう。

ただ、その思いをはっきりと国民に示すと、米国、国内従米派がこぞってつぶしにかかってくる。そういう政治的思惑から、その対米志向を従米志向とも受け取れる「あいまいな形」で提示したのが、彼の日米基軸の「普通の国」発言で、そのため、その主張は、再軍備に向けた戦前型国防論ないし、重光的な第一次の改憲論に類したタカ派的なものと、警戒の念をもって社会に受けとられても仕方のないものになったのだろうと思います。

ただし、ここにあるのが、日米安保＝護憲論の枠をどう克服するか、というまったく新しい課題だったと受けとれば、事態は違った構図のもとに見えてくるでしょう。それは、先の永井の戦後国防論議の配置図でいえば、同盟－自立のタテ軸と戦争－福祉のヨコ軸のいずれを、国論を二分する基軸として見るか、という新しい二択枠の浮上を意味しているからです。

日本の国防論ないし平和論の布置は、1960年前後を一つの契機として、タテ軸重視（対米自立）からヨコ軸重視（経済成長）に変わります。それが、「安保反対」では国民運動にならなかったが「民主主義を守れ」に重心が移ってはじめて国民運動になった、という坂本義和の観察が語っていたことであり、米帝打倒から日帝打倒へとシフトを変えるべきと述べた姫岡玲治（青木昌彦）の主張が、吉本隆明に新鮮なものと映った理由でもありました。

しかし、冷戦終結以後の30年に近い日本の動きが教えるのは、このとき、90年前後を境に、日本社会を動かす主な動因が、それまでのヨコ軸（軍事志向か平和志向か）重視の布置から、新たに再び1950年代と同様、タテ軸（日米同盟か対米自立か）重視の布置に戻ったことではないでしょうか。

もはや、米国と同盟関係にあることの意味が、これまでのようではなくなろうとしていました。冷戦終結が、それを許さないのです。日米安保の意味が、これまでの「親米」から「従米」へ、これまでの「保護」から「収奪」へと、一段とむきだしになり、ギアが上がろうとしていました。

†都留重人のいち早い反応

その変化に、リベラルで護憲を標榜するメディアや知識人たちは、十分に気づいていなかったきらいがあります。また、いち早くこのことに気づいた先鋭な護憲派の論者たちも、この変化が護憲論の更新を必要とするとまでは考えませんでした。

この時期の変化にいち早く反応した例外的な革新派知識人に都留重人(1912―2006)がいます。彼は、米国政府の新政策準備のために日本に送り込まれたジョセフ・ナイの動きに対抗するように、まず、96年の2月に『なぜ今、日米安保か』という小冊子を発表し(岩波ブックレット)、12月にはこれを拡充して『日米安保解消への道』を刊行します。しかしその12年前、彼の朝日新聞社顧問辞職のきっかけが日米安保への批判でした。その事実が、これらの本の注記を読むと、出てきます。

都留は、後に示すように、この時期、米国が準備し、提示してくる日米安保条約の「再定義」案、一名「ナイ・イニシャティブ」に、日本政府が正面から向きあい、むしろ日米安保条約解消へと動くべきことを主張し、その手がかりの一つとして朝日新聞の社説特集を取り上げるのですが、そこに記された朝日の日米安保批判は、じつはようやく踏み出された一歩でした。

というのも、都留は、75年から10年間その職位にあった朝日新聞「論説顧問」の地位を1984年12月に辞すのですが、その退職のきっかけは、その年(1984年)の5月に書いた「日米安保の見直しを!」と題する一文だったからです。都留がその文で「安保離脱」に言及したところ、「社論」と違うという異論が示されます。「デスク全員、外交防衛担当も同意見です」というコメント付きで、当時の論説主幹からそのコラムが掲載拒否とされるのです(『日米安保解消への道』注記、138~139頁)。

†「日米安保＝護憲」図式との衝突

ほどなく『世界』に掲載されたその文を読むと、そこで都留が憲法9条と日米安保のいずれを取るか、それを「われわれがなしうる時間的限界」を「この先二、三年以内のこと」と見ていたことがわかります。都留は、その選択の基本的条件を、レーガン政権下、増大するアメリカの対日要求に「日本が追従するか、それとも平和憲法(中略)に能動的な役割をになわせるか」の「綱引き」にあるとして、課題は、「端的に言えば、私は、日本を軍拡に巻きこむていの日米安保からの離脱であると思う」(傍点原文)と記します(「日米安保の見直しを」『世界』1984年8月号、14頁)。この「日米安保からの離脱」が社論と違う、全員同意見だといわれ、朝日新聞をやめたのでした。

このことから、このとき、朝日新聞社が、従米基調で安保堅持のまま護憲的なスタンスを共存させていくことが可能だという見通しをもっていたことがわかります。つまりは59年の砂川判決批判の社説の位置から、変わっていなかったわけです。しかし、その後、冷戦終結をへて、日米安保は、「専守防衛」という自衛隊と憲法9条との〝合意点〟を否定するまでになります。これまでは自衛隊の専守防衛が、日米安保と憲法9条の綱引きの中間点だったのですが、以後、米国が自衛隊によりいっそうの世界展開への参加を求めることで、自衛隊と憲法9条のこれまでの〝共生関係〟が壊れるのです。

80年代のなかばには、リベラル紙の朝日新聞ですら、日米安保の「離脱」、「解消」を社の見解として語ることはタブーでした。しかも、そのような「社論」が厳然として存在していたことに、10年来、ほとんど「主筆」空席の時期にあって論説主幹に並ぶ最高権威をもつ朝日新聞論説顧問の地位にあった都留も、気づかなかったというのです。こういう事実を知ると、80年代後半、すでに日米安保の「見直し」が、日本がいいだして、行われにくい状況にあったことがわかります。また、その背後に、こうした朝日新聞社の姿勢に示される――日米安保＝対米追従ならぬ――日米安保＝護憲という意外な等式が横たわっていたことに、気づかされるのです。

2　久保卓也の「積極的平和主義」

ここで私たちは、こう問うてみる必要があります。この「日米安保＝護憲」図式は、どういう国防意識を背景にしていたのでしょうか？　そして、堅固な国防構想にとって「対米追従＝日米安保＝護憲」以外の選択肢はなかったのでしょうか？　以下、１９５０年代以降80年代にいたるまでの、日米安保と日本の国防意識の推移をたどってみることにしましょう。

１９５４年6月、防衛二法（防衛庁設置法、自衛隊法）が衆議院を通過し、7月に自衛隊が発足すると、かねて再軍備のために改憲を唱えていた鳩山一郎は、ちょっとした苦境に陥ります。というのも、ようやく吉田から政権をもぎとった直後の１９５５年2月の総選挙で、最も中心的な主張となるはずの改憲・再軍備の主張が、これですっかり栓の抜けたサイダーのように、間の抜けたものとなってしまったからです。

改憲がなくとも9条の解釈で防衛二法が通ったのなら、改憲はさし迫って必要ではない。なぜ改憲が必要なのか、という声に対し、鳩山は、自衛隊は違法ではないが、憲法違反の疑いが残る以上、しっかりと改憲して防衛力の保持は問題ないと明記するほうが「日本の防衛の実があがる」という、現在にも引き継がれるていの苦しい弁解を強いられます。そのことがあってかどうか、選挙結果も、保守派は民主党と自由党を合わせて3分の2に満たない297議席に終わり、以後、長きにわたり、憲法改正の道が閉ざされることになるのです。

†「必要最小限の戦力」とは何か

これが、以後、改憲論に代わり、先の解釈合憲システムが生まれてくる前史です。じじつ、政府による解釈合憲方式の見解提示は、防衛二法の半年後、1954年12月にはじまっています。これをまとめて、当時の林修三法制局長官は、こう述べます。9条1項においても、自衛権は固有の権利として認められている。それに照らせば、2項の戦力不保持は、国の自衛のために「必要な限度においてもつ」自衛力は禁止していない、と解釈される、と。

このとき、自衛隊合憲の解釈には、二つの考え方がありました。一つが、右の解釈で、もう一つが、先に改進党の芦田、重光らが主張した解釈です。自衛目的のための軍備は、9条2項の「前項の目的を達するため」という芦田修正により、第2項の定める戦力不保持にあたらない、というのです。これだと、「必要な範囲で」という「限度」は関わってきません。自衛のための戦力がそのまま（限度にかかわりなく）合憲とみなされます。しかし、この改進党の解釈は、このときの衆議院予算委員会での審議で、重光らの強硬な主張にもかかわらず、採用されません。歯止めが必要だと、誰にも考えられたからです。それで、以後、この内閣法制局の解釈が、政府解釈の公理の位置にすえられるようになります。

そのようなわけで、60年代以後、70年代にかけて定着を見せる解釈合憲システムにとっては、この「必要最小限の戦力」という歯止め概念が、大きな意味をもつことになります。この一点を足場に、自衛隊の存在が合憲化され、また、両国が「自国の憲法上の規定及び手続に従って……対処する」（第5条）ことを定める日米安保条約もまた、合憲へとつなぎとめられるからです。そのため、このシステムの導入は、自衛隊を司どる防衛庁に、たえず「必要最小限の戦力」とは何か、という問いをつきつけるものとなりました。

†解釈合憲システムを支える理論的構築の試み

ところで、このような観点に立つことではじめてわかるのですが、防衛庁の内部では、このとき、こうした国防の考え方を論理化し、政策化する、解釈合憲システムをささえる理論的構築の動きが、並行して進んでいました。

日本の国防は、当初、1957年、基本方針の制定とともに防衛計画の大綱が策定されるはずでしたが、防衛について国論が二分される状況のなかで、見送られ、代わりにより具体的な、さしあたり米国の要求を満たすことを優先した、防衛力整備計画が進められます。そして、この防衛力整備計画が、3年から5年を単位に、以後、一次防（第一次防衛力整備計画、58〜60年度）、二次防（62〜66年度）、三次防（67〜71年度）と続き、四次防（72〜76年度）まできたあたりで、一つの壁にぶつかることとなります。

というのも、この四次防の策定では、70年に就任した中曽根康弘防衛庁長官が、ときに「買い物計画」（米国の提示する装備、武器、兵器等を購入することが主体の弥縫策）と揶揄されてきたこれまでの消極的態勢を改め、「自主国防」を標榜して「国防の基本方針」の改定をめざし、意欲的な防衛力整備計画案の策定を指示するのですが、1年半で退任。その後、全日空機雫石衝突事故（自衛隊機と衝突）、後任長官の不祥事、不況到来等が重なり、大規模予算の四次防は見直し必至の状況にたちいたるからです。

問題点は、大きく三つありました。一つは、予算が大きく膨らみ、増加一方の防衛費に国民が不安の念を抱いたこと、もう一つは、自衛隊内部にも、正面装備優先の計画が続くなか後方装備の遅れを指摘する声があがってきたこと、さらに、ニクソン訪中による「米中和解」で「緊張緩和こそ時代の趨勢であるとの認識が一挙にひろま」り、「日米安全保障体制への国民の支持」が低落したことです（田中明彦『安全保障』237頁）。

田中明彦によれば、外交において「親自由陣営」であるべきとした国民は、世論調査で、70年の45％から71年、72年には37％、それが73年には33％にまで低下、これに対し「中立」を志向する国民は、70年の29％から71年には32％、それが72年、73年には34％にまで上昇していました。背景にあったのは、圧倒的な軍事力で大国が小国を蹂躙しようとしていたベトナム戦争の影響で、72年にまた悪名高い北爆が再開されていました。

この戦争は75年にベトナムの勝利で終わりますが、73年、世論調査で「中立」志向の日本人は「親自由陣営」支持の日本人を凌いでいました。またこの年、アメリカを「好き」という日本人は、わずか18％にまで減少していました。

†久保卓也の新たな国防論――「常備兵力」構想

こうした流れを受け、「日米安保条約を見直す」ことを視野に、戦後の日本の現実に立脚する新たな国防の考え方が提出されます。1970年代の国際情勢を背景にこの任にあたったのが、当時防衛庁きっての理論家といわれた防衛局長の久保卓也(1921―80)です。この久保の構想を詳細に紹介している田中によれば、日本の防衛構想はこのとき、もう転換しなければならない地点にきていました(田中前掲、244頁以下参照)。

これまでの一次防から中曽根主導の四次防までの考え方は、「脅威対抗」型の「所要防衛力」構想と呼ばれました。これは、仮想敵であるソ連の「軍事力との対応で自らの整備能力を評価」したうえ、その「脅威」に対抗するのに必要な「有事所要兵力」をもって備えとする考え方です。しかし、相手の軍備増強にいちいち「対抗」するのでは、きりがありません。またこれだけの防衛力は「防衛費をある程度ふやした程度では」とうてい「達成」「でき」ません。

この従来の考え方に対し、久保は、現状について、まず、「日本をめぐる軍事的紛争の要因は差し当たってない。(中略)従って、プロバブルな脅威はないが、ポシブルな脅威は存在する」という状況にあると判断を下します。そして、日本は欧州、中東、朝鮮、台湾のように「プロバブルな」（現実にありそうな）事態が予想される諸国とは違う。ついては「今日予想される将来の脅威（軍事的能力）に十分応じうる防衛力又はそれに近いものを整備の目標とはしない」と述べて、「ポシブルな」（理論的に、あるいは理屈から考えて、ありうる）脅威しかない段階で必要な「常備兵力」の整備をめざす、という後の「基盤的防衛力」の発想につながる考え方を提示するのです（久保「防衛力整備の考え方（未定稿）」、一名「KB個人論文」71年）。

久保によれば、「仮に防衛費を増大し、有事所要兵力を保持することができても」それが「国民の防衛意識と協力度合いの低調、関係諸法令その他の国防基盤（必需物資の備蓄、民防衛等）が不備のまま」では、せっかくの「防衛力も効果が大巾に減殺され、国防体制としてのバランス」を失することとなります。彼は、日米関係の将来についても、「米国としては、世界の問題に関心は持ち続けるであろうが、その関与の度合いは減少し、また、介入の手段は軍事的色彩を薄め、政治的、経済的その他の手段を多くしていくのではあるまいか」と見て、その変化に応じた日米安保体制の見直しをはかるべきと説くのです（「日米安保条約を見直す」『久保卓也遺稿・追悼集』43頁）。

†理論的裏づけを得た「必要最小限の戦力」

この久保の「常備兵力」構想は、1970年代前半までは、従来のハード主体の「有事所要防衛力」の考え方が優勢のままの防衛庁内で不評を買い、採用されません。しかし、75年、久保が防衛庁の事務次官に返り咲くと、三木内閣で新しく防衛庁長官に就任していた坂田道太の支持を得て、76年、「基盤的防衛力」構想の名のもとに、この「平和時の防衛力」概念を基軸とする「防衛計画の大綱」がはじめて国の防衛指針として策定されます。

この久保の考えを、田中は、

「『ポシブルな脅威』しかない状況では、国民の防衛意識や協力を確立したり、抗堪性、補給能力の整備に重点をおいた方が効果的な防衛力となる、という発想」

と要約しますが（田中前掲、248頁）、これは、同時に、日本の防衛力整備の目的を、「力の真空を生むことを避け、地域の安定・平和維持をめざ」し、「他国に軍事的な干渉・侵略を躊躇させる程度の能力を持つ」ものと理論化したうえ、具体的に内容を示す、戦後最初の防衛理論にほかなりませんでした。この久保の「基盤的防衛力」構想により、吉田ドクトリンの解釈合憲システムにいう憲法9条の定める「必要最小限の戦力」は、はじめて日本の国防政策のうちにしっかりとした理論的裏づけをえて、概念化されたと見ることができます。

†能動的・積極的平和主義への転換

久保は、次期対潜哨戒機の国産化が田中内閣時に白紙還元されたことについてふれた発言が事実と違っていたことなどから、1年で次官の職を解かれますが、翌1977年にも、今度は国防会議事務局長として、戦後日本の「平和主義は、憲法上の解釈、そこから由来する非武装中立論、非核三原則、不可侵条約等の提案にみられるように、わが国は何々をしない、という受動的、消極的な平和主義」にすぎなかった、しかし今後は、「国際の安定と平和の創出のために何かするという」施策が必要になるとして、「能動的、積極的平和主義への転換」を説くようになります（真田尚剛「防衛官僚・久保卓也とその安全保障構想」『安全保障政策と戦後日本 1972～1994』93頁）。

田中が指摘するように、久保の「常備兵力」論の根本問題は、「必要最小限」の「常備兵力」からいったん事があったばあい、これをどう迅速に「有事所要兵力」へと拡大転換（エクスパンション）できるか、ということにあるのですが、久保の積極的平和主義は、明らかにこの〝はざま〟をどう埋めるかという課題への対処にあったと私の目には見えます。

この久保構想には、田中が指摘するように、「安全保障を軍事以外の活動によって補うという発想や、国の防衛体制のあり方は、根本的には『国民の選択』であるというような、『文民的』発想が見られ」、そのため、久保がそれを最初に打ち出したときには、「軍事常識に反するものであり、軍事力の本質と相容れない」と「防衛庁内部できわめて強い反発を呼ぶ」ことになります（田中前掲、249頁）。ただ、この拡大転換のアポリア（難局）を、久保は「適時、円滑にこの転移を行うためには、情勢の推移を判断しうる能力と、その判断に基づいて防衛力の急速整備をはかる政治力とそれをなしうる適当な期間とが必要」で、「この期間が短ければそれだけ危険性が大きき」いこと、また「そのギャップを日米安保体制に依存するとしても、米国の支援の程度について不確実さがあればそれだけ危険性が残る」点に見ていました（「KB個人論文」、田中同前）。

それを、「能動的、積極的平和主義」に立つ非軍事的施策の併用によって、米国以外にも、日本を安全に保った方が自国に有利と考える国を周囲にふやし、日本が侵略されにくいという抑止力を強化することで克服しようというのが、この久保の「積極的平和主義」の狙いでしたから、コトバこそ同じでも、この久保のめざす方向は、日米安保のもと、積極的に対米協力を行う、という趣旨の2015年に安倍内閣が提唱する「積極的平和主義」とは、だいぶ違っていました。

†セイフティネットを米国との同盟以外にも広げること

さて、ここで日米防衛協力のための指針、いわゆる日米ガイドラインに眼を転じると、日米安保が1951年に締結され、60年に改定されたあと、両国の防衛協力の指針は、78年のいわゆる「78ガイドライン」の発表ではじめて日の目をみています。そのあと、これが、95年の日米安保の「再定義」、一名「ナイ・イニシャティブ」をへて冷戦終結後の仕様へと大きく変えられるのですが、いまの私の目から見て意味深いのは、次の三点です。

すなわち、第一に、この78ガイドラインでは、仮想敵をソ連として、はじめて日米両軍が、①日本へのポシブルの脅威しかない段階での侵略の未然の防止、②プロバブルの脅威の段階での共同の対処、③実際の侵攻に際しての共同の対処、④日本以外、極東における事態への協力を、「自衛隊は盾、米軍は槍」という役割分担のもとに明確化しています（梅林宏道『在日米軍』34〜35頁）。しかし、この合意は、米国に主導される形をとりながらも、日本側に、従来とは異なる専守防衛を基軸とした明確な「基盤的防衛力」構想と、それを体現した「防衛計画の大綱」が用意されていた点で、日本側がはじめて自国の国防の考え方を米国に受け入れさせたという意義をもっていました。

このガイドライン交渉は、久保が防衛次官に返り咲いた直後の75年8月からはじまっています。このことを考えれば、初の「防衛計画の大綱」策定同様、この初の日米ガイドラインの決定でも、久保の「基盤的防衛力」論が理論的な裏づけとして果たした役割は小さくなかったと考えられます。

ここでのポイントは、三つあります。一つめは、久保が、この「基盤的防衛力」という概念によって解釈合憲システムの基礎である「必要最小限の戦力」にはじめて、軍事理論的裏づけを与えていること、二つめは、そこから、それに足りないものを補うという意味で、はじめて日本を主体にした日米安保条約合理化の軍事理論的裏づけが行われていること。実質的に、日本の国防は「盾」に徹する。したがって、それで足りない部分（「槍」）は米国が受けもってほしい。これが日本の言い分なのです。

したがって、次が三つめですが、この足りない部分（「槍」）の役割を十全に米国が果たしてもらえるか、という観点に立てば、どうしても「不確実さ」が残る。そう考え、久保は、これを別のもので補強しなければならないと、次の手を打つ。そのように日米安保条約が、当てにされながらも、不足分をも冷静に見すえられている。つまり、相対化されている。それが、セイフティネットを米国との同盟以外にも広げるという、彼の「積極的平和主義」の意味だったろうということです。

すなわち、日米安保を相対化し、日本側に独自の防衛理論と対案があるのでなければ、米国と日米安保について、対等の協議をすることはできません。そう考えれば、このとき、はじめて、日本側は、久保の国防思想を得て、その条件を手にしているのです。

†ハードウェア（軍事力）とソフトウェア（政治経済社会）からなる国防論

第二は、このことと関連しますが、久保の「基盤的防衛力」構想は、日本の防衛力整備をこれまでのハードウェア一辺倒ではなく、政治的経済的社会的側面との調和というソフトウェアのうちにとらえる国防論となっている点で、じつは、1979年の森嶋の非武装中立論と、きわめてよく似ているということです。森嶋の非武装中立論は、ハードウェア（軍事力）では——核武装をしない限り——単独での国防は不可能で、日米安保条約でも、とうてい自国の核惨害までを秤にかけて一国が他国を助ける決定を短期間に行うことまでを期待できない以上、国防は、今後は、日本のばあい、ソフトウェアのみによる行き方を考えるのが最上だというものでした。

この場合のソフトウェアのみ、というのは、今後、GNP1%という上限で予算をつけられている軍事費を、GNPの2〜4%まで枠を広げた上、すべてソフトウェアにあてて国防費とせよ、という提案を意味しています。現在ある自衛隊について、これを平和の理念に反するから、とか、憲法9条に反するから、という理由で解体せよ、というハードウェア（軍事力）否定ではないのです。

†ソフトウェア重視の国防論の系譜

その証拠に、森嶋は、「現存の自衛隊をどう考えるか」と自ら問い、「私自身は、自衛隊はこれ以上大きくすべきではないが、それかといって、急激に縮小したり廃止したりすべきでないと思っている。昭和のはじめに軍縮をしたことから、かえって軍国主義化したように、存在する軍隊を大縮小したり、廃止したりすることは非常に危険な荒療治」だからだ、と述べています。

そして、自衛隊は災害時の救難復興などの特化した部隊を用意するのがよく、しかも「このような自衛隊も、もしソ連が本格的に攻めて来た場合には、戦うべきではない」とされるのですが、その理由も、「恐らく（日米安保があっても——引用者）アメリカは日本防衛に十分な戦力をさくことが出来ない」だろうし、そうである以上、日本は何カ月もソ連相手に戦うことを強いられるが、その帰結は悲惨なものとなるほかないからだ、というのです（『自分流に考える』117〜119頁）。

この最後の言葉は、私には、防衛庁で久保の上司で「天皇」とまで呼ばれて権勢をふるった最高幹部の実力者、海原《かいはら》治の（「自衛隊はどうせ実戦の役に立たぬのだから、同じことならカネのかかる海空より、安あがりの陸に重点を置くべきだ」という）「自衛隊オモチャ論」を思わせます（秦郁彦『官僚の研究』260頁）。

核武装についても、それを採らないのは、それを採用すれば、日本社会ならびに日本の経済が、壊れてしまうから、というきわめて現実的な理由からです（森嶋前掲、124頁）。そこに憲法9条の理念や非核三原則が理由としてあげられることはありません。

その意味では、ここに1959年の坂本の論文「中立日本の防衛構想」を加えてもよいかもしれません。これもまた、ほぼ憲法9条や平和理念にもたれかかることなく、リアリズム理論によって中立日本の国連警察軍による安全保障策を構想した防衛論＝国防論だったからです。

ここに、41年の井上成美の「新軍備計画論」、59年の坂本の「中立日本の防衛構想」、71年の久保卓也の「防衛力整備の考え方（未定稿）」、79年の森嶋通夫の「新・新軍備計画論」と続く国防論の系譜をたどることができます。

四者の共通点は、「世界の他の国よりも一歩すすんだ発想にもとづく国防策」を考えようとしている点にあり、このうち、井上と久保に共通するのが、当時の軍事論の常識を転倒させ、軍部ないし防衛庁内部の上司・同僚らから強い反発を買うような革命性に富んでいる点です。一方、坂本と久保に共通するのが、憲法9条、平和思想との〝支えあい〟の関係がそこに相互依存のないままに、認められる点です。また、久保と森嶋には、国防におけるソフトウェアの力に新しい活路を見出そうとしている点が共通しています。

この意味で、1977年の久保の「基盤的防衛力＝積極的平和主義」の論と1979年の森嶋の「非武装中立＝ソフトウェア国防」の論は、日本の戦後の国防論にとって、踵を接して現れた、ともに重要な好一対の論でした。前者の利点は、防衛庁のただなかから出てきながら憲法9条を組み込んでいることにあり、後者の利点は、学者による非武装中立論でありながら憲法9条の平和主義とまったく無縁に立論されていることにあります。二つは、ほぼ同じ方向を向いていたので、対話が可能だったのですが、惜しむらくは、そのことを同じ視野のもとに収める「統合視点」をもつ論者が、このとき、日本社会には払底していました。

関・森嶋論争には、軍事を専門とする佐瀬昌盛や広い視野をもつ保守派批評家の福田恆存なども関わるのですが、彼らからもこのような指摘はなされません。このような両極を見はるかす視野をもつ人士が、この時期には、まだいなかったのでしょう。久保は1921年生まれ、森嶋より2歳年上の戦時期、やはり海軍に身を置いた戦中派で、1980年に癌で死去します。

†ソフトウェア的国防論不備のツケ

そして、もう一つ、この久保の国防論が意味深く思われる第三の点が、いわゆる安全保障上に占めるこの「ソフトウェア」的国防力への着眼ということで、これが、森嶋の論とともに、このあと1995年の日米安保条約見直し案の原案を策定する米国の国際政治学者ジョセフ・ナイのソフトパワー論に十余年先立つ、時代予見の論ともなっていたということです。

ナイは、1980年代に、当時のいわゆるアメリカ衰亡論に異をとなえて、アメリカは軍事力、経済力とは異質の力で、依然として国際社会からの信頼をかちえ、発言力を確保していると指摘し、これら国防上、文化、教育、外交力など非軍事的な要素のもつ潜在力を、1990年刊の著書『不滅の大国アメリカ』でソフトパワーの名のもとに提示します。また、これを2004年刊の『ソフト・パワー』で精緻《せいち》に概念化します。

しかし、こう見てくればわかるように、外交、政治、経済、文化、社会規範等の非軍事的な側面（非ハードウェア的側面）をソフトウェアの概念で言いあて、「世界の他の国よりも一歩すすんだ発想にもとづく国防策」の策定の根幹に据えたという点では、森嶋の「新・新軍事計画論」のほうが、ジョセフ・ナイのソフトパワー論に10年先立つ、そのより理論的骨格の明確な提示となっています。また久保の「積極的平和主義」も、彼の「基盤的防衛力」論とともに、考え方として、国防の非軍事的側面（ソフトウェア的側面）に注目し、その非軍事的領域（ソフトパワー）との軍事的領域（ハードパワー）の接触面と転移のあり方に将来の日本の国防論の要を見てとる点、ナイのそれに先行するソフトパワーとハードパワーの相乗論となっていました。

ここで面白いのは、ナイが、90年代なかば、米国の日米安保見直しの先頭に立って、自分の国の国益に沿ったかたちで作業を進める際、国防と防衛一般のうちの非軍事的側面に光をあて、自分のこのソフトパワー論を、いわば米国の軍事的世界戦略のむきだしの転換拡張ぶりをソフトに見せる緩衝材、粉砂糖のようなものとして使用していたことです。

ナイの準備した「ナイ・リポート」の構想を包括した米国の報告書を読めば、「米国からすれば、在日米軍基地とは米国世界戦略の前進基地なのであって、これを日米安保条約の枠内と見ることには、非常な無理があると思われ」るにもかかわらず（都留前掲、43頁）、ナイたちの日本要人との意見交換の記録を読むと、語られているのは、「米国は東アジアへの前方展開戦力を今後も維持する」が「日本も国連を媒介として平和維持活動（ＰＫＯ）に関連する安保協力など、世界的規模でもっと多くの負担と役割を担ってほしい」、「日米安保条約を基礎に、多国間の安保対話の枠組みが作れないか」など、日本に受け入れられやすい、ソフトな内容となっています。

ナイの思惑を挫くには、その幻惑性を見抜き、自分の方でもしっかりした非軍事協力、国連中心外交、国際貢献の対案を用意し、それを米国の軍事戦略にぶつけなくてはならないのですが、日本のなかで、しっかりしたソフトウェア国防論を準備してきていないツケがここに出て、この日米安保条約「見直し」において、日本はナイにほとんど、してやられる結果に終わります。

そこから、現在にいたる対米追従一方の路線がはじまるのです。

3「見直し」の攻防——ジョセフ・ナイ対都留重人

アメリカ政府が日米安保条約の見直しが必要と考えたのは、冷戦の終結によって、これまでの日米安保の意味が、ほとんどなくなってしまったからです。1991年のソ連の解体とその後のロシアの資本主義への移行は、「日米安保体制の存在理由だった〝反共・対ソ〟としての共通価値」(前田哲男『自衛隊』29頁)を無に帰させました。日米安保の米国にとっての日本の地勢的な軍事的価値も、日本にとっての米国の抑止力としての国防上の存在理由も、ともにソ連の消滅によって、なくなってしまったのです。

†ヨーロッパの動き、アジアの動き――日本はなぜこの機をとらえられなかったのか

冷戦終結による変化は、世界のさまざまな場所で起こりました。一つはヨーロッパで、欧州は、1990年10月の東ドイツとの再統一をなしとげた西ドイツ（統一ドイツ）のイニシャティブのもと、91年12月、マーストリヒト条約を締結させて、欧州連合（EU）の創設に向けての歩みを加速させます。

もう一つは、中東で、冷戦終結によって生じた勢力の「空白」をついて、1990年8月、イラク軍がクウェートに侵攻し、91年1月、アメリカを主力とする多国籍軍とのあいだに湾岸戦争が勃発します。

アジアも例外ではありません。91年9月には南北朝鮮が国連に同時加盟し、12月には両政府間に「南北間の和解と不可侵および交流、協力に関する合意書」が取り交わされます。先に89年にベルリンの壁の崩壊とほぼ時を同じくして民主化運動と1000人以上の抗議者が殺害されたといわれる天安門事件を経験した中国政府は、以後、「開放と改革」を口にせざるをえなくなり、92年8月、韓国との国交を樹立します。

また、フィリピン政府も、86年の反マルコスのピープル・パワー革命をへて、米国と基地撤去をめぐって激しく対立し、乗り込んで来たリチャード・アーミテージ国防次官補ら

の恫喝をはねのけ、91年11月にはクラーク基地など、米軍基地の完全撤去を実現させます。

当時の動きを先入観なしに振りかえれば、欧州では冷戦が終わったものの、アジアには冷戦構造が残ったという、現在、よく聞かれる言い方が、さほど事実を正確にとらえていないことがわかります。つまり、ここには、来たるべき対米自立に向けて、これを周囲の国々との共同体の構築によって実現した「ドイツ・モデル」、これを国論の統一と憲法の活用によって実現した「フィリピン・モデル」など、いまの日本が置かれている状況に照らして、貴重な先例が見つかるのですが、なぜ日本はこの機をとらえられなかったのか、つまりこの機会を、日本主体の日米安保の「見直し」、その縮小に向けた働きかけに使えなかったのか。そこから、こういう問いが浮かんできます。

†日米安保「再定義」の先手を打ったアメリカ

まず動いたのは、アメリカでした。

すなわち、冷戦終結の後、湾岸戦争があり（1991年）、さらに北朝鮮の核開発をめぐり、クリントン政権のもとで、戦争の一歩手前までの事態がカーター元大統領の訪朝によって回避されるという事態が生まれます（94年6月）。いまから考えれば、この北朝鮮有事は冷戦終結後の過剰反応だった可能性もありますが、米国は、北朝鮮に関わるこの新たな動機に促されるかたちで、軍事力先行に舵を切る方向で日米安保の「見直し」に入るのです。

94年9月には、米国政府は、ハーバード大学で教えていたジョセフ・ナイ（国家情報会議議長をへて、このとき国防次官補・国際安全保障問題担当）とエズラ・ヴォーゲル（米国家情報会議東アジア・太平洋担当上級官）をこの役に任じ、日米安保「再定義」のプロジェクトをたちあげています。そして、94年の12月までには両人が来日して、精力的に多数の日本側要人と接触を開始し、アメリカの考えを示すと同時に日本側の意見を聴取し、そのやりとりにより日本側の感触を探りながら、新しい日米安保見直し案の策定を開始します。

このときに両人の会った要人が、①中曽根、竹下、宮沢らの首相経験者、②山崎拓、愛知和男ら自民党、新進党の防衛庁長官経験者、③細川首相の私的諮問機関「防衛問題懇談会」の主要メンバー、④外務省高官、若手官僚、⑤防衛庁高官、⑥自衛隊制服組、⑦財界、言論界ら民間の関係者だと知ると、この「見直し」準備の周到さと本気ぶりがよくわかります。一方、このとき日本側には、このナイの働きかけを正面から受けて立つ人士が、ほぼ払底していました。

このとき、ナイと会った防衛庁長官経験者、愛知和男の、

「日本は安保問題を自分で考えたことがないのです。米国の言ったことに対して、できる

とかできないとしか答えていない。今問われているのは、日本独自の構想を持って米国とやりとりをすることです」（日本経済新聞1996年7月6日、都留重人『日米安保解消への道』4頁より再引用）

という言葉が、そのありようをよく伝えています。防衛庁にはすでに久保のような自分のおかれた職位にとらわれずに自由な発想をする理論家はおらず、言論界にも、日米安保条約への依存なしに、現実的に日本の国防について考える人材は、先の都留の例が示すように、エスタブリッシュメントの中枢から排除されようとしていました。

たとえばその後、朝日新聞主筆となる船橋洋一が、このとき、「グローバル・シビリアン・パワー」論なるものを発表していますが（『日本の対外構想』）、その主張は、ほぼナイと立場を同じくする日米安保堅持を骨子としたものにすぎません（『同盟漂流』）。いま読むなら、時代の流れに抗うところのない、久保、森嶋の「独自の構想」とは似ても似つかない、電通・博報堂的なカタログ的作文でしかないことがよくわかります。

†「ナイ・リポート」――実質的な日米安保改定案

さて、日本での「根回し」を周到に終えた上で用意された1995年2月の「ナイ・リポート」は、米国世論にむけて、①米軍の駐日が、破格の駐留支援（「思いやり予算」）により他国に比して圧倒的に「安上がり」であること、②今後は、日米安保が一段とアメリカの国益（世界戦略）追求に比重をおくようになることを強調して、日本「ただ乗り」論への配慮を示す一方、日米両政府に向けて、日米安保が冷戦終結後も、③東アジア・太平洋地域におけるパワー・バランサーとして安定化要因と、いわゆる「びんのふた」（日本の軍事独走化防止）の意義を保持し続け、④ソ連の脅威に代わり、朝鮮有事など新たな東アジアの不安定要因に向けて抑止力の役割を果たすことを確認し、最後に、日本に対しては、この先、⑤より広域にわたる米国の戦略上、アジア太平洋地域からの世界展開の拠点として新たな役割を果たすこと、そのため、⑥米軍と自衛隊の協力一体化の一層の進捗が求められる、という要望ないし勧告を行うものでした。

日米安保が、これまで適用範囲を「極東」に限定し、日本の自衛隊と駐留米軍のあいだに「盾と槍」の役割分担を明記することで自衛隊の専守防衛というタガをはめたものだったことからすれば、①適用範囲を「周辺地域」に拡大し、②日本の意義を世界戦略展開の「拠点」に再定義し、③「有事」の際の米軍・自衛隊の作戦一体化に道をひらくこの「見直し」提言は、冷戦終結後の世界情勢変化に呼応する実質的な日米安保の改定案にほかなりませんでした。

しかし、ナイはこれを、改定（revision）ではなく、見直し（review）ないし再定義（redefinition）として提示します。これを、ある日本通の関係者（ジェームズ・E・アワー米バンダービルト大教授）が、「A条約からB条約へというような、別の条約への転換」ではなく、「同じ条約のA版、B版、C版、D版……」というように「解釈、運用の面で変化」していく「生きた条約」と呼んでいると、この時期の日米交渉について取材した佐々木芳隆は述べていますが（『新秩序への道』331〜332頁）、この指摘は正確で、この「生きた条約」方式は、日本政府の考案になる解釈合憲システムの米国版ともいえるものでした。

ほんとうは、ここでもう一度の安保改定が提起され、再度、「安保闘争」が生じてもよかったのですが、日本の踏ん張りはなく、それは、何気ない「再定義」の名のもとに、96年4月の両国首脳による日米安保共同宣言として、あたかも一種のマニフェスト宣言ででもあるかのように発表され、やりすごされます。しかしこれ以後、あたかも条約が改定されたのに等しく、このときの日米安保の「見直し」は、実質的なその「改定」として、以後、拘束力を発揮して日米関係を変えていくようになるのです。

†ナイ・リポートの束縛力

2005年、護憲派の論者たちによって「平和基本法」構想が提示されます（古関・前田・山口・和田「共同提言　憲法9条維持のもとで、いかなる安全保障政策が可能か『平和基本法』の再挑戦」『世界』05年6月号)。これは、護憲派にとっては二度目の構想の試みでしたが(一度目については第5章の1節でとりあげます)、この構想の執筆時点での「冷戦後の米国の世界戦略の変化とそれにともなう日米関係の変化」を、彼らは次のように二段階にわけて説明しています。それによれば、

第一段階は、

1993・94年の朝鮮半島核危機を契機にした「日米安保共同宣言」(橋本・クリントン共同声明、1996年)、「新ガイドライン(日米防衛協力のための指針)」(1997年)、「周辺事態法(対米後方地域支援の実施)」(1999年)

と続く対米軍事協力の広域化の〝安保再定義〟の展開の段階であり、それが、第二として、

「9・11事件」、「イラク戦争」を契機とした「対テロ特措法」(2001年)、「イラク復興支援特措法」(2003年)という小泉政権のもとでの対米軍事支援・一体化の〝対テロ戦争への同調〟の段階に続くというのです。

そして、それ以降、民主党鳩山政権の対米自立の企てをたった一度の例外として、日本の政府は、自民党主導の自公政権、民主党政権のいずれを問わず、ここに方向を定められたナイ報告と後にふれるその5〜7年ごとの改定版(ナイ・アーミテージ報告)の要請・勧

告に従順な、対米協力路線を踏襲し続けて、現在にいたります。

その内実をめぐり、この間、防衛庁官房長などを歴任して日米安保を内側から支えてきた柳澤協二（1946―）が、『新・日米安保論』（共著）という2017年に出た本のあとがきで、冷戦終結を機に日米安保の意味がどう変わったかを、次のようにとてもわかりやすく、説明しています。少し長くなりますが、紹介してみます。

†対米依存の負のスパイラル――柳澤協二『新・日米安保論』

冷戦が終結して、ソ連に代わり、北朝鮮、中国が日米安保、日米同盟にとっての仮想敵になった。しかしいずれのばあいにも、ソ連のときと違い、敵国から攻撃があったばあい、アメリカが助けてくれる、ということへの信頼性が後退した。アメリカにとって最大の目標は自国の安全だが、冷戦時代、日本はその防壁にあたるので、日本を守ることがそのままアメリカを守ることだった。これに対し、北朝鮮が仮想敵となると、話は変わる。戦場は当面、東アジアのままである。

それがどういう変化を意味しているかは、次のことからわかる。2017年、安倍首相は国会で、北朝鮮から「ミサイルが飛んできても必ずアメリカが報復する。そのことが抑止力になっている」と答弁している（2月14日、衆議院予算委員会）。しかしじつは答えになっていない。ミサイルが飛んでくれば、日本人が殺傷される。その時点で、日本の国民の安全の確保は破られている。米国の報復は、それに対するものなので、最初の一撃が直接米国に飛ぶのならともかく、日本に来るのでは、抑止にはなっていないからである。中国が相手のばあいも、日中に国境紛争等が起こり、米国の安全が脅かされていない段階で、アメリカが、中国との全面戦争を覚悟してまで日本を守るかといえば、これも同じで、確実性は減じる（柳澤前掲、248頁）。

そこで、「安倍首相は、防衛費増額の努力と安保法制による作戦面での対米協力を進んでアメリカに申し出ることによって、アメリカの日本防衛の意思を確認しようとしています。それは、生半可なことではアメリカはいざという時に日本を守ってくれないという不安の裏返しでもある」。しかし、「こういうやり方で安心を得ようとすれば、繰り返し（中略）アメリカの言い分を聞かなければならない」。しかも、「それでも、（北朝鮮が日本を攻撃したばあい等の――引用者）アメリカの報復が確実に約束されることはない」（柳澤前掲、241〜242頁）。

つまり、日本は、いまや日米関係において、対米依存の負のスパイラルに陥るようになったとされるのですが、その起点を、柳澤は、1990年代なかば、冷戦の終結以降の日米安保の新展開に見るのです。

†日本の「安全」、アメリカの「覇権」

その説明にもう少し耳を傾けてみましょう。

そもそも日米安保の選択とは、日本にとってどういう意味をもっているのか。

日本を含むほとんどの国にとって、自力ですべての脅威に見合った軍備を保有することは不可能です。予測される脅威と、自分で保有することが出来る防衛力の間には必ず乖離がある。それをどのように埋めていくか、それが、軍事大国でない国にとっての安全保障政策にほかなりません。

日本は、それをアメリカの力によって埋めようとしてきました。そのかわり日本は、国土の中にアメリカの軍隊の駐留を受け入れることにしたわけです。（柳澤前掲、246頁）

冷戦期には、それでつじつまがあっていた。ソ連が攻めてきたら、アメリカが救援してくれるということを信じることができた。アメリカの目的は自国の安全だが、日本はアメリカの対ソ戦略の最前線にあたる。日本を守らないわけにいかない。

しかし、冷戦が終わると、事情が変わる。いまやアメリカをおびやかすものは、中東を起点とする非国家主体との戦争と、中国による太平洋・インド洋におけるアメリカの覇権への挑戦である。しかし、非国家主体との戦争では日本は兵力展開の中継地にすぎず、中国は太平洋西半分の覇権の分有を主張し、めざしているにすぎない。米国に攻めてくるわけではない。いずれも、「アメリカの覇権にとっての意味はとにかく、アメリカ自身の安全にとって、日本が防波堤という構造ではなくなってきている」。「こうした構造変化の中で、アメリカが、従来のようにすべての力を使って日本を守ることはないのではないかという不安が生まれて」きた（柳澤前掲、247頁、傍点引用者）。

そこから、日本側に、以後、「アメリカが今まで通り守ってくれるように」、つねにさらなる「アメリカの手助けをするという発想」が生まれてきた、と柳澤はいいます。

たとえば、「中国のミサイルが心配だからアメリカの空母が来てくれないというのなら、日本が空母を守るミサイル防衛網を提供する。米軍基地を守り、弾薬や燃料も提供する。場合によっては、対テロ戦争にも協力する」。いま私たちが眼にしている現実が、ここにあります。しかし、このやり方では、リスクがつきまとう。きりがない。日本のために戦争をするという意思は、アメリカが自分で決める。いくら協力しても、この事実を埋め合わせることはできないからである。

それが安倍政権が、徹底従米路線を突き進むしかない日本側の事情だと、柳澤はいうのですが、つまりは、日米がこのような非対称の関係に入る起点が、ナイの準備した1995年の日米安保条約の「見直し」だったということなのです。

日米安保条約は、90年代なかばの「見直し」をへて、アメリカにとっては「覇権」の確立のために必要だが、日本にとっては「安全」のために必須という非対称な関係におかれる。その差分から、日本側に限りない不安が生まれ、日本は以後、際限のない譲歩に追いこまれるようになった、ということです。

†「安全」から「覇権」への軸足の移動

「見直し」のもととなった1995年2月のナイ・リポートで、ナイは、1975年と1995年を比べ、20年前、米軍がベトナムから撤退すればアジア太平洋地域は一気に不安定化するだろうといわれたが、その予言は外れたといい、その理由は、米国の多国間同盟と駐留米軍の存在にあったと述べています。

そして、安全保障とは「酸素」のようなもので、なくなってはじめて人に気づかれるようなものだといい、米国の安全保障のプレゼンス（存在）は、東アジアの発展に「酸素」供給支援の役割を果たしてきた、と続けるのですが、ここにいわれる「酸素」とは、軍事的プレゼンスのもつ、ナイいうところの「ソフトパワー」のことであり、言葉をかえれば、ソフトウェアとしての「覇権」ということにほかなりません。軍隊というハードパワーは撤退したが、米国は、軍事基地と軍事同盟により、その抑止力を覇権というソフトウェアのかたちでアジア太平洋地域に残置し続けたというのです。

次にナイは、「われらの東アジアへの関与を支援するため、ほぼ10万人規模の軍隊構成が今後も維持される」べきと提言しますが、そこに述べられているのが、いまの目から見れば、柳澤のいう、「安全」から「覇権」へのシフトチェンジだったとわかります。米国の安全確保という冷戦時の日米安保の定義からいえば、米側の軍事的な後退がありうるが、米国の覇権の維持・拡大という再定義の観点に立てば、日米安保体制の縮小はありえない、ということです。

95年のナイ・リポートに覇権（ヘゲモニー）という言葉は出てきません。しかし代わりに「酸素」という面白いタトエが出てきます。ソフトなタトエですが、この報告書は、アメリカの世界戦略における「安全」（セキュリティ）から「覇権」（ヘゲモニー）への軸足の移動を、ハードウェアからソフトウェアへの観点の移動とともに、語っていたのでした。

†スマートな外見とハードすぎる中身

ちなみに、ナイとは反対の立場に立つチャルマーズ・ジョンソンが、2004年、冷戦終結後、ソ連が消滅し、中国が経済発展に力を注ぐようになったのを受け、1990年代、「世界各地に駐留するアメリカ軍は、冷戦の終結とともに縮小されていて当然だった。米軍は東アジアに長居をしすぎている。いい加減〝家に〟帰るべき時」だったのだと記しています（『帝国アメリカと日本 武力依存の構造』5頁）。

また、「アメリカ帝国を広げていく根拠が消えてしまったとき、ソ連との均衡を保ち抑制する目的以上に、公には知らされていない数々の目論見をアメリカがもっていることが露呈した」、「アメリカは、地球上でソ連の支配が及んでいない地域で覇権を握るのは当然だと考えて、それを維持し、拡大したいと狙っていた」、「いわゆる冷戦が終結したと思われたとき、アメリカは軍隊を引き揚げるどころか、同盟を強固にし世界中に展開する軍事基地を強化した」（同前、59頁）とも指摘していますが、ナイの報告書は、スマートな外見のもとに、ジョンソンの観察を裏づけ、柳澤の指摘と符節を合わせる、ハードすぎる――きな臭い――中身をもっていたのです。

95年の日米安保の「見直し」と「再定義」は、このナイの報告書、一名、「ナイ・イニシャティブ」をもとに進められます。日米安保をいまの時点から、日米双方の視点に立ち、見直してみるとわかるのですが、このとき日本とアメリカは、そもそも相手に対し、ソ連カードという一番大きな取引の材料を失ったところでした。アメリカからいうとそれは、俺たちがいなかったら、どうする？　それでもいいのか？　というカードであり、日本からいうとそれは、自分たちが中立になったらどうする？　ソ連側についても、いいのか？　というやはり冷戦下、やはり迫力を失わないカードでした。

日本社会は、そのカードの力の片鱗を1960年の安保闘争で——「中立化カード」という形で——見せつけていました。ですから、日本は、米国との交渉を、有利にとはいわずともタフに進めるため、冷戦終結後、それに代わる別のカードを用意しなければならないはずでした。その新しいカードを手に、もう自分たちにとって、ソ連の脅威はなくなったので、安全保障を別な形で展開したい。ついては、日米安保の軍事同盟は縮小・解消にむけて「見直し」を進めたいが、どうか、というくらいの姿勢で、交渉に臨まなければならなかったのです。

同じことがアメリカにもいえて、そのアメリカは、じっさい、そういってきていました。それが彼らのいう「再定義」の申し入れです。これまでのソ連カード（直接防衛による「安全」の保障）は切れなくなった。しかしわれわれは、「覇権」の確立によって得られる安全と繁栄の利得の分け前をなおあなたがたに与えることができる。その代わりにあなたがたは何をわれわれに提供できるのか。それが、ナイの新しく提示した日米安保「見直し」におけるアメリカからの問いかけだったのです。

†ナイへの反論を試みた都留重人

このとき、久保、森嶋の論に続くかたちで、「日本独自の構想」をナイの「見直し」案、一名「ナイ・イニシャティブ」に対置しようとしたのが、先の『なぜ今、日米安保か』、『日米安保解消への道』（ともに1996年）を、緊急出版のかたちで発表した都留重人です。

都留は、作業に着手したおりのジョセフ・ナイの狙いを、冷戦終結後、アメリカでいよいよ高まってきていた日本の「安保ただ乗り」論（なぜ経済的にアメリカの脅威となっている日本をただで守ってやらなければならないのか、という、現在のトランプ大統領の日本観にも通じる、防衛負担金の増大か日本からの撤退かのいずれかを主張する論）と、日本でこれから力をもってくるだろう「安保廃棄論」（もう外からの侵略などの不安要因が消えたのなら、防衛負担をつねに要求され、国家の自主権をも損ね、逆にその不安要因のタネともなっている日米安保は縮小、廃棄したほうがよいとする論）のいずれにも、答えを用意し、これを「克服」することと見、このナイの答えのそれぞれに、反論を用意し、これに反駁を試みます。

その立論は説得力に富みますが、ここでも、最後に残ったのが、では、日本は日米安保なしに、どのように安全保障を行うのか、という問いかけでした。

†ナイの恫喝への洞察と、「良心的兵役拒否国家」ともいうべき国家構想

ナイは、1996年の日米安全保障共同宣言発表に先立つ95年10月の米国下院公聴会後の記者会見で、日本政府に一つの問いを投げかけていました。

「日本の指導者は、今こそ十年後の日本の姿に焦点を当てることが肝要で、十年後の日本が、①米国との良好な安保同盟を欲するか、それとも②独自防衛力を備えることを欲するか——について、日本自らが考えるべきだ」というのです（都留『日米安保解消への道』44頁）。

簡単にいえば、こうです。

日本は、日米同盟（日米安保）なしに、国民の安全を確保できるのか。もし米国から離れたら、独自防衛力に走るしかなく、それは日本に決定的な国際的孤立をもたらすのではないか。

都留は、ここにナイの最終的な恫喝があると見て、こういいます。このナイの問題提起には「第三の代案がありうる」、それは、「『日米安保でなければ』即『独自防衛力の増強』」というのではない、「積極的な内容をもった別個の対応策でもって国際関係にも新機

軸をひらくという発想の代案」である、と。

都留は、その例として、まず、95年5月3日の朝日新聞の社説特集「〝非軍事〟こそ共生の道」に掲げられた六項目の提言をあげています。それは、憲法改定への反対（護憲）と非軍事の徹底（非武装）を核心とした構想で、比喩的にいえば「良心的兵役拒否国家」ともいうべき内容で、次の六つからなっていました。

曰く、①「国際協力法の制定を」、②「平和支援隊をつくれ」、③「憲法9条は改定しない」、④「自衛隊を改造する」、⑤「冷戦型安保の脱却を」、⑥「国連改革の先頭に」。このうち、五番目の安保をめぐる提言では、「冷戦型の安保体制」の見直しに踏み込んでいるので、10年前、「安保離脱」を唱えて朝日を去った都留には感慨深かったわけですが、それでも、すぐにわかるように、ここにはナイの恫喝に応えるのに欠けた一項目があります。それが、「日米安保がなくて、どうして国民の安全を確保するのか」という問いへの答えです。

ですから、都留も、朝日新聞はこのように「非軍事・積極活動国家」の構想を披瀝したが、「『良心的兵役拒否』といっても、国の安全保障問題は現実にのこるわけで、この点についての説明を同社としてはしなければならなかった」と述べています（都留前掲、127頁）。

†国民の安全の確保は大丈夫なのか――都留の提言が残す問い

「良心的兵役拒否」というのは、誰もが服さなければならないとされている規範に全身的に拒否をもって対するという行為です。この「大いなるもの」への「全身的な反対意思の表明」が、ここで「良心的」と呼ばれていることの意味をなします。そのような拒否の全身的な身ぶりを示されてはじめて、人は、それがその個人の「良心」に発する行為だということを了解します。

では、ここで日本の全身的拒否とは何に対する拒否でしょうか。それは、米国主導の日米安保に対する全身的な拒否にほかなりません。それが外から見れば無謀な危うさを秘めながら、「落ち着いた精神態度」(都留)で表明されるとき、そこに何か「良心」に通じるものが、外に示されることになるでしょう。そして、はじめて、では、その代わりに何をするのか、が問われることになるのだと思います。

「日米安保を拒否し、かつ独自防衛力の増強をも拒否する」だと？　だとしたらいったいどのようにして「国民の安全を確保」するのかね？　というナイの恫喝が、ここでいっそうリアルに迫ってくるのです。

その意味で、都留の対案は、この恫喝を十分にはねのけるとはいえないものでした。しかしまだしも、朝日の社説特集の代案よりは、具体的でした。彼は、1980年に書いた自分の「日本の生きる道」と題する一文（『朝日ジャーナル』1980年5月30日号）に掲げた「平和憲法」と「人間尊重」を柱にした提言をもって、それへの答えとしています。それは次のようなものでした。

①核兵器廃絶のイニシャティブをとること、②日本を世界の「医療保健センター」にすべく医療の要員充実、施設整備、技術開発に力を入れること、③保養と観光を兼ねた自然景勝（および温泉地）利用の施設整備に力を入れること、④文化的・審美的活動の国際交流に努力を払うこと、⑤国連大学への日本の負担を飛躍的に増大させること、⑥途上国への援助や難民救済のための出費をGNP比で世界のどの国よりも高くすること。

79年の関・森嶋論争での、森嶋通夫のソフトウェア国防論の提言が、実はこれとほぼ重なる内容なので、その偶然の一致が私たちの注意をひきますが、むろん、その前提に、都留のばあいは、80年の提言の延長で、この96年の著作でもタイトルになっている「日米安保解消」という根本主張が加わっていました。

しかし、これで「国民の安全の確保」は大丈夫なのか、という問いはなお残ります。

†ナイの恫喝に正面からは答えていない都留

森嶋のソフトウェア国防論と都留の「良心的兵役拒否国家」修正案の最大の違いは、森嶋の非武装中立論が、もっぱら「国民の安全確保」をどうするか、という国防＝安全保障の観点からはじまっているのに対し、都留の論に、その問いが権利をもって登場してこないことです。

森嶋は、日米安保などアテにできない、日本は独力で国防を考えなくてはならない、しかし「独自防衛力の増強」で国防が可能だとも思えない、たとえ核武装してもそれは米ソの核軍備に対抗できず国の経済を破滅させるだけだ、ではどうするか、というので、非武装中立路線、破格の非軍事的な国際社会への寄与と貢献、敗北の際の無抵抗降伏までをメニューにあげるのですが、都留の論理は、そうなっていません。

森嶋に比較していえば、都留は「平和憲法」からはじめます。彼はいいます、「平和維持のために日本ができること、そしてなすべきことは何かを一言でいうなら、それは、世界に誇るべき平和憲法を切り札として」、たとえば「核兵器軍縮」の先頭に立つことである、と。

結論はほぼ同じながら、都留は、ナイの問題提起を取りあげて、そこで「〈日米安保なしに）国の安全保障をどうするか」が問われているとしながらも、ナイに答えるのに、自分なりの問いを用意するということはしていません。その結果、森嶋の立論は、ナイの恫喝に答えているにもかかわらず、都留の代案は、実質的にそれに答えていると受けとることは可能だとしても、それに正面からは答えてはいないのです。

冷戦の終結した1990年代以後、憲法9条と平和主義に関し、どのような問いかけが必要か。ジョセフ・ナイから示された問いかけ＝恫喝に、答えることとは、どのような一歩の踏みだしを行うことなのか。都留のいち早い、時宜にかない、洞察にみちた日米安保解消の提言は、そう考えさせるものでもありました。

4　新日米安保と日本社会の変容

この後、日本で起こる展開のうち、憲法9条をめぐるもので見ておかなければならないのは、1990年代の前半と後半で変わる護憲と改憲をめぐる潮目の変化です。日本の政府も社会も、前節に見た米国のいちはやい日米安保見直しの攻勢に何ら有効な対抗策を講じることができなかったことを、このあとの日米の動きは示しています。そのことの経緯は後に見ることとして、その間、国内で起こっていたのは、90年代前半の先に見た政界再編に加えての護憲陣営における新たな動き、そして後半に入ってから前景化してくるそれへの揺り戻し（バックラッシュ）でした。

変化の節目をなすのが、国内政治における94〜95年の村山自社さ連立内閣による村山富市首相の自衛隊・日米安保合憲宣言と戦後50年謝罪声明であり、また、日米関係における96年、橋本自社さ連立内閣の手でクリントン米政権とのあいだでなされる日米安保共同宣言です。

その後、国内では、冷戦終結後の自民党単独政権崩壊、戦後50年謝罪声明による危機感のあおりをうけて社会の右派層を中心にバックラッシュが起こります。そしてそれが、日米安保見直しと再定義後のアメリカの攻勢と日本の守勢からなる新しい日米関係の圧力のもと、やがて90年代末には日本の保守・中道政界に広く改憲論議の浮上を促し、また、2000年には、自民党内部に保守本流のハト派の崩壊をもたらします。

†ポストモダンの洗礼を受けた新型護憲論

まず、1991年の湾岸戦争によって現れたのは、これまでとは違う、一種80年代以降のポストモダンの洗礼を受けた新しいタイプの護憲論でした。米国からの湾岸戦争へ輸送、補給での支援要請が寄せられ、政府が最終的に130億ドルの資金提供を行いながら、対日要求にうまく対応できずに混迷を深めるなか、91年の2月、文学者の柄谷行人、高橋源一郎らによる「湾岸戦争に反対する文学者声明」というものが発表されます。そこで「声明」は、文学者ということに顧慮してでしょう。一つには、個人として「私は日本国家が戦争に加担することに反対します」と述べ、もう一つに、集団として、「われわれは、日本が湾岸戦争および今後ありうべき一切の戦争に加担することに反対する」と言明していました。

この文学者による反戦署名運動の特徴は、反対の理由として憲法9条の存在が前面に高くかかげられたうえに、その反対趣旨が、とりわけ海外の国際社会に向けて発信されていたことです。その反対理由の文面は、「戦後日本の憲法には、『戦争の放棄』という項目がある。それは、他国からの強制ではなく、日本人の自発的な選択として保持されてきた」。そこには日本人の戦争観の反省とアジアに対する「加害への反省」だけでなく、「二つの世界大戦を経た西洋人自身の祈念が書き込まれている」。したがって「世界史の大きな転換期」であるいま、この「現行憲法の理念こそが最も普遍的、かつラディカルであると信じる」、よって自分たちは日本という国のどんな戦争への加担にも反対する、という意味のことが述べられていました。

†不思議な言明のあり方と、それに対する私の疑義

この声明が、護憲論の主張としてこれまでと違っていたのは、日本の国内にむかって、「われわれ」（日本に生活する者）は、９条を護り、どんな戦争にも加担すべきでない、と呼びかける、いわば一階部分を飛ばして二階部分だけで、国際社会——それも西洋社会を念頭にした——にむかい、日本国民とは区別された「われわれ」（一部文学者）の反対をアッピールするという、不思議な言明のあり方を示していたことです。日本には憲法９条というものがある。そこにはあなた方西洋人の祈念も書き込まれている。それはいま、世界で最も普遍的でラディカルな理念である、と述べる、われわれ（日本の一群の文学者）による、憲法９条を高く掲げる〝世界に向けた〟アッピール（立場表明）となっていました。

それは、その点で、これに先立つ、１９５０年の全面講和を訴える平和問題談話会の「声明」とも、54年の杉並区民による「原水爆禁止」署名運動の呼びかけとも、67年のべ平連による米国大手紙への「殺すな」の文字を大書した反戦全面広告とも、82年の一群の年配の文学者たちによる「核戦争の危機を訴える文学者の声明」とも、違っています。ここに実質的な相手（日本に住む者）に対する「呼びかけ」と「働きかけ」がなく、この声明自体が一個の行為（パフォーマンス）として企画されていたという意味では、それは、

それ以前の護憲論における憲法9条が「使用価値」として語られてきていたとすれば、世界に向け、新たな「交換価値」として押し出されようとしていたからです。

これに対し、私は、これを批判する文章（「これは批評ではない」『群像』1991年5月号）を発表し、その延長で、「そうかそうか。では平和憲法がなかったら反対しないわけか」という憎まれ口を叩き（「敗戦後論」『群像』1995年1月号）、2004年のこのあと述べる「九条の会」の発足時の講演では、この憎まれ口を冷笑的にすぎると批判されるのですが、私の目に、このことは、護憲論の大いなる空洞化のはじまりと見えました。これまで憲法9条を「使用価値」として生ぬるいと批判してきた若い反体制の文学者たちが、これを「交換価値」と受け取り直し、今度はその「特別の戦争放棄」の光輝ぶりを、再び世界に向けて強調しはじめていたからです。その「光輝」消しに向けて憲法9条をいったんカッコに入れて考えることこそが求められているときにあって、それは奇怪な反動の行為と見えたのです。

いまや憲法9条の「選び直し」が必要だという「敗戦後論」の主張が、それへの揺り戻しとして、そこから出てきました。

†ハト派の退潮

一方、1990年代の前半、自民党を動かしたのも、はじめは護憲的な配慮です。当時自社さ連立内閣の一角を担っていた自民党が、立党40年の95年3月の党大会で、先にふれたように、55年の結党以来、政綱に定める「自主憲法制定」という目標を事実上の棚上げにする新声明を発表するのです。この政綱の取り扱いについては、これまで党内で主流のハト派（護憲派）と反主流のタカ派（改憲派）のあいだで対立・抗争が繰り返され、綱領としての成文化にいたらずにきたのでしたが、それがこのとき、総裁河野洋平とハト派重鎮の後藤田正晴の後押しをえてはじめて、一応の結着を見たのでした。

河野は、このとき、社会党との連立にも顧慮していました。新声明には「新しい時代にふさわしい憲法のあり方について、国民と共に議論を進めてい」くと記され、これにより、55年の「自主憲法制定」は〝上書き〟され、事実上、新宣言の倉庫に隔離、〝凍結〟されます。

これはまた、社会党のこれまでの教条的な護憲原則からの逸脱の動きに呼応するものでもありました。自社さ連立内閣の成立直後の94年7月20日、新首相の村山は、国会で質問に答え、これまでの社会党の姿勢を一転させ、「専守防衛に徹し、自衛のための必要最小限度の実力組織である自衛隊は、憲法の認めるものであると認識する」、「国際社会が、依然不安定要因を内包している中で、わが国が引き続き安全を確保していくためには、日米安保条約は必要」（読売新聞7月21日）と述べて、社会党の代表としてはじめて、「自衛隊の合憲」と「日米安保条約の堅持」を宣言します。

このとき、自衛隊合憲の理由を「国連による集団安全保障による代替を前提としているから」だけですますやり方に対し、「憲法解釈上の重要な変更を、できるなら論議や国民投票や論争なしにやりすごそうとするもの」として、これを「保守反動の極致」と口を極めて非難し、小沢一郎の『日本改造計画』を評価したのが吉本隆明ですが（「豹変の構造」『超資本主義』126頁）、この自民党ハト派と社会党左派「豹変」組の共同作業は、95年8月の侵略・植民地支配公式謝罪を含む「村山談話」の閣議決定を最後の成果に、96年1月の村山退陣で、終わります。

そして、これに続いて、次の橋本龍太郎自社さ連立内閣のもと、日米安保共同宣言が発表され、国内の右派団体による揺り戻しが起こり、社会党（その後社会民主党と改名）の崩壊、自民党内保守本流ハト派の退潮がハッキリと目に見えるかたちではじまるのです。

†90年代半ば以降の反動——新しい歴史教科書をつくる会

この間の自民党単独政権の崩壊、非自民連立政権の成立、そして自社さ中道政権への移行へといたる１９９０年代前半の政界再編は、これまで絶対的な与党であった自民党の野党転落を通じて、国内の右派勢力を深甚な危機意識で揺さぶるものでした。そこから、ソ連の消滅ともあいまって、旧左派の一部が右旋回して、90年代も半ばをすぎると、これに対する反動の動きが起こってきます。まず社会の前面に現れるのが、「新しい歴史教科書をつくる会」で、それに、これは後に取りあげますが、左派の運動方式に学び、旧右派の一部が軌道修正して一般市民にウィングを伸ばす「日本会議」という新種の右派団体の創設が続きます。

このとき、新しく登場する「新しい歴史教科書をつくる会」は、日本の長年の平和教育が子どもたちに反日性を植えつけてしまったと述べ、その「自虐史観」を是正するため、従軍慰安婦などの記述を歴史教科書から検定で削除し、新しい歴史教科書を作ることを主張します。96年12月には鳴り物入りで、会創立の記者会見を行いますが、この会の中心人物、教育学者の藤岡信勝は、自分がこう考えるようになったきっかけは、湾岸戦争にあったといい、次のように述べます。

状況が根本的に変化したのは湾岸戦争以後である。湾岸戦争は、平和教育がよりどころとしてきた憲法九条の「平和主義」の理想が国際政治の現実の中で破綻したことを示す衝撃的な事件であった。(『汚辱の近現代史』4頁)

藤岡は、1943年生まれで、学生時代は日本共産党傘下の民主青年同盟系に属していました。70年代に入ると、さすがにスターリン主義に疑問を感じるようになりますが、それでも「戦後の平和主義に対する幻想はほとんど無傷で私の中に残されていた」といいます。「これが破壊されるにはよほどの外部的ショックが必要だった」。それが「私にとってはまさに湾岸戦争だった」(同前、99〜101頁)。

湾岸戦争によって私が否応なく気づかされたことは、日本がおよそ国家としての体裁をなしていない国であったという発見である。自分で自分の国の安全を守るという、国家としての一番大事なところをアメリカに預けたままで、経済的利益だけを追求する醜い国になっていたことを、この湾岸戦争によって痛いほど知らされたのである。(同前、102〜103頁)

藤岡の例は、かなり極端なケースといえますが、冷戦終結を機に、なぜ、このあと、右寄りの国家主義的な言説が日本国内に強まり、やがて政治の動向にまで影響を及ぼすようになるのか。その背景の一部を、簡明に説明してくれています。

たぶん、湾岸戦争の一つ手前にあるのは、ソ連の解体に示されるマルクス主義という一大イデオロギーの消滅です。藤岡のばあいは、自分をささえていたマルクス主義、スターリン主義という理念が崩壊した、その空虚をしばらくのあいだ、日本の戦後の平和主義、世界に冠たる憲法9条の理念が、ささえていた。しかし、それもソ連の崩壊と外部のショックでどっと崩れた。その空隙を補塡するものとして、「国の誇り」が彼に殺到してきた、ということだったでしょう。

その外部のショックによって覚醒された問いが、「自分で自分の国の安全を守る」というひと言に要約されています。平和主義のもとでの国防とはどのようなものか。答え以前にその問いのなかったことが、彼の護憲論を崩壊させているのです。

†安倍晋三の登場

1997年、これに呼応するかたちで、95年の立党40年の主流派による新声明に反発してきた中川昭一など若手右派の議員たちが、党内に「日本の前途と歴史教育を考える若手議員の会」なるグループを立ち上げます。そして先の「日本会議」とのあいだに人的ネットワークを広げながら、教科書問題、従軍慰安婦問題、夫婦別姓問題などをめぐり、文科省の役人を呼びつけるなど、党内での示威運動を活発化するようになります。この右翼型運動に自分の政治的可能性の活路を見出し、その後、めきめきと頭角を現してくるのが、このとき衆院一期目、93年初当選議員の安倍晋三(1954—)です。

この安倍の政治家としての来歴のうちにも、90年代前半から後半への反転の流れを見てとることができます。後に詳しく見ますが、90年代前半、安倍はまだ確固とした政治的姿勢を示していません。94年の野党時代には、超党派グループの「リベラル政権を創る会」に名を連ねています。しかし、以後、この右寄りの立場が自分の政治家生命の活路となるとわかると、そこに得られた人脈を足場に、「日本会議」など党の外部に自分の支持基盤を築いていくことになります。

†右寄りにシフトする自民党

その後、自民党は右寄りへとシフトしていきます。その動因をつくったのも、1990年代前半の政界再編と自民党自身のリベラル志向でした。この政治構造の変動により、社会党は溶解し、自民党からも少なからざる部分が離脱し、その結果、日本新党、新生党、新党さきがけといった中道政党が力を増すようになります。ほんらいなら、それまで自民党の保守護憲型政治をささえた保守本流のハト派が、冷戦終結後、自分のイニシャティブで55年の保守合同に終止符を打ち、自民党を左右に分岐させるべきだったのですが、そういうことができなかった。そのために離脱がさみだれ式に起こり、新たに一大勢力に育った中道勢力が、やがて差別化の圧力のもと、自民党を右寄りに移行させ、その結果、残った保守本流のハト派を殲滅するようになるのです。

これには後に述べる日米安保見直しのもとでのアメリカの異質な攻勢に対し、もはやこれまでの保守本流のやり方では抵抗できないようになってきたという事情もからんでいます。橋本内閣のあとには小渕恵三内閣と、保守本流系の政権が続き、2000年に入り、小渕の急逝を受けて、急遽、タカ派の森喜朗が自公保連立政権を率いてそのあとを襲いますが、そのときには、自民党には、米国に対抗するだけの力はほぼなくなっています。

これに危機感を募らせ、ハト派の正統的な継承者を自任する宏池会(旧池田派)会長の加藤紘一が森内閣の倒閣運動を企て、これに失敗します。そして、そのことが引き金となり、以後、加藤は失脚。そしてこれを機に、自民党内の保守護憲派は地歩を失い、ほぼ壊滅的状態となるのです。

1960年以来、日本の保守政治をその根幹で支えてきた吉田路線が、これで、ほぼその足場を自民党内でなくします。このとき、加藤と距離をとって打撃を受けなかった僚友の小泉純一郎が次の自民党総裁となり、2001年4月、政権の座につきますが、それ以後、自民党主導の自公連立政権は、小泉、安倍、福田康夫、麻生太郎と旧来の見取り図でいえば、タカ派ないしタカ派優勢の旧派閥によって連続して担われるようになります。そして、2009年から12年までの民主党への政権交代期をへて、12年12月以降、再び政権に返り咲いた安倍が、今度は、前例にない長期にわたり、政権を担当するようになります。

†アメリカの要求を満たすための改憲志向

しかし、憲法9条をめぐるこの時期の動きとして、決定的だったのは、日米安保をめぐる日米関係の変化です。先に述べたように、日米安保の見直し攻勢に何の対案も提示できずに後退するだけの日本は、そのあげくに、アメリカの要求を満たすための改憲を志向するようになるからです。

先に言及した、二度目の「平和基本法」を構想した論者たちのまとめを借用すれば、「冷戦後の米国の世界戦略の変化とそれにともなう日米関係の変化」には、1993年の朝鮮半島核危機以降の〝安保再定義〟路線、2001年の9・11テロ以降の〝対テロ戦争同調〟路線の二段階があったとされています。

1996年4月の「日米安保共同宣言」による日米安保の見直しにより、最初に起こったのは、基地提供（もの）から軍事協力（人）へのシフトチェンジであり、次に生じたのが、適用範囲の広域化でした。宣言は、日米関係が「21世紀に向けてアジア太平洋地域の安定にとっての基礎」であること、「米軍のプレゼンスの維持がこの地域の安定にとり不可欠」であることを確認し、そのため、「この地域において、約10万人の前方展開軍事要員からなる現在の兵力構成を維持する」一方、沖縄の米軍基地は「施設及び区域の整理、統合、縮小のために必要な方策を実施する」決意を表明していました。

これを受けて、その後、両国は、97年9月、新しい「日米防衛協力のための指針」（新ガイドライン）で合意し、橋本政権は、98年4月、解釈改憲方式で、周辺事態法、改正自衛隊法、改正日米物品役務相互提供協定（ＡＣＳＡ）からなる新ガイドライン関連法案を国会に提出、これが99年5月、小渕内閣のもとで成立します。

ところで、その2カ月後、99年7月に国会に憲法調査会設置のための国会法改正案が成立しています。

そして、これを受けて２０００年1月には衆参両院に憲法調査会が設置され、そこでの検討をへて、やがて２００５年、自民党が「新憲法草案」なるものを発表します。

†非対称性を増す日米関係

何が起こっているのかといえば、１９９６年の日米安保見直しをへて、日米安保が、これまでとはまったく違う非対称的な関係に変わっています。米国は、失うものがありません。自国の世界戦略の一環として、今度は日本に基地提供に加えて自衛隊による軍事協力をも求めたい、その代価に、日本の防衛を見てあげてもよい。もし日本がこれに応じなければ、覇権の確立をめざす世界戦略の展開上、相応の打撃は受けるが、自国の安全に関わるほどではない。北朝鮮のミサイル攻撃も当面の戦場は、東アジアに限られる、中国の覇権要求も、西太平洋地域に限定されているからだというのです。

これに対し、日本にはかつてのように、では中立になるゾ、というカードはありません。以前ならそれは、日本という同盟相手を失って、米国がソ連からの攻撃の直接の脅威により切実にさらされることを意味していましたから、米国の安全にかかわる抑止力あるカードでしたが、いまは、覇権確立の戦略にダメージを与える程度で、致命的なほどの意味はもたないからです。

だとすれば、日本は、少なくとも、米国なしにでも、自国の安全を確保し、かつ国際社会、周辺隣国に受け入れられる安全保障策を対案として用意しなければなりません。それなしに、対等な日米安保の「見直し」をめぐる対米の交渉は、成り立たず、アメリカの攻勢には対抗できないからです。しかし、これを用意するだけの準備がどこにもない。政府部内、保守陣営は、もとより、日米同盟以外の選択肢をタブー視して日米地位協定にも言及しません。どこもそれを真剣に検討、準備していません。現に94年、細川首相が、「世界に率先して」という意気込みで発足させた「防衛問題懇談会」(樋口委員会)の報告書も、結論は「日米安全保障条約の意義を再認識する」というものでした。

また、安全保障、国防という考え方を当初から平和主義と憲法9条に反するとして排除する革新陣営、護憲派に、どこまでの対案が可能かという限度が、先の都留重人の安保解消論に示されていました。都留をもってしても、「安全保障」から「平和主義」を外すことができない。どうすれば、アメリカなしに、戦後の国際秩序とアジア・太平洋の周辺諸国がともに受け入れてくれる自国の安全保障策が可能か、という憲法9条から独立した問いだけが、保守陣営にも、革新陣営にも欠けています。その結果、日本はアメリカの要求を呑むしかなくなる。そしてそこからの帰結として、改憲の必要が生まれる。そういうことが起こっているのでした。

†不要とされる9条堅持

このことは、1998年の橋本内閣のもとで取り組まれた「周辺事態法」策定以降の解釈改憲が、もはやこれまでの解釈合憲システムからは離れていることを語っています。60年代以降のかつての9条解釈は、憲法9条の原則を堅持するための解釈改憲で、米国の要求に抵抗するための基本的対処法でした。米国の要求に抵抗するために、憲法9条の原則を堅持する必要があり、それを堅持したまま、現実に最小限度に対応するために、解釈改憲する。これを称して私はとくに「解釈合憲」と呼んだのでした。

しかし、95年のナイ・リポート以降に起こっているのは、そういう意味での解釈改憲ではありません。米国の要求に応じるための、解釈改憲ですから、もはや憲法9条の堅持は必要がありません。それはいまや、改憲に道を開く解釈改憲であり、はっきりいえば、もはや解釈合憲とはいえない憲法解釈なのです。そうした解釈改憲を駆使して、なんとか周辺事態法をはじめとする新ガイドライン関連法案を成立させた保守政権が、その傍ら、本格的な改憲に向け、再び動きはじめるのは、当然のなりゆきでした。

第5章　21世紀と凋落のはじまり

1　護憲派の安全保障論——平和基本法に欠けているもの

ここから先は、現在の状況も踏まえてお話しします。冷戦以後に現れる護憲派の論者たちから出てくる論、自民党の中から現れてくる改憲論、保守陣営から提示される新しい改憲論等を、いまの時点から検討し、そこにどのような見るべき点と、再検討すべき点があるかを概観してみます。

†先鋭的護憲論者による「平和基本法」の提案

まず、最初に取りあげるのは、これまでも何度か言及してきた護憲派のうちの先鋭的な論者たちによる「平和基本法」の提案です。

彼らの提案は、1993年、94年、2005年と12年にわたり、都合三回、行われています（94年は太平洋アジア安全保障構想の提示が主眼）。そのうち、最初の提案は、冷戦終結のあと、ナイ・イニシャティブに先立って発表された「共同提言『平和基本法』をつくろう」で、書き手は、山口二郎、古関彰一、和田春樹、前田哲男など護憲派中の改革派の論者九人です（『世界』93年4月号）。

そこで、彼らの問題意識は、次のように述べられています。

「戦後最大の論点は、いうまでもなく、憲法第九条と自衛隊・日米安保条約をめぐる対決であった」。

冷戦終結を受け、いまやこの「憲法と自衛隊・安保の間の矛盾・乖離」の歪みを回復しなければならないが、その方法は、憲法の精神に則して回復することである。そこでここにそれを実現するために、憲法9条の下位法として「平和基本法」をつくる。これは「たんなる理念の注釈ではな」い。9条の「現実的基盤」であって「理念を具現化していく過程と手続きを明示するもの」だ。われわれの立場は、自衛隊解体をめざす従来型の「護憲論」とは異なる。自衛隊の存在を「最小限防御力」として憲法に〝着地〟させる「創憲論」的な企てである。その立場からこの問題に対する自衛隊の改組、国連への働きかけなどを含む抜本的な答えを提出したい。

†「平和基本法要綱」の考え方――非軍事的安全保障案

そこでの彼らの「平和基本法要綱」(案)の考え方は、次のようです。

まず(1)「目的」は、憲法9条の精神に則り、「日本の安全維持と国民生活の確保、並びに世界平和への積極的寄与」について「具体的な方法、および手続き」を示す。

次に、(2)「憲法との関係」。

①日本国民は「平和のうちに生存する権利」をもつ。

したがって、政府は「国民生活をさまざまな脅威から守る安全保障の義務を有する」。

②憲法は「自衛権」をもつ。1項によって「国連憲章51条に規定された個別的自衛権」をもち、国民生活を守る「実力」を保持するが、2項によって「最小限防御力の域」に限定される。またこれに関連して、②徴兵制の禁止と③軍縮の義務をともなう。

しかし、これによって、十分に「国民生活の安全保障」という政府の「国民への義務」が果たされるかはわかりません。そのギャップを、次の(3)「軍事力によらない安全保障」によって埋めるというのが、彼らの考え方です。

それに(4)「最小限防御力」の実行組織の詳細と(5)その実現のための「経過措置」(自衛

隊を国土警備隊に改組します)、さらに(6)「非軍事的方法による世界平和への積極的寄与」のための具体的な方法、手続きが記されます。

このうち、目玉の一つといってよい(3)の非軍事的安全保障策は、よく考えられています。近隣諸国との友好的信頼関係の構築、アジア・太平洋地域の地域的集団安全保障の機構樹立、国連の集団安全保障体制の強化、必要な機構の設立、という日本の安全保障のためのいわば「ゆりかご」(信頼圏、彼らの概念にいう「共通の安全保障」機構)の創設がそこに挙げられます。国連における「集団安全保障機構の設立」、「国連軍(警察軍)」の創設も提案されています。

さらに、いまある日米安保については、「軍事同盟の禁止」を定めることで、「冷戦後の新たな情勢進展に着目しつつ脱軍事化し」、アジア・太平洋地域の地域的集団安全保障機構に発展解消することがめざされています。

†「問い」がないということ

さて、これをどう見るか。一言でいうと、よく考えられています。私も2015年に『戦後入門』という本で、国連の警察軍の創設、強化等について考えていますから、わかるのですが、いま日本で、もし日米安保に依存しないで安全保障を考えるならどんな対案があるか、という問いを立てたら、そこに答えとしてあがってくるだろう項目が、ここにはほぼすべて網羅されています。項目としてみるかぎり、これですべて、といってよいほどです。

ですから、欠けているのは、ここでも都留のばあいと同じ、ただ一つです。

いや、都留のばあいにはあるのに、ここにはないものが、一つありますから、全部で二つ、足りない。しかしある意味でもっとも大切なものが、この「平和基本法」の考え方には、欠けています。

都留のばあいと同じく、ここにないのは「問い」です。ここに盛られている項目を「答え」とするはずの「問い」がありません。問いがあり、答えがある、という構造がじつはここには、欠けているのです。

具体的にいいましょう。

ふつうここに取りあげられているようなことがらは、次のように話が進みます。

出発点は彼らと同じです。①日本国民は「平和のうちに生存する権利」をもつ。②したがって、政府は「国民生活をさまざまな脅威から守る安全保障の義務を有する」。ここまではよい。しかし、次にくるのは、③「憲法9条の自衛権」ではなくて、「ではどんな安全保障策があるか」という問いです。

つまり、何の先入見もなしに、この問いを考え進めていけば、どこにも憲法9条も、平和憲法も、出てこないのです。

では、ここで「憲法9条の自衛権」の代わりに、あるべき問い、③の「ではどんな安全保障策があるか」に置きかえてみましょう。その答えとして、どんな安全保障を、「平和基本法」の書き手たちは、提示しているのか。

すると、彼らはそれに答えていません。

その代わりに、「したがって憲法9条の解釈は、自衛権を認めるというものとなるはず」で、それに基づけば、「最小限防御力」に限定される安全保障のための「実力」は保持しうる、という解釈となるという彼らの「創憲論」の立場が示されているだけなのです。

†「それで安全保障は大丈夫ですか?」

ですから、ここに欠落している部分を補えば、ここに展開されている論理とは、次のようなものです。曰く、「どんな安全保障策があるか」→「平和的に専守防衛の最小限防御力による安全保障策が用意されている」→「しかしそれでは足りないではないか」→「その不足分を補うために地域的集団安全保障などが用意されるが、これも軍事化によらないものである」→「しかしそれで安全保障は大丈夫なのか?」。

当然、最後にはこの問いがくるはずでしょうが、この問いに対する答えはないのです。なぜこうなるのでしょうか。

この提案から1年半後に、ジョセフ・ナイが日米安保の見直し案を準備して、日本は、10年後を見据え、①日米安保でいくか、それとも②独自防衛力でいくか、自分で考えるのがよいだろうと述べたとき、日本語を解するエズラ・ヴォーゲルひきいる共同作業者たちを通じて、この提案の内容を知りえていたかどうかはわかりません。

しかし、何がいったい、いま、日本という国にとって一番問題なのか、という点に関し、この「平和基本法」の提案者たちの認識が、一つズレていたことを、あるいは、一息浅かったことを、このナイの恫喝に代表されるこのあとの日本社会の、そして日米関係の展開は示しています。

一息浅かったとは、「戦後最大の論点は、いうまでもなく、憲法第九条と自衛隊・日米安保条約をめぐる対決であった」。ここから憲法9条の問題に切り込もうとするのであれば、自衛隊、日米安保と同じく、憲法9条をも、同じ平台において、考えるべきなのに、それが彼らにできていないことを指しています。先に都留重人のところで見られたのと同じく、憲法9条と平和思想をいったんカッコにいれて、相対化するだけの踏み込みがなければ、根底的な検討はできない。徹底的な検討がここに対置されなければ、この先のナイの提示した「見直し」案には対抗できない、という問題です。

†冷戦以後に現れた問題の見落とし――共有されない危機感

そしてこの問題が、もう一つ、彼らの認識が一つズレていたということに関わります。このときまでは、「戦後最大の論点は、いうまでもなく、憲法第九条と自衛隊・日米安保条約をめぐる対決であった」かもしれない。しかし、第一の目標を日本国民の「平和のうちに生存する権利」に置いて考えるかぎり、冷戦以後むしろ問題は、「新日米安保条約をめぐる日本とアメリカの対決」に変わろうとしていたが、しかし、憲法9条と平和思想を手放せない彼らにはそこまでは見えなかった、という問題です。

いや見えていたのかも知れませんが、それに認識がついていけなかったというほうがよいかも知れません。都留は、その現実を見て、憲法9条の堅持よりも日米安保の解消のほうが重大だと判断し、1984年には、「日米安保の解消」へと軸足を転じ、96年、『日米安保解消への道』を書いているのですが、彼らは、どこまでも「戦後最大の問題」ならぬ「戦後最大の論点」にこだわり、これまでの認識の土俵からでられずにいるのです。

そのため、彼らの日米安保非軍事化案には、先に坂本義和、江藤淳がやや楽観的にではあれ触れていた、こうすればアメリカも自分に不利なこの日本からの要求を呑むはず、という配慮が見られません。重光以来の日本の対米交渉の苦闘に少しでも触れていればわかるはずの、どうすれば日本がアメリカの軛から脱せるかということへの危機感が、共有されていないのです。

日米安保についても、「平和基本法要綱」(案)には、「憲法の精神」からして「軍事同盟」は不可であり、「冷戦時代の日米安保条約は」冷戦後の情勢進展に応じて「脱軍事化し、地域的集団安全保障体制に発展解消する」と憲法9条の観点から述べられるだけで、どうその要求をアメリカに呑ませるか、には何の言及もありません。

しかし、翌年この地域安全保障について再論するために発表された続編「共同提言　アジア・太平洋地域安保を構想する」(山口、古関、和田、前田ほか『世界』94年12月号)を読むと、その理由がわかります。そこで彼らが想定しているのは日米安保のいわば〝軟着陸〟であって、別にいうなら彼らは、それがさしたる対立なしに可能だと考えているのです。

それにはそれなりの根拠のあることもわかってきます。というのも彼らは、日米安保については、「脱日米安保」を唱える一方、自衛隊のばあいにも似て、「私たちは、日米安保条約即廃棄論ではない」と明言するからです。つまり、日米安保にはそれなりのメリットがある、というのが彼らの立場であり、彼らは、日米安保が経済的協力事項をもつのでそれへの転身が可能であることに加え、その二つ目の理由に、あの〝びんのふた〟論をあげているのです。

†「びんのふた」論にまで賛成

しかし、ここでも彼らは、先に見た都留に比べてもはるかに後退した姿勢を示しています。

都留は、先のジョセフ・ナイの問いかけに、「日本は、もし米国から離れたら、独自防衛力に走るしかなく、それは国際的な孤立をもたらすのではないか」といういわゆる〝びんのふた〟論に立つ恫喝が含まれているのを見てとって、朝日新聞の社説特集などを紹介しながら彼なりの対案を示し、

積極的な国造りの具体策があってこそ、周辺国を心配させるような日本の過大軍事力の可能性には日本自らの手で「びんのふた」をすることとなり、他力依存の「びんのふた」は必要としない。日米安保条約にそれを期待する、などというのは論外である。
（「『びんのふた』説への疑問」都留前掲、１３３頁）

と反論するのですが、彼らは、逆に、自分たちが日米安保の「即廃棄」に賛成しないのは、

冷戦後、アジアの諸国にとって脅威になると見られているのは中国と日本であり、日米安保条約は日本の軍事化（軍国主義の復活）を抑止し、アジア太平洋の安定化機能さえもっていると位置づけられていると考えられるからである。（『世界』1994年12月号、34頁）

と述べ、この〝びんのふた〟論に彼ら自身が賛成してしまうのです。そして彼らは続けます。50年たってなお、日本がアジアの人々の信頼をえていないのは軍事力否定、平和的秩序構築の努力を怠ってきたからである。

いま私たちが「平和基本法」を提起し、自衛隊の段階的縮小のプロセスを示し、非攻撃的な防衛政策及び新しいタイプの安全保障政策を具体的に示そうとしたのも、アジアの人々の信頼を回復するために避けて通れない課題の一つだと考えたからに他ならない。（同前）

と。つまり、都留にあっては、ナイの振りかざす「びんのふた」論に反対するための「非攻撃的な防衛政策及び新しいタイプの安全保障政策」(「第三の代案」)が、「平和基本法」の論者たちにとっては、「びんのふた」となる日米安保と併せ、同じアジア人民からの信頼確保のために講じられるべきものとされているのです。

なぜそんな違いが生まれるのでしょう。都留においては、この非軍事的安全保障の代案は、日米安保解消のための必須の対案なのですが、「平和基本法」の論者たちにおいては、そう考えられてはいないからです。あるときから、日米安保と憲法9条は相補的な関係をもつようになります。それに応じて、護憲論者の一部においても日米安保は、憲法9条と共存可能なものとみなされるものとなったことを、このことは示しているでしょう。それは一部「内面化」され、彼らにとって、いまや日米安保は別に離脱しなくとも、徐々に非軍事化し、アジア太平洋安全保障のもとに組み込むことで発展解消しうるものと考えられます。彼らはアメリカが、自分たちがアジア太平洋地域における覇権国家であることの特権をやすやすと手放すと、なぜか考えてしまっているのです。

†9条の強化と日米安保の非軍事化の同時進行が可能とみなす

都留と彼らを隔てているのは、都留が、憲法9条と日米安保の相補関係に気づき、それを切断すべく、日米安保の解消なしには憲法9条の再生はありえないと考えるのに対し、「平和基本法」の編者たちが、その相補関係に動かされて、憲法9条の強化と日米安保の非軍事化を同時並行的に進めうるとみなしている点です。憲法9条を手放せない程度に応じて、やはり日米安保が一部「内面化」されてしまっていることを、彼らの〝びんのふた〟論は示しています。

その根源にあるのは、都留のばあいにも指摘された、護憲派の論者についてまわる、その思考と憲法9条・平和主義との癒着です。ほんとうは、ゼロの観点から考えてみるなら、日本国民の安全な生存を持続的に保障する方法のカギは、憲法9条の平和主義しかない、だから憲法9条はいまの時代にあってもっとも「有効で現実的」なのだ、といわなければならないのに、彼らはどうしても、

「憲法9条維持のもとで、いかなる安全保障政策が可能か」

というように考えてしまうのです。

この前提を、はずせない。可愛い子には旅させよといいますが、一度突き放し、これを

いったんカッコに入れて考えてみるということが、できないのです。

ちなみにこれは、12年後、2005年に『『平和基本法』の再挑戦』の副題のもと、彼らがこれを再提言した際の論文名です（『世界』2005年6月号）。この「憲法9条維持」のうちに「最小限防御力」の自衛隊と「やがては地域安全保障のうちに非軍事化し発展解消されうる日米安保」が入っています。12年を経過し、それらが専守防衛の限度をふみこえ、軍事化したままの現状が、いかに危険かは警告されるものの、当初の思惑通り、自衛隊をどう「国土警備隊」に改組し、日米安保を非軍事化し、「脱日米安保」を実現するかの具体案、対案は、示されていません。

†9条と現実の距離の測定――「創憲論」の困難（1）

観点を変えて、2015年の安保法制制定の時点に身を置いて、そこから彼らのこの「創憲論」を振りかえってみましょう。すると、そもそも自衛隊・日米安保と憲法9条のあいだに「矛盾、乖離」を見て、これを克服することで問題を解決しようとする彼らの論法では、この間、安倍政権の徹底従米路線のもとに生じてきた事態に対応することがもはや不可能に近いことがわかります。

ポイントは三つあります。まず一つ。

平和基本法の書き手たちは、1993年に、こう書いています。問題は、9条と自衛隊・安保のあいだの矛盾・乖離である。それを、双方が相手を自分に従わせることで是正・解消しようとしているのである。改憲論者たちは、9条を自衛隊・安保の現実に合わせ、是正しようとしている。教条的護憲論者たちは、自衛隊・安保を違憲として弾劾しているが、現実は動かないので結果的にこの現実を放置し、綱引きから降りている。しかし自分たちは、綱引きをあきらめるつもりはない。自衛隊・安保の現実を憲法の精神に合わせ、是正することで、問題を解決しようとしている。

しかし、このあと、日本の社会に起こったことは、解釈改憲によって、憲法が空洞化されてしまい、法としての抑止力をほぼなくしてしまった、ということです。憲法の精神と自衛隊・安保の現実の綱引きとはいえ、もはや憲法の条文が、その内実である憲法9条の精神（「特別の戦争放棄」としての理念性）を失っているのです。

その結果、12年後、彼らのいい方はこう変わります。

(1)前回の執筆時点に近い冷戦終結からほぼ「一五年の混乱を経て、現憲法を擁護してきた政治勢力は大幅に後退した」。(2)「日米関係の構造は〝安保条文型〟（日本および極東）から〝新ガイドライン型〟（周辺事態）、さらに〝日米同盟型〟（海外派兵）へ進展した」。(3)「ここにおいて解釈改憲（安保条文の枠内と集団的自衛権の不行使）という手法すら、もはや限界につきあたった」。(4)条文と解釈の距離、すなわち、解釈改憲の「9条との距離＝違憲性ははるかに大きく、これらの既成事実を法的に追認するには、もはや『明文改憲』か、現憲法下での『集団的自衛権の容認』解釈しか残されていない」(「共同提言　憲法9条維持のもとで、いかなる安全保障政策が可能か　『平和基本法』の再挑戦」(以下、「再挑戦」論文)、書き手　古関彰一・前田哲男・山口二郎・和田春樹『世界』２００５年6月号、93～94頁)。

したがって、(5)先の自分たちの提案は、9条と現実に架橋を試みる政策提起だったが、12年たって、現実政治は逆に、9条の規範を踏み破る日本の軍事化の進展と軍事的役割の拡大へと向かった。そして、(6)「9条の理念と現実の距離は、かつて以上に大きくなった」と、そう、彼らはいうのですが(同前、99頁)、私の考えは違います。ここは、正確にいえば、「9条自体と現実の距離は、9条が限りなく現実に合わせさせられることで、かつてないほど小さくなった」というのが事実に近いでしょう。

憲法9条の精神(理念)と憲法9条の条文は、かつては同じでしたが、その「精神」と解釈によって変質させられた「条文」の意味は、その後、大きく隔たってしまいました。9条が股裂きにあった結果、「9条の理念と現実」の距離は「かつて以上に大きくなり」つつ、「9条の条文と現実」の距離は「かつてないほど小さくなった」のです。

その結果、いまや、「9条と現実の架橋」、「9条と現実の綱引き」という問題設定が、成り立たなくなった。憲法9条を基準に考えることが、無効になったことが、この観点からもわかるのです。

†目的と手段の転倒——「創憲論」の困難(2)

第二のポイントが、先にふれた問題、平和主義の理念をめぐる問題です。果たして、9条と平和主義を前提に問題を考えることが正しいのか。

この「再挑戦」論文でも、著者たちは、「日本はどこに行こうとしているのか?」と問い、「戦前の愚行とその結末を再現させないためにも、いまこそ『9条理念』に依拠するだけでなく、それを基盤とした強力なオルタナティブの提起が求められている」と述べています。「『憲法第9条を守る』ことはもとより重要な目標」だが、「それより先に、現存する負の累積」つまり「『9条下の違憲状態』を解消する(中略)こと、また世論が改憲に引きずられていく脅威感(中略)に答えていくことが必要」で、「それなしに原理的・理念的に『9条を守れ』と叫ぶだけでは、国民多数の支持を得ることは困難だろう」というのです。

では、どうすればよいいか。しかし、ここで、彼らはいいます。

「すなわち、『憲法9条維持のもとで、いかなる安全保障政策が可能か』を、具体的に示し〝もう一つの選択肢〟として国民に提案することである」、と(同前、96頁)。

ここに来てなお、彼らは「憲法9条」から離れられない。「『9条理念』に依拠するだけ」ではいけない、といいつつ、「それからいったん離れ」て徹底的にどんな安全保障策がよいのかを、考えよう、とはならず、「それを基盤とし――9条維持のもとで――」「どんな安全保障策が可能か」、となってしまうのです。

彼らは、このあとのくだりでは、現在の東アジア情勢のなかでは相互の「信頼」と「安定した安全保障システム」と「軍事の役割を下げること」「以外に」は「9条を維持することは難しい」といっています(同前、108頁)。しかしこのいい方も同じです。おかしい。「9条を維持すること」が問題なのではありません。「国民生活の安全」を維持することのほうが大事です。彼らの議論は、12年経ってなお、転倒したままなのです。

†「役に立つ」という基準の不徹底――「創憲論」の困難(3)

しかし、これが第三のポイントですが、振り返ってみるなら、私のこの提案が、さして奇矯なものでないことがわかるでしょう。

というのは、私のいっていることは、もし憲法9条に意味があるなら、それが日本の安全保障に「使える」ものであるばあいに限る、ということだからです。理念を云々するまえに、安全保障に「有効で現実的」であればこその憲法9条ではないか、ということだからです。

そもそも憲法9条は、理想主義的ではあるが、核時代においては理想主義的な処方箋がもっとも「有効かつ現実的」な安全保障なのだ、だからすばらしいのだ、といわれてきたのではなかったでしょうか。それは平和理念としてすばらしい、西洋人の祈念がこめられているから、私たちにとって大事なのではありません。それと同時に、それ以前に、もっとも現実的に役に立つから大事なのだ、といういい方が、制定からほどない時期からなされてきたのです。

幣原喜重郎が、1946年3月20日に、枢密院で、「今日のところ世界はなお武力政策にこだわっているが、他日原子爆弾以上の新たな兵器の威力により、短時間のうちに交戦国が悲惨な被害を見るようになれば、そのときこそは、諸国は目をさまして戦争の放棄を真剣に考えるようになる」といったのは、核時代には戦争放棄こそがもっとも現実的な安全保障なのだということに核戦争が起これば誰もが気づくだろう、ということでしょう。

また丸山眞男が、50年に、「原子力戦争は、最も現実的たらんとすれば理想主義的たらざるをえないという逆説的真理を教えている」と述べたのも（「三たび平和について」第一章、『丸山眞男セレクション』213頁)、65年に、ラスク米国務長官のミサイルの軍拡を進めれば進めるほど「安全感は逆にますます低下していくばかり」という発言を引き、「核時代における軍備」の逆説と、軍備全廃と戦力放棄に「究極の安全保障があるという」憲法9条の逆説とのいずれをとるか、と記したのも（「憲法第九条をめぐる若干の考察」『後衛の位置から』67〜68頁)、すべて同趣旨の発言にほかなりません。

†撤回されない「びんのふた」論

事実、それに続くコトバが、彼らの「再挑戦」論文にも見られます。

「私たちは、日本国前文および第9条に盛られた平和主義の理念と規定が、現下の国際的安全保障環境下においても、また、やがて確立されるだろう二一世紀の時代精神に照らしても、いぜん有効かつ現実的であると確信する」というのです（同前、99頁、傍点引用者）。

しかしもし本当にそう思うのであれば、その「有効性と現実性」がどこで生きるのかを、考えなければなりません。何にそれが「有効かつ現実的」であるのか、ということです。

そう考えれば、「現下の国際的安全保障環境下」と「二一世紀の時代精神」は迂遠にすぎます。まずその「有効性と現実性」が問われるべき場は、日米安保体制下でいかに日本が「日米安保解消のために」動けるか（都留重人)、ということだからです。

にもかかわらず、彼らは、1994年の日米安保堅持基調（＝非軍事化と地域安保への発展解消）とその「びんのふた」論を、2005年にいたっても、撤回する気配を見せません。この「再挑戦」論文でも、無策のまま、中国が軍事的に「立ち現れた」ら「さらに米国にすがりつき、日米安保を強化し、憲法を改定し、より社会を軍事化するのだろうか」、それでは困る、と警告を発するだけなのです（同前、108〜109頁）。

†「いかなる安全保障政策がいま、日本国民にとって、最善か」と問うこと

いま、私の考えでは、アメリカのいいなりになるだけの日米安保の体制に、持続的な日本の安全保障体制をまかせることができるとは思えません。長い目で考え、もし日米安保以外の対案を考えるなら、「平和基本法」の著者たちも、「憲法9条維持のもとで、いかなる安全保障政策が可能か」を考えるにせよ、まず日本に日米安保以外の「いかなる安全保障政策が可能か」と問い、その答えとしての対案を得たのち、その対案を実行するうえで、憲法9条がいかに「有効で現実的」であるかを、考えてみるべきだろうと思うのです。

では、何の前提も排したうえで、「いかなる安全保障政策がいま、日本国民にとって、最善か」。こう問うてみましょう。どんな答えが見えてくるのか。

1993年、2005年に続き、もし、2018年に「三たび」「平和基本法」の構想

が再度、問われるとしたら、問いは、この憲法9条をカッコに入れた、「日本が今後、国際的に孤立することなく、持続的に、国民の生活を安全に維持していくとすれば、そのための方策とはどのようなものか」というものになるはずです。

この問い自体への答えは、後に詳しく考えるとして、いま、その大枠を示せば、こうなるでしょう。

第一のオプションは、日米安保同盟を今後も堅持するというものです。しかし私はこれを採りません。冷戦終結までは、これがもっとも「有効かつ現実的」な安全保障策で、日本の側にもこれをしっかりと自国の安全保障と国益追求に組み入れるだけの対応がありました。しかし、冷戦以後、これまで見てきたように、米国と日本の関係は、軍事的にも政治的にも経済的にも、「保護」、「協同」の段階をすぎて、いまでは「収奪」にいたっており、これは日本の安全保障のうえからも、国益追求のうえからも、マイナスだと考えるからです。今後予想される国際秩序の展開（米国一強の秩序の崩壊）を考えれば、日本もそれに代わる将来設計を準備すべき時期にきています。

†米国とのタフな交渉に必要なのは、しっかりとした対案——9条を生かし、使うこと

そうなると、日米安保を今後縮小・解消に向けて「見直す」ということになりますが、

そのためには、米国とのタフな交渉がまず必要となります。そのためにも、しっかりした安全保障上の対案が必要となります。

そのばあいの対米自立のための第二オプションとして考えられるのが、先にあげた三つの対案の候補カードです。つまり、核武装までを含んで単独で軍事的に安全保障をめざす原爆カード、中国を含む東アジア共同体、あるいはアジア・太平洋地域を対象に、EU型の「共通の安全保障」での政治的経済的連携に軽武装の対等で相互的な軍事的協同をめざす中国カード、国連を日本の信頼圏（安全保障のゆりかご）とすべく、国連中心外交を基軸にすえ、国連集団的安全保障体制の抜本的強化、国連警察軍の創設とそれに応じた自衛隊の再編をめざす国連カード。

このうち、原爆カードは、先にも述べたように（256頁）国際的な孤立を招き、経済的破綻をまねくこと、国内的には現状で軍部の暴走をコントロールできるだけの社会的用意がないことから、私は採りません。

すると、残りは、非軍事的な手段を行使する、森嶋いうところのソフトウェア国防論となります。中国カードもしくは国連カードです。ともに、国際的環境の展開によって、どのような「有効性」と「現実性」がひらけるかわからないので、可能性をオープンにしておくことが大切ですが、そのいずれの方向に進むうえでも、現在の日本の憲法9条とそれが体現する平和理念は、73年の蓄積をもつ枢要な武器となり保障となり、またジョーカーともなるはず。ここまできてようやく、憲法9条と平和理念は、もっとも現在の日本に「有効で現実的」だといえることになるのだろうと思うのです。

こうして、私の結論は、「平和基本法」の著者らと、ほぼ重なります。ただし、私の考えでは、そこに至る考え方はまったく違う。また、結論も一部、違っています。彼らは、憲法9条維持を金科玉条としていますが、私は、この目的を実現するために、憲法9条の条文を「生かし」「使う」ことが必要だと考えるので、その改定を、厭いません。

私と彼らの違いは、「憲法9条維持」を外したうえで、「日米安保堅持」なしに、日本に「いかなる安全保障政策が可能か」を考えよう、と人々に具体的に、提唱するところなのです。

2　自民党の従米改憲案――なぜ戦前回帰が必要か

2000年以後の日本政界における改憲論は、1999年7月の憲法調査会設置を決める国会法の改正からはじまっています。その主な担い手は、2000年11月の「加藤の乱」のハト派壊滅を受けて登場した小泉純一郎の自公内閣を担ぐ自民党です。03年の小泉内閣による「改憲」の選挙公約を皮切りに、自民党では、さまざまな私案、改正草案大綱案がその後、発表されます。これらが最初にまとめられたものが、05年の結党50周年大会発表の新憲法草案で、その後、新たな政権党となった民主党との対抗関係のなかから、12年、主権回復60年を期して、新たに発表されるのが、自民党日本国憲法改正草案です。

次にこの自民党の改正案を見てみましょう。

†自民党の改正案の特徴——日米安保への同調の意思と、戦前型秩序への郷愁の一対性

これらの憲法改正案の特徴を一言でいえば、日米安保への同調の意思と戦前的秩序への郷愁が一対の関係をなしていること、となります。

このうち、憲法9条について見ると、2005年の新憲法草案では、9条2項を削除して9条の2（自衛軍）を新設し、

「自衛軍は、第一項の規定による任務を遂行するための活動のほか、法律の定めるところにより、国際社会の平和と安全を確保するために国際的に協調して行われる活動及び緊急事態における公の秩序を維持し、又は国民の生命若しくは自由を守るための活動を行うことができる」（9条の2第3項、傍点引用者）

と定めています。この変更の狙いは、一つは、自衛隊を自衛軍として軍隊としていること

と、もう一つは、傍点部分の「国際社会の平和と安全を確保するために国際的に協調して行われる活動」と「緊急事態」における治安出動をともに「行うことができる」として、この自衛軍の限定なしの海外での米軍「一体化」共同作戦参加と大時代的な「治安出動」という一対に道を開くものとなっていることです。
一方で国威発揚的、戦前郷愁的な国家主義的要素を加えるとともに、他方で日米安保の米国の対日要求に、より従順に応じる内容となっているのです。

†ほぼ逆向きになった「自主憲法制定」の意味

このあり方は、2012年の憲法改正草案でも変わりません。そこでは、第2章のタイトルが「戦争の放棄」から「安全保障」に変わったうえ、新憲法草案の「自衛軍」が「国防軍」となり、9条1項に続けて、2項として、

「前項の規定は、自衛権の発動を妨げるものではない」

と述べたうえ、9条の2（国防軍）に、「国防軍の保持」を記し、先の新憲法草案の米軍同調海外派兵と治安出動を可とする条文が続いたあと、機密保持、軍法会議（軍事裁判所）設置のほか、9条の3として「領土等の保全」をあげて、軍の要件を憲法で保障し、国民の国防意思を喚起する体裁を整えています。

全体の改正の狙いは、同時に発表された「自民党改正草案Q&A　増補版」によれば、現行憲法が日本の「主権が制限された中で」制定されたことを念頭に、「日本にふさわしい憲法」をめざすことです。全体としてこれまで「国民の権利」として語られてきた条項が「国民の義務」に変えられ、「個人の価値」が後退し、「家族の価値」が強調され、これに国家緊急事態条項が加えられて、戦前の国家主義的な社会への郷愁を深く感じさせる内容となっているのが特徴です。

そのため、12年にこの草案が発表されたときには、その戦前回帰的色合いの強さに、多くの批判が寄せられました。しかし、この二度の憲法改正草案の主眼が、憲法9条の改定にあることは明らかです。9条における対米従属の深化と、他の家族条項や国民の権利に関する規定での義務の強調など戦前型秩序への郷愁とが一対になっていることが、この二つの改正案にとどまらず、2000年以降の新しい改憲論の波に乗って現れてきた自民党をはじめとする保守陣営の改憲案の特徴なのです。

同じ『Q&A』には、冒頭、「わが党は、結党以来、自主憲法制定を党是としています。占領体制から脱却し、日本を主権国家にふさわしい国にするため、これまで憲法改正に向けて多くの提言を発表してきました」とあり、1955年以来の党としての改憲案文書が列挙されていますが、よく見ればそこには55年から72年までの17年間、82年から2005

年までの23年の空白がさしはさまれています。ここにいう「自主憲法制定の党是」が一貫してこの党を動かしてきたわけでないことが、そこからもわかるのですが、より重大なことは、そこでの「自主憲法制定」の意味が、前にも少しふれたように、結党時と現在とでは、ほぼ逆向きになっていることです。

†自民党結党時の方向性――対米自立志向

1955年の自民党結党時の「政綱」の六、「独立体制の整備」の項には、自由民主党は、

平和主義、民主主義及び基本的人権尊重の原則を堅持しつつ、現行憲法の自主的改正をはかり、また占領諸法制を再検討し、国情に即してこれが改廃を行う。
世界の平和と国家の独立及び国民の自由を保護するため、集団安全保障体制の下、国力と国情に相応した自衛軍備を整え、駐留外国軍隊の撤退に備える。

とあります。つまり、この「政綱」では、彼らが、憲法の自主的改正により「国力と国情に相応した自衛軍備を整え」るのは、(国連の、ひいては日米安保の集団的自衛体制を含

む）集団安全保障体制のもとにとどまりながらも、なお「独立体制」の獲得をめざし、「駐留外国軍隊の撤退に備える」ためである、とされています。

これが単なる対米従属の言い繕いとして語られたのでないことは、その後の重光のダレスとの交渉から明らかです。先に見たように、2010年に新聞が報じた記事には、この政綱策定前後に、重光がダレスとの会談で提示した「相互防衛条約」案に第5条として「米軍全面撤退」が明記されていました（75頁）。在日米軍の基地の撤去を実現し、実質的な独立を果たすことが、書き方こそアメリカを意識して「政綱」の末尾と控え目なものとなっているものの、第一次の改憲論者、鳩山、重光、芦田、石橋らの最大の目標だったのです。彼らは、改憲し、再軍備へのフリーハンドを手にし、対米自立をはかることが、そのための第一歩と考えるがゆえに、憲法の自主的改正を政綱に掲げていたのでした。

†2012年の改正草案――矛盾した要求の併存

しかし、2012年の憲法改正草案は、同じく憲法9条の改定により軍備増強（再軍備、海外派兵）に道を開きながら、その逆に、「協力」の名のもとに対米従属を深めることをめざしています。その意味するところは、何より、米国の対日要求に応え、米軍との協力をよりシームレス（継ぎ目のないもの）にすることだからです。

ですから、彼らの改正草案におけるこの対米従属の強化と、戦前的な価値の尊重、復活、国家主義的色合いの強化とは、矛盾・対立しています。では、この相対立する二つの命題は、12年の改正案のなかで、どういう関係でつながっているのでしょうか。

ふつう、矛盾するAとBが一つの命題のなかに共存し、それが疑問を生じさせずに受け入れられているというばあい、考えられるのは、Aによって生じる不都合をBによって打ち消す代償作用がそこにはあるということです。私は、一方で対米従属を深めることの屈辱を打ち消したい衝動が、自民党の改正草案を、必要以上に戦前的な色彩をもつ国家主義的主張へと促しているのではないか、と考えます。対米従属を恥ずかしく思うマイナスの意識の代償作用が、他方で彼らを、戦後70年をへてその社会的実体はほぼ空洞化してしまっているにもかかわらず、「家族の価値」とか「夫婦別姓反対」などといった戦前型の復古的主張へと駆り立てないではいないのです。

†第四次の改憲論——屈辱の代償

これを、重光らの1950年代の第一次の改憲論から数えて、第四次の改憲論と呼びましょう。すると、この代償作用のうちにこの2000年代の改憲論の本質が顔を出していることがわかります。それは、第一次の改憲論のちょうど逆です。

第一次の改憲論はその点、まっとう至極です。論理的です。彼らの理屈は、⑴独立国家として米国と対等でないとなにごともはじまらない。⑵対等になるため、再軍備を可能にする。⑶そのために憲法改正をめざす、の三段論法です。しかし、その企図が——米国の保護支援の手を離れたばあい——安全保障への不安が残る、経済の回復、国民生活の向上につながらない、それでは困る、と考えた国民の支持をえられずに、頓挫する。その理屈が現実の壁にぶつかって屈折する。

そこに現れるのが中曽根らの「自主憲法期成議員同盟」に代表される第二次の改憲論で、⑴対米従属を打開するメドも立たない、⑵しかし主流派の対米従属ぶりは我慢できない、⑶したがって、主流派批判として、自主憲法制定を唱え、ナショナリズムの憂さ晴らしをする、という運動にその不満のはけ口を見出しました。

これに対し、この第四次の改憲論では、——いまや米国の対応は保護支援から保護収奪に変わっているのに——⑴安全保障の確保のため、米国の対日要求には応じるしかない。⑵だから、対米協力を完全たらしめるために改憲は行う。⑶しかし、そのことの屈辱感はいかんともしがたい。⑷したがってこれを打ち消すためにどうしても戦前回帰の復古的主張をセットにしなければならない、となっているのです。

ちなみにいえば、江藤淳に代表される第三次の改憲論は、この第二次と第四次の中間に位置し、(1)日本と米国の関係はあるべき対等のパートナーシップになっていない。(2)対等になるため、主権回復（独立）の象徴的行為として交戦権を回復する。(3)そのために国民に広くナショナリズムへの覚醒を訴えて9条改定の改憲を果たさなければならない、というものでした。

しかし、主権回復をめざせば、安全保障の確実さが減り、安全保障を確かならしめようとすれば、国としてのアイデンティティが回復できない。そういう「二律背反」（江藤『一九四六年憲法——その拘束』149頁）のディレンマを抱えていました。そのため、——まだ米国の新しくはじまった収奪傾向に日本が十分に対抗しつつそこから国益をうる力をもっていたこともあり——高坂・永井らの、国としてのアイデンティティは経済ナショナリズムで補塡できる、対米従属のままでも国益（経済的繁栄）を追求するほうがよい、という経済好調期の保守本流路線に敗れたのでした。

†自民党以外からも看過される対米従属の深刻さ

しかし、先の柳澤の証言などを読むと、いまや日本は、安全保障の確保のために際限のない米国の対日要求に応える以外、なすすべがないところまで追いこまれている、というように見えます。

1955年の自民党の「政綱」が明記した「駐留外国軍隊の撤退」に言及している政党も、いまや、社会民主党、日本共産党の左派政党を除けば、保守中道政党には見あたらず、この対米従属の深刻さをよく現しています。自民党だけではありません。保守政党のなかでもっとも国家主義的色彩の強い「自民党の右」を標榜していた「日本のこころ（旧次世代の党）」ですら、基本政策には「外交力及び国防力の強化による確固たる安全保障の構築」と述べただけで、対米従属の現状には何も述べません。

「日米地位協定の改定」を公約に掲げる保守中道政党も、2009年の民主党のマニフェストを最後に、見あたりません。安倍加憲改憲案に反対する現在の最大野党、立憲民主党の基本政策にも、「護憲」と距離を置くとしてなお、日米安保の見直し、縮小、まして「駐留外国軍隊の撤退」は、明記されていないのです。

†一回りする時代の舞台

時代の舞台は、ここに来て大きく一回りしたといわなければなりません。

1955年、まっさきに再軍備、改憲をいいはじめた反吉田の保守各党は、対米自立をめざし、改憲を選挙公約に掲げ、保守合同をへて自民党を創設したのでしたが、その自民党が、そのときとは逆に、いまは対米従属をさらに完全なものにするために自衛隊米軍支援海外派兵を大幅に認める改憲を目標に掲げています。

そして、その対米従属・戦前回帰型改憲に反対する野党陣営の第一政党である立憲民主党は、綱領に自衛隊の「専守防衛」と「健全な日米同盟」を明記し、憲法について「いわゆる護憲と改憲の二元論」からは距離を置き、「国民にとって真に必要な改定があるなら」「検討する」と述べるものの、在日米軍基地、地位協定にはふれません（「憲法に関する当面の考え方」）。ほぼ旧自民党ハト派と同じです。

他方、現状を対米従属とみなし、「米軍基地の撤退」を主張するのは、いま、「護憲」を掲げる日本共産党で、最後、かつて「護憲」と基地撤去を含む「平和四原則」で党勢を伸ばした旧社会党の社会民主党は、いまや極小政党へと後退して、見る影もないのです。

ところで、2005年の先の「平和基本法」再提言の書き手たちは、「日米関係から改憲論議を読み解くと」、この間の改憲論の動きから、「『安保再定義』がエンジンをスタートさせ、『9・11事件』がアクセルを踏んだ〝改憲へのロードマップ〟が浮かんでくる」と述べています（古関ほか前掲、94頁）。しかし、その行程をそのまま現在まで引き延ばすなら、このロードマップの行程表の先で、この動向に一段とギアをあげさせ、さらにターボ・エンジンまでかけるものが、07年、さらに12年以降へと続く安倍自公政権の政策決定であることが見えてきます。

以後、安倍晋三という異数の保守政治家、そして日本会議という新種の保守団体の登場が、この動きをさらに別の次元に連れていくのです。

3 徹底従米と明治憲法復元——安倍晋三と日本会議

2000年代以降、日本社会の政治的展開をもっとも象徴的に示す政治家を一人あげよといわれれば、現時点で、党規約をまげてまで三期目の自民党総裁を務め、12年12月以来の（注——20年9月にまで及ぶ）、憲政史に残る長期政権の持続者・安倍晋三ということになるでしょう。

この人物が、2000年代の日本の政治を代表する存在だというのは、そもそも彼が、これまでの日本の戦後の保守主義、保守党の伝統というものをわが身一つでほぼすべてなぎ倒してしまったからです。しかし、この本の文脈からいえば、9条改憲に代表される保守主義、ないし右翼的主張というものの意味を、やはりもう一つ、はっきりと更新してしまったところに、この政治家の新しさを見ることができると思います。

†米国のタカ派知日層に従う従米路線

自民党のなかに育ちながら、「自民党をぶっ壊す」といって党のあり方を大きく変えた小泉純一郎は、自らの支持基盤を党外の無党派の支持層に求め、そのため彼の施政は劇場型政治、ポピュリズムと評されたのですが、自民党内にさしたる実績もないうえ、同じく足場もないまま総理総裁となった安倍が、無党派浮動層からの支持も見込めないまま、自分の支持基盤にと期待したのは、国内にあっては日本会議という党外の右派民間団体、国外にあっては「アーミテージ・ナイ報告」の書き手たちに代表される米国内のジャパン・ハンドラーと呼ばれるタカ派知日層からなる圧力集団でした。

とにかく彼らの意に沿うように舵を切れば、自分の足場は安泰だ、と考え、国民は世論操作の対象と割り切ったうえで、情報操作にたけた広報宣伝機関にお金をかけ、メディアを支配し、ほぼ極右に近い路線をとり、またほぼ米国内知日派強硬論に従う従米路線を徹底することにしたのです。

†異例な首相の誕生

安倍の政治家としての特異性を一言でいえば、名望家の出の世襲議員であることのほか、強運も手伝い、これといった政治手腕を何一つ発揮することなく、あっというまにヒラの陣笠議員から総理総裁にまで登りつめたため、党内に何の足場ももたず、国民世論の後ろ盾もないままに、首相になったということです。

そのため、自分として政治主張をほぼもたないまま政治家になったことも手伝い、彼は、右寄りの民間保守団体、日本会議との関わりができると、大きくこの集団に依存し、いわば党外の集団の政治的主張を代弁し、これに支えられることで、党内にも睨みをきかす、これまでにないタイプの保守政治家になります。官邸主導の名のもとに自民党の内部に党中党を作り、高級官僚の人事権を掌握することで、党と官庁の世界を壟断するようになるのも、基本的弱点たるこの依存性のせいにほかなりません。

そのキャリア的な出世の速さは、驚異的なもので、1991年の父安倍晋太郎の急死を受けてその2年後に世襲代議士となると、ヒラの陣笠議員として芳しくない数年の迷走をへた後、2000年、三期目にして派閥の長、森喜朗に内閣官房副長官にとり立てられ、第一次小泉内閣でも再任、02年の北朝鮮での拉致問題でのタカ派姿勢で評判をあげ、03年には「選挙の顔」として小泉に自民党幹事長に大抜擢されると、05年には衆院議員五期目で内閣官房長官に就任、06年、52歳の若さで、戦後最年少、初の戦後生まれの首相の座についています。

この間13年。異例の速さで、子供時代から学生生活を終えるまで、「目立たないごく普通の奴」、「クラスで影が薄かった」とクラスメートに評される（野上忠興『安倍晋三 沈黙の仮面』8頁）、「つくしのようにすくすく育った」凡庸でからっぽな異例の首相が誕生するのです。

これを可能にしたのは、一つには、冷戦終結後の自民党の変質です。1994年の小選挙区制と政党助成金制度の導入が、派閥を衰退させ、総裁の権限を拡大させたのに続いて、90年代後半の橋本龍太郎内閣の進めた行政改革を受け、族議員などの従来の政策決定システムが機能しなくなり、2000年代に入り、そこに乗り込んで来た小泉が、文字通り、1980年代なかばに完成を見た自民党の党体制（中北浩爾『自民党』）を、壊してしまう。その小泉にルール無視を顧みず引き立てられて出世し、次には党をある意味で私物化しなければ権力を維持できないところに追いこまれるのが、安倍なのです。

†足場を党外にもつことによる横紙破りの行動様式

安倍は、一期目の1994年には社会党の議員田英夫、自民党のハト派議員村上誠一郎らとともに「リベラル政権を創る会」なるものに名を連ねています。他方、自民党の基本問題調査会がハト派の後藤田正晴を会長に55年の政綱にある「自主憲法の制定」の取り下げを検討すると、タカ派の中川昭一、衛藤晟一《えとうせいいち》らと押しかけたりもしています。どこにでもいる平均的な人間ながら、政治家としてはどんな色にも染まる、まれに見る空虚性が、彼の特徴です。

また、先に述べたように、党内に実績も足場ももたない彼の主張は、自民党の従来の議論とのつながりを欠いています。靖国問題においても、改憲問題においても、党外に位置する日本会議の中核を占める極右的見解に影響を受け、外交姿勢でも、東アジアの隣国には優位性を誇示したがる一方、米国に対しては対米自立の意欲を何一つ感じさせない、徹底従米路線に走ります。

第二回目の政権復帰からわずか1年7カ月後の強引な集団的自衛権行使容認の閣議決定は、そのよう背景があってはじめて理解できる、異例の行状でした。その後、いわゆる安保法制が国会で成立しますが、その総仕上げをめざし、2017年5月にはいわゆる安倍加憲改憲私案というものが突然、発表され、具体的な改憲への動きが本格化しますが、そこにも同じ、足場を党外にもつことからくる横紙破りの行動様式が見てとれます。

†9条改憲をターゲットにした一連の動き

9条改憲をターゲットにしたこの間の安倍の動きをリストアップすると、以下のようになります。すなわち、まず、第一次安倍内閣での、
2007年

1月　（PKO活動の本来任務化を睨んだ）防衛庁の省昇格
5月　（改憲を見すえた）国民投票法の制定
をへて、いったん退陣した後、2009年の民主党鳩山由紀夫政権の拙劣ながら果敢な対米自立の企ての頓挫をへて、2012年12月に政権に返り咲いた第二次安倍内閣での、
2013年
8月　内閣法制局長官人事の官邸による介入（人事の慣例を破り、先に安全保障の法的基盤の再構築に関する懇談会（安保法制懇）で立案実務を担当した小松一郎フランス大使を長官に任命）
12月　国家安全保障会議（NSC）設置
特定秘密保護法制定
積極的平和主義の提唱・防衛計画の大綱決定
2014年
4月　武器輸出三原則の変更（武器輸出を解禁）
7月　集団的自衛権行使容認の閣議決定（安保法制を目標化）
2015年
4月　日米防衛協力のための指針（「新ガイドライン」）の決定

9月　安保法制成立

そして、

2017年

5月　加憲方式による安倍改憲私案の発表

まで。

このうち、リストの最後を飾る安倍の加憲方式による改憲提案は、ここまで見てきた改憲論の流れにあって、そこから一歩離れた、一種不思議な改憲案の登場を意味しています。というのも、これはこの間、1999年から進められてきた自民党の改憲運動の9条改憲の議論の蓄積を何ら反映しない、まったく別の出自と動態をもつ考え方の登場を意味しているからです。

†安倍には見られない二律背反のディレンマ

ここは、この異色の政治家について語る場ではないので、最小限、彼の憲法改正と従来路線の選択に関わる範囲で述べますが、安倍の憲法改正の姿勢が、他と違うのは、これまでの自民党の改正案に通底してきた二律背反のディレンマが、彼には見られないという点です。

そのディレンマの原型とは、かつて江藤淳が述べた、「自己回復を実現するためには『米国』の後退を求めなければならず、安全保障のためにはその現存を求めなければならない」(「『ごっこ』の世界が終ったとき」)というこれまでに何度かふれた二律背反ですが、ここまで述べてきたように、この冷戦期に固有の日米関係の二律背反は、冷戦終結をへて、そのあり方を一変させます。

江藤が述べたことは、いまから振りかえるなら、こういうことです。高度成長の時代は、話が簡単だった。日本は、東アジアでソ連封じ込めの最重要地点を占めていたので、米国への基地提供国として枢要な位置を占めていた。そのことを前提に、日本は、基地提供以外には、憲法9条を防波堤に、自衛隊の海外派遣、米国の軍備増強等の要求に抵抗を示す一方、経済中心主義による繁栄を糧にナショナリズムの自尊心を満足させることができていた。

しかし、それが可能だったのは、日米関係の全体が〝ごっこ〟の世界におさまっていたからである。まず米国の要求がそれほど真摯《しんし》なものではなかった。軍備増強を要求しつつも、米国は日本がよい戦闘機や兵器の購入国であれば、それでよかった。日本が独自に軍事力を増強することには逆に警戒心をもっていた。日本に軽武装しかさせないことは、米国の「びんのふた」路線に適うことでもあった。そのため、日本の保守護憲派は、従米基調のもとで心置きなく国益を追求していればよかった。またタカ派と呼ばれる自主防衛派も、自衛隊の強化を主張して自衛隊を国民に近づけようとしていればよかったのである。

というのも、「今日いわゆる『自主防衛』とは、決して日本人による日本の自主的な防衛ではあり得ない」、「依然として米国の極東戦略の一環を分担させられている」にすぎない以上、それとて〝ごっこ〟の世界の外に出る主張ではありえず、ほんとうの「問題は国民が自衛隊に近づくか否かにあるのではなく、自衛隊が米軍から遠ざかるかどうかというところにあ」ったからである。また、むろん、革新派は、イデオロギー的にいまや対案をもたない護憲非武装をいいつのることで、保守派と黙契を結び、国内で、棲みわけをして平和的希求の受けとめ役に徹していればすんだのである。

しかし、これらの全体が、一つの黙契のもとにある〝ごっこ〟の世界にすぎないことが日米経済摩擦の深まりとともに、誰にも感じられるようになる。このような擬制の世界が終わりを迎えるとしたら、どうすることがわれわれの課題となるか。

江藤は、こう問い、いまや憲法9条の改憲によって交戦権を回復し、米国に対し、日米同盟の枠内にありつつ、対等なパートナーシップを要求すべき時期に来ていると主張します。

そして、そこに現れるディレンマを、独立（主権回復）と対等を欲すれば、米国の後退を求めることになるが、それは当然、対米関係の危機をもたらすだろうし、たとえそれを（米国の理解ある厚意により）回避できたとしても、日本は、国防と安全保障をどうするかという問題をつきつけられる。そういう二律背反が残る、と述べたわけです。

†冷戦終結と、内向化するディレンマ

しかし、冷戦が終結すると、ディレンマの形は、先に柳澤協二が大枠を述べたように、次のように変わります。

まず、米国は、自分たちの新しい世界戦略が日本に新たに広域での自衛隊の米軍との一体化を求めるようになったといい、日米安保の見直しを提案します。それに日本が応える程度に準じて、米国も日本の防衛における役割分担を果たすだろう、というのです。これに対し、日本は、この時期、政界再編の混乱のままに十分に対応できず、ほぼ米国の要求を小分けして受け入れるかたちで対応せざるをえません。そのために、最終的に対日要求の象徴として浮かびあがることになったのが、集団的自衛権の行使つまり海外での米軍支援と米軍との共同作戦遂行要求に応えるにはどうすればよいか、という問題だったのです。

1999年以後の自民党の改憲論では、そのためには憲法9条2項の改憲が不可避だとして、これをどのようなパック（包装紙）のなかに収めるかで、いくつかの案が検討され

ます。そこでの課題の一つは、このやられっぱなしの態勢を、どう国民に受け入れ可能なかたちのパッケージにするかということです。受け太刀一方しかない。しかしそれを認めれば屈辱だけが残る。しかし、その屈辱には代価がない。江藤のディレンマは、ここでこんなふうに内向化してしまうのです。

†代償作用としての右傾化

その結果、これまで二度策定された自民党の改憲案が、ともに、自衛隊の集団的自衛権行使に道を開く憲法9条の改定とともに、戦前的価値、国家主義的徳目、条項の回復と強調をめざすものとなります。対米従属の屈辱を国家主義の強調で打ち消したい、しかし安全保障の確保はいまだ期しがたい、という焦りが、こうした代償作用をそのまま改憲案に反映させていたのでした。

1990年代以降の「失われた30年」は、その経済的不況と少子高齢化、産業空洞化、財政基盤の悪化などによる社会不安により、日本から、経済成長期にはあった経済的ナショナリズム、自尊心の充足ともいうべきものの基盤をはぎ取ります。それに加えて、米国の国力低下も、対日関係を保護から搾取へと変化させ、日米関係は、日本のアメリカへの従属一方のものへと変わります。

優越感の消滅と屈辱感の昂進。それらへの代償作用が、日本社会の復古主義的傾向と米国への拝跪《はいき》、さらにそれとうらはらの中国・韓国・北朝鮮への虚勢的優位性の誇示、排外主義的傾向の激化となって現れ、それが、自民党の改憲論の右傾化とともに、国民の右傾化をもたらします。そしてそれが、自民党の改憲論を国民に受け入れさせやすくする基盤を用意します。

ここにあるディレンマとは、日米安保は、いまや日本にとって国益に適う条件を著しく損なったものとなっているが、それに代わる安全保障の代案が日本にはない。そのため、対米従属を深めるしかないが、それによって安全保障の確かさが得られる保証は、どこにもない、というものです。しかし、他に方法がないので、従米を徹底するため、改憲を行う、という。

2000年前後以降、米国の対日要求に対する代案がないばかりに、日本の社会は、国を危うくする9条改定と、その代償作用としての戦前回帰の欲求を盛った憲法改正を、ともに促されます。自民党の改憲案は、その帰結にほかならなかったのです。

†安倍加憲私案の発展

しかし、2017年5月、安倍は、日本会議傘下の改憲推進団体、民間憲法臨調・美しい日本の憲法をつくる国民の会共催の第19回公開フォーラムなる大会に寄せたビデオ・メッセージで、突如、これまでの自民党の改憲の考え方とは結びつかない、独自の改憲私案を発表します。

自分は、少なくとも自分たちの世代のうちに、「自衛隊の存在を憲法上にしっかりと位置づけ」、もはや違憲などの議論が生まれないようにしたい。ついては「『9条1項、2項を残しつつ、自衛隊を明文で書き込む』という考え方」を「国民的な議論」に付したい、というのです（読売新聞2017年5月3日）。

もはやここには、自衛軍も国防軍もありません。機密保持、軍法会議（軍事裁判所）、領土の保全をめぐる規定もありません。9条改定一つを取っても、2005年、12年の自民党の憲法改正草案とは完全に断絶しています。

では、この安倍加憲改憲私案は、いったいどこから出てきたのでしょうか。

実はそれと同じ提案が、安倍の筆頭ブレーンといわれる日本会議常任理事・政策委員の伊藤哲夫日本政策研究センター代表の手で先に発表されていました。安倍の私案は、それに影響を受け、そこから出てきたものでした。16年9月に同センターの機関誌『明日への選択』に載った「『三分の二』獲得後の改憲戦略」という論文が、それです。

†伊藤哲夫の「『三分の二』獲得後の改憲戦略」

伊藤はそこで、衆参両院で改憲勢力が「三分の二」の壁を越えたいま、「改憲を更に具体化していくため」一つの「思考の転換」を「提案したい」といい、それは「一言でいえば、『改憲はまず加憲から』という考え方に他ならない」と述べます。

その狙いは二つです。一つはこれだと、従来「加憲」方式の改憲を主張してきた『三分の二』の重要な一角たる公明党の主張」に「適合させ」られること。公明党の賛同も受けやすくなります。

もう一つは、これが、「護憲派にこちら側から揺さぶりをかけ」、「『統一戦線』を容易には形成させないための積極戦略」となること。おそらくは直前に出た矢部宏治の著作『日本はなぜ、「戦争ができる国」になったのか』に「日本の憲法改正は、アメリカ型の追加条項方式（加憲方式――引用者）でやるしかない」と新しく加憲方式が提案されていることなどが、念頭におかれているのでしょう。また、遠くは1999年の小沢一郎の「日本国憲法改正試案」が、現行の9条には手を触れずに第3項を加え、さらに1条を加える加憲改憲方式だったことも思い出させられます。

ちなみに、その小沢私案は、第3項に、

三、前二項の規定は、第三国の武力攻撃に対する日本国の自衛権の行使とそのための戦力の保持を妨げるものではない。

という規定を加え、さらに、

〈国際平和〉

日本国民は、平和に対する脅威、破壊及び侵略行為から、国際の平和と安全の維持、回復のため国際社会の平和活動に率先して参加し、兵力の提供をふくむあらゆる手段を通じ、世界平和のため積極的に貢献しなければならない。

という1条の創設を加えたものでした。国連憲章第7章と日本の国連加入の際の文書を基礎にし、「国連常備軍」の創設を念頭においた国連中心主義の改憲案で、遠い先に日米安保からの「独立」も想定されていることが明らかです。安倍私案との違いは月とスッポンというほどに歴然としています（「日本国憲法改正試案」『文藝春秋』1999年9月号、98頁）。

先に言及した矢部の著作からは、私も2015年の著作『戦後入門』でフィリピン・モデル方式の改憲案という着想をえているほどであり、影響力があります。伊藤がこれで相手(護憲派)を撹乱できると考えたとしても無理はありません。

具体的には、9条に「三項を加え、『但し前項の規定は確立された国際法に基づく自衛のための実力の保持を否定するものではない』といった規定を入れる」のでよい、といいます。国民世論はまだ改憲を正面から論じる段階にない。いまはこのレベルからはじめ、「普通の国家」になることをめざし、「その上でいつの日か、真の『日本』に」なっていくという二段階のステップを考えるのがよい、と彼は指南します(清水雅彦「九条自衛隊加憲とは何か――九条を死文化し壊憲する」『現代の理論』2017年秋号、9頁より再引用)。

†改憲論の乗り換えと、「思考の転換」の同型性

ところで、ここで私たちの注意を引くのは、次の二点です。

第一は、この安倍私案からすると、安倍はどうも、その改憲戦略の考え方の点で、ある時点でこれまでの自民党内の2000年来の改憲論から、日本会議の右派イデオローグの改憲論へと乗り換えたらしいことです。突然行われた安倍私案の発表には、たとえば12年の改正草案発表以来、自民党内で改憲に向けた作業を続けてきた憲法改正推進本部と事前

に打ち合わせた形跡がありません。そこで9条改憲問題を主導してきた一人、石破茂は、この私案について「まだ党で正式に議論されていない」、「草案を変える手続きは何もやっていない」と批判し、2018年9月の総裁選でも、その旨の反対論を繰り返しました。

第二は、やや話が過去にさかのぼりますが、今回の改憲具体化のための伊藤の「思考の転換」の論理が、伊藤を含む日本会議の中核部分（旧生長の家青年会、日本青年協議会）がかつて1970年代に行った「戦略大転換」（藤生明『ドキュメント 日本会議』）の論理と、ほぼ同型だということです。

日本会議のイデオローグの一人、櫻井よしこは、安倍提案を支持する論説のなかで、5月1日に安倍が新憲法制定議員同盟で述べた次の言葉を引いています。「いよいよ機は熟してきました。今求められているのは具体的な提案です」、「政治は結果です。自民党の憲法改正草案をそのまま憲法審査会に提案するつもりはありません。どんなに立派な案であっても衆参両院で3分の2を形成できなければ、ただ言っているだけに終わります」。櫻井は、これを「正しいことを言うのは無論大事だが、現実に即して結果を出」さなければ無意味、と要約し、この「正論」から「具体的戦略」への転換は、重要だ、といいます（櫻井よしこ「首相提言で改憲論の停滞を打破せよ」『週刊新潮』2017年5月25日号）。

†日本会議の淵源

日本会議については、後にふれますが、その中核部分が、1997年の設立時から事務総長を務め、この団体の実質的な生みの親といえる右派の社会活動家椛島《かばしま》有三（1945―）をはじめとして、多くが新宗教団体「生長の家」系の学生組織を出自としていることは、現在出ている幾多の日本会議の関連書に指摘がある通りです。

その淵源は、70年前後に全国の大学に広まった全共闘など新左翼系の学生運動に対抗して組織された最初期の右派学生組織（長崎大学学生協議会＝長大学協、1967年結成）にあり、この団体が全国組織（全国学生自治体連絡協議会＝全国学協、1969年結成）を組織し、そのOBたちの社会人組織として、日本青年協議会なる組織（日青協、1970年結成）が生まれるのですが、現在、日本会議の事務局を担当しているのは、この組織なのです。

当初から、この三つの組織を率いてきたうちの一人が、現在、日本会議の事務総長を務める希有なオーガナイザーである椛島ですが、彼のそもそもの出自が、旧生長の家の学生信者組織、生長の家学生会全国総連合（生学連、66年結成）であり、彼の関係してきたこれらの団体すべてが、じつは生長の家を母体ないし母体の一つとする、宗教関連組織でした。

椛島だけではありません。2012年以降の安倍内閣の首相補佐官・参院議員の衛藤晟一（1947―〔2019年まで在官〕）も、やはり大分大学時代、この椛島のつくった日青協の黎明期における委員長であり、先の伊藤哲夫は新潟大学出身のもと生長の家青年部中央教育宣伝部長で、椛島とはともに生長の家青年会、日青協以来の同志でした。90年の総選挙で当選し、自民党の一期生となった衛藤が、93年に政界入りしてくる安倍と出会い、意気投合したことから、安倍と椛島たち日本会議の中核メンバーらとのつながりが生まれると同時に、その右旋回が開始されるのです。

97年には「日本を守る国民会議」「日本を守る会」双方の事務局に関わっていた椛島らの働きかけもあって、二つが統合されて、日本会議が誕生しています。すると、伊藤がその常任理事、政策委員になり、衛藤もまた現在、幹事長を務める日本会議国会議員懇談会に深く関わるようになります。2013年8月号の『文藝春秋』の論説記事「安倍政権の命運を握る『新・四人組』」によれば、「今や、安倍の有力なブレーンとなっている」「伊藤哲夫代表を、若き日の安倍に紹介したのも」この「衛藤だった」とされています。

†日青協の「戦略大転換」

さて、ここにいう生長の家系の日青協の「戦略大転換」とは、次のできごとをさしています。

生長の家は、創始者の谷口雅春から二代目の清超に代わる1980年代なかばを境に、政治活動から手を引きます。三代目雅宣の率いる現在の生長の家は、もと信徒の関与する日本会議とは無関係であることを示す意味もあってか、安倍政権のあり方に批判的な立場をホームページ上で明らかにしています。しかし、それ以前、とりわけ70年代半ばまで、生長の家とその創唱者谷口雅春の教えに忠実な傘下の政治団体は、きわめて過激な極右国家主義的主張を展開していました。

生長の家に集まる右派学生は、戦後の既成右翼が「親米・対米従属を肯定」するなか、これをヤルタ・ポツダム体制と名づけてその打倒を掲げ、「反占領憲法、対米自立、自主防衛」をめざしました。そのため、既成右翼との違いを示す意味から、彼らを含む新しい右派の運動をさして「民族派」という名が生まれます。そして、当時、その主張を最も先鋭的に体現したものと受けとられたのが、1970年の三島事件です。三島由紀夫が彼のつくった右翼組織、楯の会のメンバーを率いて憲法改正のため自衛隊の蹶起（クーデター）を呼びかけた後、自裁するのですが、じじつ、この事件の生き残りの被告三人のうちの二人が、「生学連・全国学協の幹部」であり、「生長の家の熱心な信徒」でした（藤生明『ド

キュメント 日本会議』45頁)。

2010年、自決した三島由紀夫、森田必勝を称揚する「義挙四十年記念講演会」が開かれた際、そこで講演した椛島は、日本会議事務総長の地位にありながらも、1970年、自分の結成した日青協と事件のつながりにふれ、「結成直後の義挙・自決でございましたので」、会に「魂を入れていただいたという」「思い」があったと、40年を経て変わらない自らの立ち位置を明らかにしています。

しかし、三島の楯の会と同様のこうした「占領憲法破棄・明治憲法復元」という彼らの原理主義的主張は、70年代前半、彼らを苦しい立場に追いこみます。創始者である谷口の持論は、「日本国憲法は占領憲法にすぎず、無効を宣言し破棄すべし。潜在的に有効な明治憲法に復元した後、条文によっては改正すべきだ」という過激なものです。そこから見れば改憲などというあり方自体が、占領憲法をいったんは認めることを意味し、なまぬるい、となります。親米右派はいうに及ばず、改憲論者とのあいだにも、妥協は認められないとされ、彼らの「明治憲法復元運動」は孤立し、壁にぶつかるのです。

†葦津珍彦の警鐘を転機に

これに対し、志はあくまで変えないにせよ、現実的な対応を考えなければ「力学無視の悲歌慷慨」で終わらざるをえない、と警鐘を鳴らすのが、当時、『神社新報』で戦後右翼の論陣をはった神道界の理論的指導者、葦津《あしづ》珍彦《うずひこ》（1909―92）です。

葦津は、生長の家の大学生合宿に呼ばれた先の講演で、原理主義者たちを前に、こう述べます。「怪しからぬ憲法だから無効を宣言せよ、廃棄せよ」、こう述べたほうが「論理的にははっきりしていい」という人がいる。しかし「これは青年の議論として、非常に直截簡明であって観念的議論としてははなはだ明快だとも思うが、私は決して同感致しませぬ」（「維新か革命か」『祖国と青年』1974年11月号）。

これまでの孤立が身に堪えていたこともあり、この盤石の気配を漂わせる言葉に説得され、75年、元号消滅の危機が叫ばれるようになるのを機に、椛島たちは「従来の運動論を捨てる決断」をします。地道に「国難の状況を一つ一つ逆転し、そこに日本の国体精神を甦らせ、憲法改正の道を一歩一歩と前身させる」葦津の「憲法理論」に学び、新たに椛島の言葉にいう「反憲的解釈改憲路線」を採用することにするのです（『祖国と青年』2011年6月号、藤生前掲、64頁、傍点引用者）。

これが椛島らの日青協運動の一大転機となります。いわば原理主義から現実路線へ、一つの極端からもう一つの極端へという大ブランコの飛び移りにも似た、「戦略大転換」（藤生）が行われるのです。

†二段階ステップ論へ

1980年に、椛島は、

「元号法制化に踏み切る時、私どもは憲法運動について『解釈改憲路線』方式の選択をしました。これまで占領憲法解体という、直接的な明文改憲しか考えてこなかった私どもにとってはたいへんな選択で、改憲運動の後退になるのではないかというジレンマがありました」

とこれを振りかえっていますが（『祖国と青年』1980年10月号、藤生前掲、65頁）、そのポイントは、あくまで「占領憲法破棄・明治憲法復元」という初心の原理主義を心の底に堅持したまま、「一歩一歩の草の根運動」をその現実との接点と思い定める、という両端を手放さない双極主義にあります。

「反憲的」であることを手放さずに、地道に現実妥協的な「解釈改憲」を一歩一歩進める。元号法制化で全国キャラバン行脚などという左翼に学んだ「草の根」的運動に身を挺するからといって、「明治憲法復元」という大目標はけっして諦めない。「草の根」からはじめて、社会を動かし、あるところで、これを逆転させて「明治憲法復元」へともちこむ、という二段階のステップ。

先の伊藤哲夫の加憲改憲案は、このときの「戦略大転換」を再び9条改憲の最終局面で、再現したものであることがわかるのです。

†ディレンマ解消を期する「保守革命」

しかし、ここには、椛島のいうように、一歩現実を変えることが、一歩理念から後退することでもあるという「ディレンマ」があります。それはどのように解消されるのか。それを解消するのが、最終局面に想定されている「革命」的契機であって、それが彼らのいう「保守革命」の意味だということが、2004年、伊藤が当時幹事長だった安倍と行った対談を読むと、見えてきます。

この対談で、伊藤は、「保守としての主張を強く打ち出していくのと同時に、やはりそれを実現するためのある種の『革命』が求められている」、「そういう保守革命を担うリーダーこそが安倍幹事長でなくてはならない」と安倍にいいます。それに当時50歳の安倍が、たぶんその意味は十分にわからないままに、「私もそういうリーダーたりえたい」と不思議な日本語で答えるのですが（安倍晋三・伊藤哲夫対談「改憲への精神が日本の活力源」『明日への選択』2004年11月号）、しかし、ここにいわれる「保守革命」の意味は、第一段階の現実的運動である程度まで社会を「改革」し、変化させたら、そこで一気に、どんでん返し的に、それまでの「現実」と「理念」のギャップをなくす第二段階の「革命」的契機を用意するということにほかなりません。

簡単にいえば、「解釈改憲」あるいは「加憲改憲」という微温的改革によって、ある程度、日本が「普通の国家」になってきたら、そこで一気にギアをあげ、クーデター的契機（保守革命）によってこれを「真の『日本』」へと変える。そして、両極間のディレンマを解消する、というのが彼らのいう「保守革命」の意味だということになります。

†従来の自民党改憲論からの切断

このことからわかるのは、このたびの安倍加憲改憲の提案が、これまでの自民党の憲法改正推進本部の議論の積み上げから切断されているということの意味の大きさです。

安倍提案の背景にあるのが、日本会議の改憲の考え方だとすれば、それは二つに分極化しています。一つは、伊藤が2016年の論文で述べている二段階ステップ論ですが、もう一つは、14年から傘下の美しい日本の憲法をつくる国民の会が1000万署名をめざして展開してきた草の根的な改憲論です。

この会については、日本会議について最初に単行書を刊行した菅野完が面白い指摘をしています。この会は「不思議なことに」「独自の憲法案を示したことはない」。「彼らの言う『美しい日本の憲法』とはいかなるものか」は、「一切、語られたことはない」。彼らの「署名用紙にも『私は憲法改正に賛成します』と一言あるのみで、何をどう改正するのかはおろか、改正の方向性さえ記載されていない」というのです（菅野完『日本会議の研究』133頁）。

署名というよりは、いわば会の勧進元である日本会議への白紙委任状に近い。あくまで「からっぽ」であること、そこに何を書き込むこともできる白紙委任の改正論であることが、この改憲運動の特徴なのです。

ですから、一方は、「反憲法」で「明治憲法復元」までを視野におく〝原理主義の隠れ蓑〟としての「自衛隊明記」だとすると、他方は、内容はともあれとにかく改憲することに意義があるという〝空白（たんに憲法を書き換えること）の表現〟としての「自衛隊明記」であって、しかも、この両極端の二つがいずれも、米軍の厳しい対日要求に応える――対米従属のための――憲法9条改正という自民党の憲法改正の文脈からは、切断されています。そのことが、安倍加憲改憲私案と自民党の改憲論の関係だということになります。

象徴的行為としての改憲

では、この安倍加憲改憲提案なるものの、改憲論としての新しさはどこにあるのか。

安倍の対米徹底従属路線は、新しい日米ガイドライン（日米安保再定義）での米国の対日要求に対して、2014年7月1日の集団的自衛権行使容認の閣議決定で、一つの壁を越えています。事実、それから2週間後、安倍は、リチャード・アーミテージ、ジョセフ・ナイらのジャパン・ハンドラーたちの一団を首相官邸に迎え、にこやかに握手していることが写真の存在によって指摘されています（山本太郎参院議員の指摘、参院安保特別委員会、2015年8月19日）。その後、15年9月の安保法制の成立をへて、日本の自衛隊には、集団自衛権の行使が認められるようになります。

この解釈改憲と、今回の加憲式の明文改憲との関係について、なるほど安保法制により集団的自衛権の行使は可能になったが、それでもなお「必要最小限」の拘束は消えない。それを外すために、やはり明文改憲が必要なのだ、と考えてみることも不可能ではありません。その場合には、今回の安倍加憲改憲提案は、改憲論として、従来の自民党の論理のなかに回収されます。米軍の要求を完璧に満たすために、明文改憲する、ということだからです。

しかし、そのような意味が少しはあるにせよ、私は、今回の安倍私案の改憲論の新しさは、集団的自衛権の行使をより完全なものにするための明文改憲ではない点にある、と考えます。つまり自民党の改憲論とはまったく違う考え方に立っている点にあると考えます。安倍が、伊藤の「思考の転換」を採用し、とにかくどのような形であれ、「改憲」(憲法を書き換えること)を実現し、成功させることを優先するのは、彼にとって改憲が象徴的な行為を意味しているからだろうと、思うからです。

どういうことか。

†政府への一種の白紙委任状

まず、今回の9条改憲について、次のような点を押さえなくてはなりません。憲法学者の長谷部恭男によれば、法律には「後法は前法に優先する」という原則があります。ですから、「いくら1項、2項に立派なことが書いてあっても、それと矛盾抵触する新しい3項ができたらそちらが優先され」ます。「自衛隊の明記」は1項、2項の否定を意味しうるのです(長谷部恭男「憲法問題こそ、『法の解釈』が問われる」、高橋源一郎編著『憲法が変わるかもしれない社会』25〜27頁)。

さらにその3項が、伊藤が示唆するように、「国際法に基づく自衛のための実力の保持」

つまり「自衛隊を置くこと」を「さまたげない」という条文であれば、やはり、その権限と組織が、「すべて国会のつくる法律の定めに丸投げ、ということ」になりかねません(長谷部同前)。つまり、この加憲により、国民は政府に自衛隊についてほぼ無制限の拡大解釈権限、一種の白紙委任状を与えることになります。

ですから、もし、この改憲によって、安倍が徹底従米の姿勢をアメリカに対して表明しようとしているのだとしても、それは、自民党の対米従属の論理とも違えば、それに基づく9条改憲の論理とも違っています。それは、このばあい、全面的な協力、追従、従属の姿勢の表明でありつつ、屈辱を伴うものとはなっていないからです。

なぜでしょう。どこが屈辱を伴わずにはいない、従来の自民党の対米従属と違うのでしょうか。

†国にとっての弱い部分を国が保護できないことこそが、本来の屈辱

これに答えるには、なぜ他国に従属し、主権をもたないことが屈辱なのかから考えなくてはなりません。それは自分の思い通りにならないことが、一つの国にとっての深い屈辱につながることがあるからです。その一番の例が、その国にとってのクリティカルな(=危機的な・重大な)もしくは弱い部分を、その国がしっかりと保護できないケースです。

では現在、日本が対米関係で抱えるそうしたクリティカルな部分とは何でしょうか。矢部宏治は、2017年の著作『知ってはいけない　隠された日本支配の構造』の末尾に、こうした部分を日本のなかでマジョリティ（多数派）から「遠く離れた場所」にあって「大きな矛盾に苦しむ人たち」と総称し、これを「沖縄、福島、自衛隊の最前線」に認めています（同前、260頁）。つまり沖縄は、基地問題の苦しみを集約して体現させられており、福島は、日本が核問題・原子力問題でフリーハンド（自主決定権）をもっておらず脱原発へと踏み切れなかった問題を象徴し、自衛隊員の苦しみは、日本が自国の防衛問題を当事者本位に法制化できずに海外での活動で法的にも軍事的にも必要な国による保護を受けられない矛盾を集約しています。

そして、なぜ日本の「従属」から発する苦しみと矛盾をいま代表して受けとめている彼らを、しっかりと助けられないか、と考え、彼らの苦しみを自分の苦しみとせずに放置しているのか、という内なる声が聞こえるとき、はじめてその「無力」が「屈辱」となってマジョリティにやってくるのです。ですから、マジョリティとしての自分が、この「遠く離れた場所」と一体感をもっていることが、屈辱の源泉となるのです。

†弱い部分の切り捨てによる屈辱の消去

自民党の憲法改正案が無意識のうちにも対米従属と国家意識の高揚を一対の理由として議論されてきているという私の見方が正しいなら、その理由は、そこにこうした一体感が生きているからです。しかし、もしこの一体感がなかったらどうなるか。屈辱はありません。沖縄は、本土とは違う、われわれではない、福島は放射能に汚染され、安全ではない、近寄らないに越したことはない、自衛隊員は社会的に異質な存在だ、いまは米国への人身御供になってもらうしかない。そう考えればよいのですから、——そのこと自身が（本人の意識は別にして）深い屈辱を現しているという見方はできるものの——そこに「屈辱」は生まれてきません。

自民党の改憲論と安倍の改憲論を区別するのはその「屈辱」バネのあるなしなのです。また、日本会議総体の改憲論とその中核をなす右派イデオローグたちを区別するのも、同じような「屈辱」バネのあるなしではないかと考えられます。

沖縄だけではありません。北方領土問題が暗礁に乗り上げたのも、2016年11月、ロシアが歯舞、国後諸島の返還後、そこに米軍基地が置かれない保障を求めたところ、日本から派遣された国家安全保障局長の谷内《やち》正太郎がそれを保障できないと答え、米軍の基地配備の可能性を示唆してロシア側を驚かせたからでした。北方領土の返還を待ち望む当事者たちのために、その地を返還後もロシアとの経済協力特区として米軍基地の自由使用権の及ばない地域とすることを米国に要求するという姿勢すら見せない、島民との一体感を欠いた徹底対米追従の姿勢が、ロシアの交渉打ち切りをもたらしたといっても過言ではありません。

†屈辱の影もかたちもない「美しい日本」

安倍は、集団的自衛権について、すでに1998年の時点で、椛島、衛藤ら日青協の機関誌『祖国と青年』のロングインタビューで、日米を基軸としたうえで、「これを本当のイコールパートナーにするためには私は集団的自衛権に踏み込むべきだろうと思います」、「憲法を改正するのが一番いい」、しかしそれが「当分無理」であれば「集団的自衛権の行使を合憲にする」と、むしろ彼らに教え込まれた教説を、自らの持論であるかのように語っていますが、ここには「屈辱」は影もかたちもありません。自衛隊員の身の安全、誇り、法的身分保障を犠牲としているという認識が欠けているからです。そしてこれでは、いわば自衛隊員を人身御供として米国に差し出すことになる、という認識がないのは、自衛隊員との一体感が欠けているからです。

同じことが、沖縄県民、福島の原発事故被災者についても、いえます。彼らを自分たちから区別し、差別し、排除することで、「純白なかたち」での日本が保持される。それが「美しい日本」という考え方が、内にひそめているイデオロギーなのでしょう。安倍と日本会議をつないでいるのは、この「美しい日本」イデオロギーなのです。

†55年来の戦後改憲論の終わり

しかし、安倍と日本会議の中核イデオローグたちとを隔てている違いも、指摘しておかなければなりません。それは、「日本人の手で憲法9条を書きかえる」というこの象徴的な改憲行為が、実現されれば、安倍の政治家としての達成を意味し、「花道」となり、終点となりうるのに対し、椛島、伊藤らにとっては、次の「真の『日本』」へとどんでん返しをはかる「保守革命」への起点を意味するにすぎないという点です。これを起点に、「占領憲法を廃棄」し「明治憲法を復元」するという、いわば三島由紀夫が70年に夢見た「理想」を、彼らはいまもなお棄てていません。

しかし、最後にそのようなプログラムが想定されていればこそ、いまはどのような妥協も、草の根保守的現実策も許容する。それが椛島らの「反憲的解釈改憲路線」の双極主義の要諦なのですから、彼らにも同様に、いまの時点で「屈辱」はない。「美しい日本」は

けがされていない。１９５５年来の改憲論は、最後にきて、あっけらかんとした空虚な言明、

「私は憲法改正に賛成します」

という、あの91年の文学者署名の、

「私は日本国家が戦争に加担することに反対します」

というポストモダンな言明を思わせないでもない署名用紙の文言に集約されて、戦後の道程を終えようとするのです。

4 「正しさ」のゆくえ――九条の会

では、この間、護憲論は、並行して、どのような動きを見せているでしょうか。冷戦終結以後の護憲論は、ここまで見てきた１９９３年、94年、２００５年の、護憲派有志の重ねてきた「平和基本法」の提案のほかに、２００４年の「九条の会」の結成、14年の「立憲デモクラシーの会」の結成、さらに15年の若者たちによる安保法制反対運動などによって主な動きをたどることができます。

１９９３年以来の「平和基本法」提案の有志たちは、これまでの護憲論の論理をそのま

ま適用するだけでは、現実にもはや対応できないと考え、憲法9条の理念をどのように日米安保と自衛隊の現実にかみ合わせられるかと考えます。しかし、何がいま日本国民にとってもっとも大切なことか、という初発の問いにまで立ち返ることができなかったために、そこに用意された構想から、的確な答えを鋳造しだすことができませんでした。私の考えでは、的確な答えとは、まず、日本は、どうすれば今後、持続的に、自分の国の安全保障をもっとも安定したかたちで確保できるのか、という対案を用意することでした。

さて、2000年代に入り、同時多発テロが起こり、日本の自衛隊も対テロ戦争に参加せよという米国の対日要求が激しさを増し、これに応えなければならないと、自民党内に改憲論がかまびすしくなります。そうしたなか、こうした傾向に抗すべく、「平和基本法」とは別の考え方に立って新たに結成されるのが、護憲をめざす民間団体の「九条の会」です。

このとき、2004年6月に出される設立のアッピールは、こう述べています。

「侵略戦争をしつづけることで、この戦争に多大な責任を負った日本は、戦争放棄と戦力を持たないことを規定した九条を含む憲法を制定し、(第二次世界大戦をへてえられた)世界の市民の(武力不行使の)意思を実現しようと決心し」た。しかるにアメリカからの対日要求に背中を押され、9条改正の動きが「かつてない規模と強さで台頭してい」る。われわれは「この転換を許すことはでき」ない。

「二一世紀の進路が問われているいま、あらためて憲法九条を外交の基本にすえることの大切さがはっきりしてきてい」る。「アメリカとの軍事同盟だけを優先する外交を転換し、世界の歴史の流れに、自主性を発揮して現実的にかかわっていくことが求められてい」る。『改憲』のくわだてを阻むため、一人ひとりができる、あらゆる努力を、いますぐ始めることを訴え」る、云々。

そして、7月の設立総会では、九人の呼びかけ人がそれぞれ、次のような発言を行いました（以下、『憲法九条、いまこそ旬』所収、梅原猛はインタビュー再録）。

†呼びかけ人たちの発言

――憲法とは国民がときの政府に対して発している命令である。その代表的規定が9条である。その戦争放棄の考えにはこれまでの人類の叡智が集約されている。米国が自分の都合で押しつけたものとはいえない。私は改憲の動きに反対する。（井上ひさし「憲法は優越する」）

――これまで、平和憲法には人類の理想が盛られているので、それを守っていこう、その理想の上に自分の思想を考えようという立場をとってきた。9条は、できた事情はとにかく、正しい理想に立っている。戦争を経験し、これだけはイヤだという気持ちが強い。日本が右翼化し、憲法9条を変えて、再び軍事国家になるのを阻止したいと考え、この会に参加した。（梅原猛「平和憲法の精神を崩してはいけない」）

——米国が日米同盟の強化のために憲法9条を変えよといっている。憲法9条、教育基本法の文面に戦後日本の危機意識と初心の姿勢が現れている。日本の社会は戦争が終わってからだいぶ変わってしまったが、倫理観というものは、回復できる。その倫理観をもって、憲法9条を守り、未来につなげたい。（大江健三郎「『希求する』という言葉」）

——現在の改憲派の狙いは9条改正にある。現行憲法の平和主義を体現したものが9条である。国民統合の象徴は天皇というより9条である。9条を冷笑する向きもあるが、唾棄すべきだ。ここには普遍的な政治原理が体現されている。消極的な「自衛隊違憲反対」にとどまらず、9条をもっと前面に押しだし世界にアッピールすべきである。（奥平康弘「なぜ九条の会か」）

——戦争は間違っているということが、戦争体験の核にある。アメリカの民主主義と日本生まれの平和主義の融合が日本の戦後の原点となった。アジアへの空爆とアメリカからの空襲と二つの爆弾投下のあとに9条があり、日本独自の民主主義がある。憲法作成にはアメリカが関与したが、彼らの戦争への反省が書き込まれている。それらが融合した9条には世界平和宣言という意味がある。その9条の敵が日米安保である。最終的にはこれを壊さなければならない。（小田実「根本原理としての憲法九条」）

――現在の改憲論は、これまでの日本の戦後の流れの必然で、憲法制定時の姿勢が、「逆コース」に転じ、自衛権容認へと解釈改憲が進み、もはや解釈改憲ではすまないところまできたのが、いまの明文改憲論である。その焦点は集団的自衛権の行使でありその背景に日米安保がある。問題は国会で圧倒的に改憲論が強く、議会外ではなお護憲論がやや優勢だという国会の内と外のギャップだ。選挙で、そのギャップをなくすことがこの会の護憲運動の目標になるだろう。（加藤周一「改憲論をどう考えるか」）

――負けた途端に国が雲散霧消して、国はアテにならないと思ったのが私の原点だ。しかし国はまた軍隊をもち、自分を回復させようとしてきた。不況が続くと、国民の気分も変わってくるが、9条が歯止めになってきた。時代は暗くなってきているが、それを守って、日本を平和な国として次代にひきつぎたい。（澤地久枝「絶望するには早すぎる」）

――法の前には法以前があり、その法ではないものが法を支えている。一つの重大な決定を支える自分の信条というものは、つねにぼんやりとしている。ぼんやりしたかたちで、負けるときには負ける側にいたいと思って米国の収容所から帰国を決めた。また、戦時下の軍属体験から、架空の問題として、もし、捕虜殺害を命じられても、「自分は殺した、殺すのはよくない」と一息の短歌の呼吸で腰折れなしに言えるようでありたいと思った。この二つの考え方に支えられ、タネをまくつもりでこの会に参加する。（鶴見俊輔「私は殺した、だが、殺すことはよくない」）

戦争の悲惨を知っている人が少なくなった。知っている自分が、憲法9条の非戦の決心を若い人にわかってもらうように努めることが大事だと思った。自衛隊は、日本の災害などで自分たちを助ける存在であってもらいたい。イラクに行くのは違うと思う。（三木睦子「一人でも多く」）

†変わらずに残る護憲派の問題

また、この会と同時に「憲法行脚の会」というものもできて、草の根で全国各地を講演行脚するキャンペーンが行われるようになります。この会は、当初、日本会議の全国キャラバン隊とは違い、参加者の自発性に基づくという原則に立ちますが、やがて、会の最初の呼びかけ人九人のうち、六人までもが物故し（井上、奥平、小田、加藤、鶴見、三木。さらに梅原も2019年没）、保守派の草の根運動が広がるなかで、方針を変え、2017年5月の安倍加憲改憲提案を受けると、はじめて組織として「安倍9条改憲NO！　全国市民アクション3000万署名」キャンペーンなるものに参加するようになります。

この運動の狙いは、「先の総選挙での投票総数」が5500万票台だったことを受け、過半数の3000万人を確保し、「敗北が必至という状況を作」ることで、自公政権が改憲を「発議できなく」することです（「広げよう　安倍9条改憲NO！　3000万人署名　憲法問題Q＆A」『赤旗』2018年1月25日）。18年6月、はやくも1350万筆を集めるのに成功していることから、このまま運動が順調に進み、3000万超の護憲署名が集まれば、なかに投票年齢に達していない子どもの署名が入っているとしても、かなりの抑止力になるでしょう。

この「安倍9条改憲」への反対署名運動には、じつは私も賛同人として名前を連ねています。私は、日米安保の現状を変える「力」を作り出すために、9条を生かす道は9条を変えることだと考えていて、9条をそのまま動かさないという護憲論者ではないのですが、それでもこれに賛同できると思い、そうしました。

しかし、この反対署名運動と「九条の会」においても根本的な護憲派の問題は、何も変わらずに残っています。

それは、護憲の論理が、1960年代の丸山眞男の時期から、ほとんど変わっていないということです。その柱の第一は、憲法9条と平和主義が、いかに近代以降の平和思想の水脈と20世紀の世界戦争の悲惨の体験を通じて得られた祈念を凝縮した先駆的な法存在であるかというものであり、第二は、現代の核時代にあってはこの平和主義こそがもっとも現実的な安全保障策の基底をなすだろうというものです。また、第三は、これこそが日本人が戦争体験を代償に手にした最大の賜物だというものであり、第四は、ここに日本がアジア諸国に対して行った侵略の反省と二度とそれを繰り返さない、という約束が書き込まれている、というものです。

私は、この一つひとつに異議があるわけではありません。むしろ、これがこのままでは、対米追従型の改憲への反対の理由とならないと考えるゆえに、そこに欠けているミッシングリンクを埋めよう、というのが私の立場です。

その理由は以下の通りです。

†対米従属型の改憲論に対抗するには、国民の納得する対案が必要

護憲論と改憲論の綱引きの磁場は、冷戦期と冷戦終結後とで、明らかに違っています。1990年以前、それは日米関係の非対称性のなかで、そこから生まれてくる不如意感、不遇感、フラストレーションにどう、日本政府ないし日本社会が対処するか（ハンドルするか）という問題のかたちをしていました。

そしてその前提となっていたのは、非対称な日米関係が、日本に国益をもたらすものだ

ったということです。日米安保は米国に有利だったが、それでも日米安保によって、日本は経済繁栄を享受できた。それで日本社会はこれにそれぞれに対処しようとしたのです。革新護憲派が、その不如意感に対し、憲法9条の理想主義の「光輝」を対置することで、これを慰撫しようとしたとすれば、保守タカ派改憲派は、これに国の誇りを回復することで埋め合わせをしようとし、保守ハト派護憲派は、これに国民の安寧と経済の繁栄で、対応できると考えたのです。

しかし、冷戦以後、日米関係の非対称性は、米国と日本のそれぞれの国力低下に応じて、また日米安保の性格変更とあいまって、その意味を変えます。何よりそれは、非対称の度合いを強め、安全保障面では有り難みを減らすようになるほか、日本に国益をもたらすものではなくなります。日本にそれまでの「中立化カード」がなくなったとは先に指摘した通りですが、東アジアの「脅威」は日本の安全にとっては大きいまま、米国の安全にとってはさほどではありません。北朝鮮、中国とソ連とでは、米国にとっての意味は大違いだからです。

そのため、90年代後半以降、自民党を中心にした保守陣営が改憲を促されるようになる理由は、一つに限られるようになります。それは、新たな世界戦略に転じた米国の新規の対日要求に応じること、ただ一つです。自民党の保守本流が没落する理由も、一言でいえば、いまや自民党内のハト派などこの米国の要求への抵抗勢力にすぎない、とされるからにほかなりません。もし米国の対日要求が自衛隊の米軍後方支援を可能にする集団的自衛権の行使容認を含まなかったら、そしてそれを望まなかったら、いったいいま、どのような保守派が、わざわざ9条改憲をめざそうなどとするでしょうか。

たとえ安倍のような、改憲に私的なファンタジーを見出す政治家が出てきたとしても、それが多数派となる条件はどこにもありません。誰も改憲などしたくない、となるでしょう。

軍拡を待望するのは軍需産業などを核とする軍産共同体ですが、日本のばあい、それも現時点では政治全体を動かすまでには至っていません。軍事力増強の最大要因はアメリカの対日軍事協力の要求なので、それが自衛隊の提供であり、集団的自衛権の行使であり、そのために改憲が必要とされているのです。

だとすれば、護憲派は、その米国の要求にわれわれは別の姿勢で対応する、このような仕方であったら、対応ができるはずだ、という国民が納得できる対案を、用意するのでなければ、この対米追従型の改憲論に、対抗できないのではないでしょうか。

そのような仕方でなければ、冷戦以後の護憲論と改憲論の綱引きの磁場で、護憲論は、改憲論に正面から対抗したことにならないのです。

†護憲論の停滞への危機感

右の九条の会の設立総会での講演を読むと、とくに、鶴見俊輔、小田実、加藤周一、大江健三郎といった人々の話は、私の心に強く響きます。しかし、そこには、冷戦以後の新しい文脈が受けとめられていません。護憲論というと、いまなお、1964年の丸山眞男の9条論が引かれますが、そこに護憲論の停滞がよく現れています。

憲法9条が、やがて日米安保と相補関係となり、日米安保に内部を食い荒らされるようになる、という変化が、全然受けとめられていないのです。

そうした変化に危機感を感じ、護憲派のなかから最初に声をあげたのが、93年の平和基本法の書き手たち、山口二郎、古関彰一、和田春樹、前田哲男らであり、また、3年後、同じ危機意識から「日米安保の解消」をめざしてさらに一歩踏みこみ、憲法9条ではなく日米安保をめぐって対案の必要の声をあげたのが1996年の都留重人でした。

一方、「平和基本法」と同じ年に、それぞれイギリスの知日派のロナルド・ドーア、政治家の小沢一郎が、同じくその対案をつくるべく、都留よりもさらに一歩を踏み出した場所で、憲法9条の改正を主張しています。

ドーアが93年に刊行した『「こうしよう」と言える日本』は、冷戦終結後をとらえて日本が平和外交で世界を動かす国になるべきことを説いた驚くべき啓発力をもった本で、私はこの本に多くを教えられて『戦後入門』を書いていますが、そこで彼は、憲法9条にふれ、冷戦以後、「その平和憲法を、それこそ見直し、再評価する時が来た」と述べています。そして、46年の制憲議会での南原繁の発言を引き、「平和憲法の平和的修正」、

すなわち、「進んで人類の自由と正義を擁護するが為に、互に血と汗の犠牲を払うことに依って相共に携えて世界恒久平和を確立する」(南原——引用者)ための努力に日本も参加できるような修正

つまり、日本が国連警察軍に参加するための修正が、いまこそ必要ではないか、と書いて(ドーア前掲、105〜106頁)、護憲派の友人に去られています。

†自分の正しさに負けている

また、小沢一郎も、先に引いた1999年の「日本国憲法改正試案」に先立ち、93年の『日本改造計画』に自衛隊の再編、「国連待機軍」の創設構想などを展開しています。彼は2009年、政権交代を実現しますが、その対米自立の企てに着手するまえに、反対派に

足を引っ張られ、孤立します。

結局、それら先行する意欲的な動きが２００４年の「九条の会」には、一切、合流していません。それだけではなく、１９７９年の森嶋通夫の先駆的な国防論、71年の久保卓也の憲法９条に合致する防衛理論の構築、59年の坂本義和の中立国家の防衛構想、どれをとっても、何ひとつ、「九条の会」にまでは、たどりついていません。

一言でいえば、護憲論は、自分が正しいと思っているので、その正しさの見直しには冷淡なのです。「９条理念」よりも「ふつうの人の生活を守る」ことのほうが、「特別の戦争放棄」よりも「ただの戦争放棄」のほうが、大事なのですが、いまなお「ふつう化」と「相互主義の留保」につながる謙虚さが、身につきません。自分の正しさに負けているのです。

5 「正しさ」からの離脱――立憲デモクラシーの会、SEALDs

護憲主義は、一方、「九条の会」のあと、２０１４年の安倍政権による集団的自衛権行使容認の閣議決定を機に、新たに「護憲的改憲論」ともいうべき新しい提言の方向と、これまでにない憲法学者たちの「立憲的護憲論」を呼びだします。

護憲的改憲論については、この私の立場も、それに含まれるだろうと思われるので、後に述べることにし、ここではもう一つの、立憲的護憲論の意義にふれてのべておきます。

†新たに浮上する立憲的改憲論

立憲的改憲論が浮上するきっかけは、2014年7月1日の集団的自衛権行使容認の閣議決定です。

これまでの歴代内閣のやり方とは異質の安倍の強引さが社会に衝撃を与えたのですが、それを最も深刻に受けとめたのが憲法学者たちでした。

これによって、歴代の政府と憲法学者たちのあいだに培われてきた関係が崩れました。当初、それは東大法学部の憲法学者たちと政府の関係が示すように、親和的かつ密通的なものでした。

それが、次には政府の憲法調査会に対して、世の多くの憲法学者が「憲法問題研究会」に参集して、これと向かいあう静的な対峙《たいじ》のあり方に変わります。

時代の動向に鋭敏な宮沢俊義が、ここでも一つの浮標の役を果たします。1956年6月、内閣に憲法調査会がつくられた際、彼はしばらく逡巡したのちこれに入らず、58年6月、民間の憲法問題研究会の設立に加わるのです。このとき、まともな憲法学者であることは、革新的で、護憲派に所属することを意味していました。

そして、以後、長いあいだ、多くの憲法学者は護憲的なあり方を遵守し、他方、政府は内閣法制局に準拠する「必要最小限」戦力の自衛隊合憲説をとるという共存状態が続きます。それが、集団的自衛権行使容認の閣議決定で、大きく変わるのです。

その結果、憲法学の後続世代による新しい9条観ともいうべきものが、前面に出てきます。

それまで憲法学は、奥平康弘、樋口陽一など東大法学部の良心的な護憲憲法学が主流というかたちで社会に受けとられてきていたのですが、じつは、それとはだいぶ異質な考え方に立つ憲法学者たちが、生まれてきていることがこの変化によって示されます。

その代表的な存在が、当代の憲法学を代表する長谷部恭男であり、石川健治であり、彼らを中心に2014年に結成され、安倍政権の集団的自衛権行使容認と安保法制に対する新たな批判勢力となるのが、立憲デモクラシーの会と呼ばれる学者の団体です。

†集団的自衛権行使を容認した政府への批判

一連の新しい動きの嚆矢《こうし》は、2014年7月の集団的自衛権行使容認の閣議決定を受け、安保法制の審議に入った15年6月の衆議院憲法審査会で、各政党から参考人として推薦を受けた三人の憲法学者が、こぞって意見を求められ、集団的自衛権行使は違憲だとの判断を示したことです。

自民党、公明党、次世代の党推薦の長谷部恭男、民主党推薦の小林節、維新の党推薦の笹田栄司が、揃って、政府の集団的自衛権行使容認は違憲だと述べたので、政府の強引な解釈合憲のあり方に、赤信号がともり、憲法学者たちによる批判がにわかに社会の注目を浴びたのでした。彼らの一人、長谷部は、その理由を「集団的自衛権の行使が許されることは、従来の政府見解の基本的論理の枠内では説明がつかず、法的安定性を大きく揺るがすもので憲法違反だ。自衛隊の海外での活動は、外国軍隊の武力行使と一体化するおそれも極めて強い」と述べていました。ほかの二人の意見も、細部に力点の相違こそあれ、ほぼこれと同じでした。

このことの伏線となったのは、先にもふれた13年8月の強引な内閣法制局長人事への安倍による介入と、12年12月の安倍による改憲のルール変更をめざす96条改正論の提起です。

日本では最高裁判所は、自衛隊、日米安保、在日米軍基地について、9条に照らし「踏み込んだことは言」いません。しかし「誰も有権解釈（司法の独立に基づく権威ある解釈——引用者）を出さないわけにいかない」ので、内閣法制局がその役割を果たしてきたという歴史があります（長谷部恭男「憲法問題こそ、『法の解釈』が問われる」、高橋源一郎編著

『憲法が変わるかもしれない社会』40頁)。つまり9条に関しては内閣法制局が最高裁の代わりでした。

その内閣法制局が、集団的自衛権の行使容認に転じようとする安倍政権の方針に12年12月の政権交代後、全体で抵抗したあげく、13年8月に内閣に長官の首をすげかえられ、14年7月に落城。ほぼ無抵抗で集団的自衛権行使容認の閣議決定を認めるようになります。ですから、15年6月の憲法審査会での参考人質問の場は、いわば最後の日本の憲法学の法の独立が、ためされる場を意味していました。三人の憲法学者が腰砕けになったら、日本の憲法学が総崩れになるところだったのです。

また、ここでの憲法学者たちの一致は、それまでの一致とは意味が違っていました。たとえば、なぜ、このとき長谷部が政権与党側の参考人となっていたかといえば13年11月に参考人として特定秘密保護法に賛成の意見表明をしていたからです。民主党推薦の小林も強硬な改憲論者として知られていました。そういう彼らが一致して違憲判断を示したので、政府の強引な解釈合憲のあり方に、赤信号がともり、憲法学者たちによる批判がにわかに社会の注目を浴びたのでした。

†立憲デモクラシーの会の結成へ

さらに、これに先立つ2012年12月に、安倍は憲法改正について定める96条の変更に意欲を示す発言をしています。政権奪還直後の記者会見で「憲法改正に向け、発議要件を定めた96条の改正を先行させる」と述べるのですが、これが一部の憲法学者を強く刺激していました。東大の若手の代表的憲法学者、石川健治はこの発言を「ゲームのプレーヤー自身がゲームのルールを変える」法学的な「下からの革命」（クーデター）の企てと直観します。その彼の書いた「96条改正という『革命』」という新聞寄稿（朝日新聞2013年5月3日）などがきっかけとなり、やはりこれを「改憲への『裏口入学』」と非難する小林節なども加わるかたちで、「96条の会」という安倍改憲に反対する横断的な学者の集まりが生まれ（石川健治「立憲主義って、何なんだ?」、高橋源一郎前掲、124〜136頁）、それがやがて14年の立憲デモクラシーの会の結成につながるのです。

†平和主義の遵守から憲法破壊への抵抗へ

この憲法学者たちを中心とした反対活動は、護憲論としてどんな意味をもっているでしょうか。

長谷部はこれまで専守防衛の自衛隊合憲説を公言し、石川は自衛隊違憲説ながらも従来の護憲論とは距離があります。小林は先にふれたように従来から専守防衛の明文改憲説を唱えています。こうした新しいタイプの憲法学者がこぞって、今回の集団自衛権行使容認の閣議決定と安保法制に反対したのは、その憲法解釈がこれまでの限度を超えるもので、憲法破壊につながるという判断が共有されたからでした。それは、まず、戦後の護憲と改憲の綱引きが新しい段階に入ったことを示していました。

この段階から見ると、従来の9条改憲の焦点が、三転してきたことがわかります。

第一期は、1950年代以降90年代なかばまでで、そこでは個別的自衛権の解釈合憲化が焦点でした。米国は日本に自衛可能な軍事組織をもたせようとし、政府はこれに「必要最小限の戦力」は保持可能という解釈で対応し、野党の多くないし一部が、これを違憲視して自衛隊縮小、解体を主張していました。94年7月、社会党の村山富市首相が自衛隊合憲、日米安保堅持を表明することで、この「対立」には一応の勝負がつきます。

第二期は、90年代なかばから2014年7月の安倍政権による集団的自衛権行使容認の閣議決定までで、そこでは、焦点が、個別的自衛権の解釈合憲化から集団的自衛権の解釈改憲化に移行します。有事法制、周辺事態法、イラク特措法、安保法制と、この解釈改憲の動きは進展します。米国は日本の自衛隊に海外での米軍との共同作戦従事を求め、政府はこれに最終的に「集団的自衛権行使の容認」をもって応えようとし、野党の多くが、この先の解釈改憲は憲法破壊につながるといういい方で反対します。しかし、14年の集団的自衛権行使容認の閣議決定で、この「対立」にも一応の勝負がつきます。

そして第三期が、それ以降、現在に続く憲法破壊期ないし憲法空白期です。ここでは、焦点が、集団的自衛権の解釈改憲後の、内容をともなわない明文改憲とそれへの反対に移っています。

17年5月3日、安倍首相が先に述べたような3項加憲改憲に意欲を示す提案を行った直後、あるTVの報道番組が、「集団的自衛権の行使を認めたら」アメリカが「何も言ってこなくなった」、「多分アメリカは満足してるんだと思う」、「実は憲法改正する必要がなくなった」という首相のオフレコ発言を伝え、波紋を呼びました（TBS『報道特集』2017年5月13日）。

このあと行われる改憲に、もしこれまでにない意味があるとすれば、それは、米国政府の要求とは無関係に行われる「改憲」だということです。憲法を空洞化するための改正であるかもしれず、密約によって自衛隊の有事指揮権をもつ米国軍部の要求に応える改正であるかもしれず、日本会議の要請に首相個人が応じるための改正であるかもしれません。しかし、これまでの、第二期の改正理由とその背景の力学は消えています。

そして憲法学者たちによる一致しての反対は、この第三期に対応しているともいえます。護憲が憲法9条の平和主義の遵守を含意しているとすれば、力点が、平和主義の遵守から憲法破壊への抵抗、つまり立憲に変わっている。その点に、護憲論としての平和主義と立憲主義の違い、別にいうなら、護憲論としての立憲主義の可能性（そしてもしあるなら限界）を、見てとることができます。

†「正しさ」からの離脱

この立憲主義的な護憲論は、護憲論の文脈のなかで、「九条の会」以後、どのような位置を占めているでしょうか。

その特徴をひとことでいえば、それが憲法9条と平和主義の切り離しに一日の長をもっているということです。

これまでの護憲論につきものの「正しさ」からの離脱が、ここに法的に立言されているのです。

立憲主義とは、ふつう、国民が国の手を縛るために定めたのが憲法で、憲法は国の上にある、国はこれに従わなければならない、という憲法の考え方であると理解されています。法律は、国民が守るべきものとしてつくられるが、憲法は、主権者である国民が政府に守らせるためにつくった、というのです。しかし、これだとこれまでの護憲論の考えとあまり変わらないように見えます。「特別の戦争放棄」の拘束力が、理念の縛りから憲法の縛りに変わっただけだからです。理念の説得力がなくなったので、今度は憲法の法の力をもちだした、というように聞こえます。

しかし、よく事態を観察してみると、立憲主義が護憲論をささえるようになって、護憲論が風通しのよいものになっていることに気づきます。そこに見てとられるのが、憲法9条と平和主義の切り離しであり、憲法9条の「正しさ」からの取り外しであり、つまり、これまでの考え方とまた違う、「特別の戦争放棄」を「ただの戦争放棄」に変える「ふつう化」の動きであると、受けとられるのです。

†長谷部恭男と石川健治の論

この意味での「正しさ」相対化の立憲主義が、主に長谷部と石川から違う力点で強調されているところからも、これが従来の護憲派的憲法学との違いの一つであることがわかります。

長谷部は、2004年6月の「九条の会」結成の2カ月前に、すでに立憲主義とはそのように簡単なものではないゾ、ということを述べる本を書いています（『憲法と平和を問いなおす』)。日本の護憲論者たちが、憲法9条の平和理念を大事にしよう、と声をあげたとき、日本の護憲論、改憲論にともに欠けているのが立憲主義という考え方で、これをしっかりと押さえないと改憲論議は行きどまりになってしまう、と法の立場から、釘を刺したのです。

長谷部によれば、立憲主義の本質とは、憲法によって国民が政府に縛りをかける、というところにあるのではありません。これだと善玉と悪玉がはっきりしていてわかりやすくなりますが、そもそも民主政においては主権者は国民です。そして政府とは国民の代表です。これはもう一人、石川健治の持ちだす力点でもありますが(石川前掲、127~131頁)、立憲主義とは、憲法によって国民が主権者たる自分にどうであれば、縛りをかけられるか、という問題なのです。

長谷部はいいます。立憲主義とは、「多様な価値観を抱く人々が、それでも協働して、社会生活の便益とコストを公正に分かち合って生きるために必要な、基本的枠組みを定める理念」です。多様なそれぞれの価値観をカッコに入れて、そこからルソーのいうような「一般意志」を作り出す智慧が、そこでの本質をなします。そのようなものがあってこそ、憲法は国民によって、主権者たる国民自身を縛り、そのうえに立つものになりうるのです。

ですから、「そのためには、生活領域を公と私とに人為的に区分すること、社会全体の利益を考える公の領域には、自分が一番大切だと考える価値観は持ち込まないよう、自制することが求められる」と、長谷部はいいます（『憲法と平和を問いなおす』178頁）。

つまり、憲法がある種の理念（たとえば平和主義）を体現しているという見方から離れることが、立憲主義の基本だというのです。そうでなければ、国民が憲法の縛りで政府（＝自分）を拘束するということもできなくなる。にもかかわらず、護憲派は、憲法9条は平和主義を体現しているからすばらしいというし、改憲派は、占領憲法だから魂が入っていない、もっと憲法に日本の伝統の尊重を書き込むべきだなどという。これは憲法の見方としてともに間違っている、ということになります。

†9条をどう読むか——法に照らした自衛隊の規制

では、憲法9条の条文はどう読むのがよいのでしょうか。

長谷部は、「個人の自律を尊重する立憲主義と衝突しないかぎりで実効的な平和を求めようとす」れば、憲法9条の解釈は、「国が自衛のための何らかの実力組織を保持することを完全には否定しない」という「穏和な平和主義」の線に帰着する、と述べます（長谷部前掲、160〜171頁）。立憲主義に立てば、9条を絶対平和主義の理念と受けとめるような理解は排除される（これだとそのような理念に立って「死ぬのはゴメンだ」と考える国民は国を出なければならなくなります）。そうではない平和の考え方は、右のような「穏和な平和主義」とならざるをえず、そのばあい、その理念は、一定の限度で線引きをする「何らかの実力組織」の保持を認めることになる。したがって、自衛隊は合憲という判断が出てきうるというのです。

これに対し石川健治は、自衛隊は違憲という師の樋口陽一と同様の護憲論的立場を取ります。しかしそこでの前提が、「何らかの実力組織」としての自衛隊の存在をまず没価値的に――平和主義理念はカッコに入れて――受け入れるという点では、師の樋口陽一よりは自衛隊合憲論の長谷部に、はるかに近いといわなければなりません。自衛隊が違憲存在としてそこにあることを、認める、というのです。そこにあるのはともに、平和主義理念に寄りかかるのではない、法に照らして自衛隊を一定の枠内に規制するという考え方、つまり立憲主義の立場なのです。

ですから、同じ立憲デモクラシーの会の主要メンバーとして表明される安倍加憲提案に対する二人の反対理由が、表面上は対立を含むとしても、それはいずれも、「九条の会」を支えている「正しさ」の感覚とは無縁です。

長谷部は、「私は（自衛隊）合憲論だ」、「だが安倍政権は」「集団的自衛権の行使に、よく分からない論理で解釈変更だけで踏み込んだ。安全保障関連法の成立で自衛隊に何ができき、できないか分からなくなった。憲法に自衛隊を書き込めば、今度は何ができると言い出すか分からない」と述べます（東京新聞2017年5月13日）。

他方、石川は、自衛隊違憲の立場から、これまではこの違憲性の残存こそが自衛隊の「実際の行使」を抑止し、財務省の軍拡予算編成を阻んできた。「何より、正統性に疑いがかけられた組織は」「常に身を慎むことにな」る。「自衛隊に対する国民の支持も、そうした慎みのある組織だからこその事」である。その抑止力の廃棄につながる自衛隊明記は不必要、よって安倍加憲に反対、と述べます（同、5月21日）。

ともに、憲法9条の平和主義に反する、戦争に道を開く、米国のいいなりで危うい、といった「九条の会」の主張とのあいだには距離があります。

†「平和主義」をいったんカッコにいれ、再び受け取り直す

もし、立憲デモクラシーの会の護憲論に、これまでの水準を一つ、抜けたところがあるとすれば、この憲法9条と平和主義の切り離し、平和理念をカッコに入れた上で、憲法9条の根拠を、その外部に探そうとする姿勢と立論が、そうだということが、ここからわかります。

それは、山口二郎が先に和田春樹らと準備した「平和基本法」提案に顔を見せた観点を、

さらに徹底したものと評価できます。たとえば、1962年生まれの石川健治は、「戦争経験者が酔うとしばしば軍歌を歌うように、戦争を体験した世代がパトス（情念）によって織り上げた演歌が、かつての護憲派憲法学」だった、と述べています（石川前掲、118頁）。

またこの会の最若手メンバーの一人、80年生まれの木村草太は、先に山口たちの平和基本法の提案に示されたと同じ国民の「平和のうちに生存する権利」を理由に、その根拠を憲法13条に求めたうえ、「自衛のための必要最小限度の実力行使は、9条の例外として許容される」、したがって自分は「従来の政府見解」に賛成であると述べています（「なぜ憲法学者は『集団的自衛権』違憲説で一致するか?」『The Page』2015年6月17日、https://thepage.jp/detail/20150616-00000008-wordleaf〔2018年9月2日取得〕）。

従来の政府見解に賛成なので、今回の集団的自衛権行使の容認には反対する、という論理ですが、これまでの護憲＝反体制＝「正しさ」という等号は、そこで外され、平和主義がいったんカッコに入れられたうえで、再び「温和な平和主義」として受け取り直されていることがわかるのです。

†立憲デモクラシーの会の限界とSEALDsの登場

ただ、この会は、ここにあげた山口二郎、石川健治、木村草太を含み、従来の護憲論的立場に立つ樋口陽一、奥平康弘、かなり旗幟鮮明な改憲論を持論としてきた異端の小林節、先鋭的な立憲主義を持論とする長谷部までを擁する、ここから新たな護憲論を生みだすメルティング・ポットの可能性を十分にもっていたにもかかわらず、終始、従来の護憲論と自分を引き離し、新しい護憲論の地平を切り開くというモチーフとは無縁でした。樋口・奥平らと長谷部・石川らの相違点をめぐる自由検討、長谷部と石川の対立点の確認などの作業が、この会の課題となることはありませんでした。

この会のメンバーの多くは、いわば憲法学者として、学者として、専門家として、日本の現状に立憲主義を対置することに自足し、このたびも、(憲法)学者であることの外に踏み出すということはしませんでした。

この会は、2017年5月、安倍加憲提案に対する反対声明を発表します。しかし、その内容は、自衛隊明記に関し、右の長谷部の観点、石川の観点などを加味した、両論併記、総花的なものにとどまります。現在のところ、この会から新たな護憲論のあり方がめざされるという動きは、出てきていません。

ただし、この会の動きと並行して、より若い学生の「自由と民主主義」を原理とする運動が起こり、安倍改憲、安保法制化への反対運動を展開します。奥田愛基《あき》らの「自由と民主主義のための学生緊急行動（SEALDs）」です。若者たちが政治に関心をもち、これを集団的行動で表現することはたえてなかったことから、その活動は特に15年から16年にかけて、社会の注目と期待を集めます。

彼らは、この新しい、風通しのよい「立憲主義」に基づき、憲法を「根本的に否定する政治を行」う安倍政権への反対を表明し、新しいスタイルの街頭行動を展開します。これまでの護憲派とは異なり、「憲法改正それ自体」は「否定」しないといいます。憲法9条に関しては、たぶん護憲を基調としているはずですが、「セクシュアル・マイノリティ、生きることとの多様性など」アクチュアルな「問題についての憲法の改正は、おおいに議論され、実践されるべき」と主張します（SEALDs　https://www.sealds.com/）。「平和主義」からいったん離れることが、新たな平和主義の構築につながるにせよ、つながらないにせよ、とにかく一度——その自由検討、見直し、再定義のために——必要、と考えるこの本の趣旨に、立憲デモクラシーの会と同様、どちらかといえば合致した動きを示しています。

第6章　歴史像の改定——捨象される経験の核心

1　護憲的な歴史像の改定——和田春樹の「平和国家論」

ところで、こう見てくるとき、1993年、94年、2005年と、護憲論の停滞する状況を打破すべく平和基本法の提案を行った護憲派有志の書き手たちのうち、ロシア研究者で従軍慰安婦問題にも長年関与してきた和田春樹（1938—）と憲法制定過程研究の第一人者である古関彰一（1943—）が、ともに、護憲論に関し、この時期、新たな観点を提示し、またその新観点の強調に姿勢を転じるようになったことに、護憲論のもう一つの流れが見てとれる気がして、注意をひかれます。彼らの主張が、私の見るところ、従来の護憲論の流れのなかで、もっとも新しい動きを示しているのですが、私の見方からすると、護憲論の初期形の再評価、もう少しいうと、先祖返りによる逆行を意味しています。

私は、戦後の平和主義が立脚すべき足場としては、自分たちはこんなにも失敗した、もうこの失敗を繰り返すべきではない、という自覚が、一番だろうと思っています。戦争で国をめちゃくちゃにしてしまった。軍隊を大きくしたら、コントロールできなくなってしまった。メディアを崩壊させ、誤った情報に振り回され、戦争に賛成し、そのあげく、他国を侵略し、他国から空爆された。もう二度と、こういう間違いを繰り返してはならないと思う。

そして、これが戦争を体験したことの反省、戦争体験の反省の中心なのだろうと思います。

戦争をしかけ、戦争に負け、占領され、内容こそまともな憲法を手にいれた。しかし、それは自力で獲得したものではない。それがよいものだとして、それを支えていくには、よほどの努力が必要となる。そのことを肝に銘じなければならない。その反省と自覚が、すべての起点だろうと思うのです。

ですから、たとえば憲法9条がすばらしい平和理念をうたっているとしても、それにそのまま飛びつくのでは、自己欺瞞を免れないだろうと思います。その前にあるべきは、それを自分たちは自力で考えたのではない、それをわがものにするには、また新たな自力の作業が必要になる、という自覚でなければならないと思うのです。

†自己欺瞞にほかならない「天皇」から「9条」への改宗

そのように考える私の目に、敗戦直後の日本人は、ノックアウトされ、膝をがくっと折った後、その失敗の自覚と反省という段階を飛び越えて、すぐに憲法9条の平和国家の理想に飛びついたものと見えました。

東洋平和の確立ということをうたって戦争をはじめた私たちが、戦争に負け、また平和主義を標榜するとしたら、その前に深い反省の段階がなければなりません。しかし、それが私には、世界に冠たる万世一系の天皇をいただく日本から世界に冠たる先端的な平和原則の憲法9条を掲げる日本へと一気に飛び移ったように見えたのです。そこから私は、それまで私たち日本国民を動かしていた皇国思想に関わって、戦後、新たに生じうる自己欺瞞には、特に注意しなければならない、と考えるようになりました。

その一つとは、万世一系の天皇という、これまで日本人の誇りとされてきたものが、失墜し、私たちの心のなかにぽっかりと穴が開く。空虚が生まれる。そのことが失意と反省の足場とならなければならないところ、その空虚を、ほかの促成の「誇り」、「輝き」で埋め合わせ、代替し、その空虚感から安易に逃れる。そういう自己欺瞞にほかなりません。

そのばあいの、一番の自己欺瞞の定型が、戦前の国体信仰の「国体」の位置に、天皇に代わり、新たに憲法9条の平和条項が据えられるケースです。世界に冠たる絶対不可侵の天皇をいただいているという皇国思想の「誇り」が、そのまま、世界に冠たる「特別の戦争放棄」の憲法をいただいているという平和思想の「誇り」に取って代わる。これほど安易な、責任との向きあい、戦争体験への反省のすりかえは、ありません。しかし、多くの日本人が、憲法9条に戦後の新たな「国体」を求めるようになった。その背景には、こうした「天皇」から「憲法9条」への改宗があったというのが、私のひそかな観察なのです。

†和田春樹『「平和国家」の誕生』

和田は、2000年代に入ると、日本国民が戦前は天皇を信奉し、戦後は憲法9条を信奉したのは、「天皇が『戦争国家』から『平和国家』に変わろうと呼びかけ」(『「平和国家」の誕生』42頁)、これに国民が応じたことが一つの起点だ、という新しい見方を示すようになります。

その発想の呼び水が、昭和天皇に続く平成天皇(現上皇、明仁)の憲法尊重、平和志向の態度にあるだろうことは、はじめに和田がこの見方を示した論考の冒頭近く、平成天皇の書き初め「平和国家建設」をあげ、それを受けて、後段、彼がこう述べているところに明らかです。和田は、1945年9月の昭和天皇の初の米国紙記者との会見での「恒久平和」発言にふれ、こういいます。

「もっとも天皇自身は非武装ということは考えていなかったであろう。ただし、天皇の意を受けて一九四六年の書き初めに『平和国家建設』の六文字を書いた皇太子、現在の天皇にとっては、この標語は真摯にうけとめられたのであろう」(「戦後日本平和主義の原点」『思想』2002年12月号、12頁)。

先の天皇は知らない。しかし、自分も年齢の近い敗戦時の小学生として、現在の(平成)天皇の真摯さは、信じられる、ということです。

ここで注意をひかれるのは、和田が、ゼロ年代に入り、改憲論が政党間にかまびすしくなり、2002年、「有事立法反対」の声が高まるなか、「そのとき」、「非武装国家を理想とする古典的な戦後平和主義の情緒」が「運動の中に横溢しているのを見」て、当面はよいだろうが、「二一世紀の変化した状況の中で日本の前進を可能にする」には、改めて戦後平和主義の起源と構造を問いなおす必要があると感じ、この新しい見直しの論を考えた、と述べていることです(和田前掲、viii頁)。

その後、ここにいわれる「古典的な戦後平和主義の情緒」を母体に04年、「九条の会」が現れます。しかし、この会のへてきたその後の展開を考えると、その先の一歩を懸念して、和田がこの「戦後平和主義」なるものの再定義を企てたことの意味がよくわかるのです。

†1条と9条の結びつきの強調

それを一言でいえば、代替わりの儀式で憲法を「遵守」すると明言し、平和を志向する平成天皇と憲法9条の結びつきを確認することのうえに、再度、戦後平和主義を問いなおす、となるでしょう。憲法でいうなら、1条と9条の結びつきということです。

> マッカーサーの原則と憲法の第一、第九条は日本国民の戦後平和主義の原意識に照応しており、それに一つの明確な形をあたえたものと言ってよい。（和田前掲、101頁）

この和田の新しい「平和国家」9条論は、1993年には彼とともに平和基本法の提案者に名を連ねていた憲法制定史研究の第一人者、古関彰一の見方にも影響を及ぼし、古関は、その後、「戦争放棄条項は、天皇を戦犯から除外するための政治的戦略として憲法に盛り込まれた」（『「平和国家」日本の再検討』2002年、17頁）とするそれまでの憲法9条

（＝戦争放棄）マッカーサー主導説を撤回し、新たに「本来マッカーサーの頭の中には『戦争の放棄と軍備不保持』しかなかった」、「日本側の努力によって『平和』が追加された」と述べて、和田の憲法９条（＝平和主義）日本主導説に同じるようになります（『平和憲法の深層』２０１５年、１０４頁）。

この和田の説は、憲法の１条（象徴天皇制）と９条（平和主義）の両立、共存を基礎づけ、現在の安倍政権と対立する平成天皇制にフィットした新たな憲法９条論ともいえるものとなっていることから、支持を増やし、先にはＮＨＫスペシャルの「憲法70年〝平和国家〟はこうして生まれた」（２０１７年）やそれを書籍化した塩田純の『９条誕生――平和国家はこうして生まれた』（２０１８年）、など、この見方に立った９条論の展開をもたらすようになっています。また、91年に憲法９条を掲げて湾岸戦争反対文学者署名運動を主導し、いま「現天皇は九条を守ろうとしてい」ると述べる（『憲法の無意識』40頁）評論家の柄谷行人の著作とも、憲法の１条と９条の結合を強調する点で、符節を合わせる論となっています。

和田は、憲法９条はアメリカによって「押しつけ」られたというが、それはすべてを「ＧＨＱ文書の側、マッカーサーの側から考え」たばあいに現れてくる９条の像で、そこには９条をいまの姿に作るように仕向けた、あるいは完成させた「日本国民の態度の分析が欠如してい」る、というのです。

†姿を消した自己欺瞞と代償作用

この和田の見方に立てば、憲法9条には「戦争放棄」と「平和主義」の二つの柱があるが、少なくとも「平和主義」のラインを重視すれば、そこにはアメリカによる「押しつけ」はなかった。それは日本人の敗戦経験の中から生まれた。しかもその起点をなしたのは、天皇の「平和国家の確立」の国民に対する呼びかけと、それを国民が受け入れた、という事実であった。したがって、戦前に日本国民が天皇に信従し、戦後は打って変わって憲法9条＝平和主義を新しい「国体」として信奉するようになるとしても、それは何ら「押しつけ」を前提にした「国体」のすり替えではないし、日本国民の改宗も意味しない。そこには、これをささえるものとしての天皇の存在が貫かれている。そうである以上、ここには自己欺瞞も代償作用もない、ということになります。

しかし、ここまでくると、歴史の書き換え＝改定（revision）といわざるをえません。

和田は、「平和」という語ないし「平和国家」という標語に着目します。マッカーサーの準備したＧＨＱ草案の８条（９条原案）の条文には「平和」の語はなかった。９条の「条文の冒頭に日本国民の平和への希求を入れたのは」、憲法制定議会における「社会党鈴木義男議員」だった。そしてそのもとというべき「平和国家」という標語が最初に打ち出されたのは「一九四五年九月四日、敗戦後最初の帝国議会開会にさいして天皇が発した勅語において」だった。そう述べ、そのことを根拠に、憲法9条の理念の完成形としての「平和国家建設（＝平和主義）」という戦後日本の国是は、アメリカによって「押しつけ」られたものとは到底いえない。それは、むしろ戦争終結をもたらした昭和天皇への「感謝の気持ち」（和田前掲、20頁）に裏打ちされた「日本国民の敗戦体験」と、「天皇とその周辺が敗戦時に押し出した」「新国家目標」と、「敗戦後の知識人たちの非武装国家への志向」の複合的所産だ、というのです（和田前掲、2頁）。

じつはマッカーサー・ノートの第二原則、戦争放棄の項には、「日本は、その防衛と保護を、今や世界を動かしつつある崇高な理想に委ねる」とあり、この項目が、9条と前文に分かれた際に、前文に平和の語を呼び入れ、GHQ草案の前文が「日本国民は、恒久の平和を念願し」「崇高な理想を深く自覚」し「平和を愛する諸国民の公正と信義に信頼して、われらの安全と生存を保持」するという一文となっていて、つまり、ここにすでにGHQの手で「平和」が書き込まれているのですが、これも、和田は、1945年9月から46年1月までに日本社会に現れた平和志向の流れを見て、「天皇と知識人のこのような気分を確認して、マッカーサーの憲法三原則がまとめられたと考えることができる」以上、日本出自だと見てよい、とみなすのです（和田前掲、91頁）。

和田のこの本は、こうした強引な解釈を含みながらも、きわめて堅固で良質の記述に富んでいます。日本国民の空襲体験が、それまで大言壮語して敵愾心《てきがいしん》を煽ってきた軍部と国が敵の来襲にまったく無力で何ら自分たちを守ってくれないことから、軍部と国への不信感を育むこと、これに対し、8月15日の玉音放送でぴたりと国の秩序ある降伏を実現した天皇への「感謝の念」が敗戦後の国民には広く共有されていたこと、一方、日本の国からも軍部からも見放され、本土防衛の捨て石とされ、8月15日の玉音放送がまったく何の意味も持たずに「自らの命がけの投降によってはじめて」戦闘を終わらせた沖縄県民の意識には「親天皇的な要素はみじんもない」こと、等を語るくだりは、説得力に溢れ、天皇の「平和国家建設」という目標提示に、人心が引きよせられた理由も無理なく納得されます。

†国家指導者の大義名分を額面通りに受け取る危うさ

しかし、ひるがえって考えてみれば、そのすべて、天皇の平和国家建設の勅語、国民のそれへの信従の双方にともにお椀をかぶせるかたちで、敗戦直後の日本社会を、広く自己欺瞞が覆っていた事実と、この和田の指摘は、矛盾しないでしょう。たとえそのような要素があったとしても、天皇と知識人と国民が総抱えで、敗戦直後の絶望と多幸症のカオスのなか、皇国思想から平和思想へと宗旨替えしたという事実は、動かないと思います。たしかに戦後の平和主義には、その後、このような「国体」のすりかえにもかかわらず、こうした自己欺瞞の構造にあらがって、護憲の論を貫いてきたという伝統があり、それは2004年に結成された「九条の会」に実を結んでいるといえるのですが、その要諦は、少なくとも天皇制ないし昭和天皇の責任と憲法9条の対立軸を、ぶれさせないできた、ということにあったはずです。

たしかに昭和天皇は、敗戦後の最初の勅語で、「終戦に伴う幾多の艱苦を克服し国体の精華を発揮して信義を世界に布き平和国家を確立して人類の文化に寄与せむことを冀《こいねが》」うと述べており、そこには「平和国家の確立」ということがいわれています。

しかし、第一にそれは、敗戦後、軍国主義に翻弄された国が、一転して平和主義の熱烈な徒に転向するという、これまでしばしば見られた例とどこが違うのでしょうか。これと類似したケースがいわば「敗戦の打撃の代償作用の類型」として、近代以降の敗戦国に往々にして認められることを、『敗北の文化』の著者ヴォルフガング・シヴェルブシュは第一次世界大戦後のドイツなどを例に、指摘しています。

また、第二に、そこにいわれる天皇の「平和国家建設」の国民への呼びかけを、和田のように掛け値なしに受けとるのは、和田のような厳密な歴史学者に似つかわしくない振る舞いではないでしょうか。というのも、日本は戦前においても、現在の北朝鮮のような「先軍主義」(「軍事優先」主義)を明示的に標榜していたわけではなく、ほかの多くの国家と同様、平和の名のもとに軍備拡張につとめ、宣戦の布告をも行ってきたからです。

政治学者の石田雄《たけし》は、「平和」という言葉が歴史上、日本においてどう使われてきたかを分析した論考のなかで、それが「東洋平和」という使い方のもとに、日清、日露、日中戦争においてつねに戦争の大義にされていく事例を跡づけています(『日本の政治と言葉下「平和」と「国家」』)。石田によれば、これは日本に限った話ではありません。「平和」はありとあらゆる戦争の言い訳、大義名分に利用されてきたので、これを国家の指導者が口にするときそのままに受けとることは、危ういことなのです。

†45年9月の勅語評価の困難

そのことは、和田の引く1945年9月の天皇の勅語についてもいえます。和田は敗戦後最初の勅語に「平和国家の確立」とあることを取りあげ、これを評価しますが、同じ天皇の名による第二次世界大戦(大東亜戦争)の開戦の詔書にも、「抑々東亜ノ安定ヲ確保シ以テ世界ノ平和ニ寄与スルハ(中略)朕カ拳々措カサル所」(そもそも、東アジアの安定を確保して、世界の平和に寄与する事は(中略)私が常に心がけていること)との「平和」への言及があります。

また、その詔書作成に関与した徳富蘇峰が、この敗戦直後の天皇の「平和国家の確立」の言に対し、こんな「丸腰国家」「寄生虫的国家」の確立をもって「平和国家の確立」などといえるのか、と日記に否定的に記していることをとらえ、和田は、ここで天皇は『戦争国家』から『平和国家』に変わろうと呼びかけている」のだというのですが（和田前掲、42頁）、たとえばマッカーサーとの会見での米軍駐留継続要請、米国への沖縄メッセージ送付に見られるような天皇の戦後の言行（『9条入門』参照）を考えるなら、これをもって憲法9条の可能性としての「平和主義」と天皇の「平和国家の確立」を結びつけることは、困難でしょう。

たとえ、ジャーナリストで丸山眞男の父でもある丸山幹治や森戸辰男が、このとき「天皇の勅語を受け入れて『平和国家』をめざせと論陣をは」ったのだとしても、また、ほかに多くの知識人が、これに合流したのだとしても、そのすべてを含んで、軽薄な「敗北の文化」が敗戦直後の社会に数年間の多幸症の時代をもたらし、それに多くの人が動かされたことは、これまで見てきた通りだからです。

†あまりに内向きの「戦争放棄」解釈

また、和田がマッカーサー・ノートの第二原則について、ここに「戦争放棄」が入ってきたのは「唐突と思われた」と記していることも奇怪です。そのため、「この原則がどこから来たのかということが憲法史学では長く論議されてきた」と彼は述べ、その出自を1946年1月の幣原とマッカーサーの会談に見るのは、「まったく的外れ」で、「むしろマッカーサーは、四六年はじめには広く見られた平和国家、非武装非戦国家を目指して進むという天皇と国家の志向を確認し、それに基づいて、このとき彼の第二原則を出したと考えるのが自然である」と推論するのですが（和田前掲、96頁）、あまりに内向きの解釈といわざるをえません。

この「戦争放棄」が、ポツダム宣言の「無責任な軍国主義」の世界からの駆逐（第6項）、その目的のための「新秩序の建設」と「日本国の戦争遂行能力の破砕」の確証（第7項）という条件を経由して、1941年8月の大西洋憲章の第8項まで遡及することは、これまで広く指摘されている通りで、9条が日本無力化のための条項だとするいわゆる自民党流の9条「押しつけ論」も、結局のところ、これを論拠としています。

先に述べたように、大西洋憲章は、侵略国にたいし米英両国は、勝利の暁には、「一層広範かつ恒久的な一般的安全保障制度が確立されるまでは、このような国々の武装解除は欠くことができない」と述べており、「恐怖及び欠乏から解放」とか「平和を愛する諸国民」といった同じ宣言中の表現が、国連憲章を経由して、日本国憲法の前文にも流れ込んでいるのです。

†護憲論という巨大な塔の崩壊をみる気分

平成天皇の平和志向の真剣さが疑えないとしても、それに乗じるように、憲法9条の主軸を「戦争放棄」から「平和国家」にずらし、敗戦体験が求める反省と謝罪と占領体験が差し出す屈辱を、ことごとく憲法9条は日本製であったという糖衣錠にくるんでしまう、このような強引な新説はいただけません。この平成版護憲論の創出は、いま私たちの前にある課題から私たちの眼をそらすもので、私としては、護憲論という巨大な塔の崩壊に立ち会っている気分です。

私たちの前にある課題とは、いまなお、どのようにすれば、日米安保なしに日本の安全保障を確立できるかという1995年10月のジョセフ・ナイの問いに、どう対案を示す形で答えられるか、という、きわめて散文的な問いなのです。

2 アメリカ国体論——日米同盟は永遠なり

護憲論のこのような姿に呼応するようにして、いまこの課題を前にした表向き改憲論の対応にも、同じような空転が顕著に見られます。

ここで表向き改憲論というのは、日本会議系イデオローグたちのホンネの「保守革命」とは無縁の――日米安保基軸の――いわば素朴な親米保守型改憲論をさしています。

安倍政権が終わったあとも、日米関係が続く限り、それをささえるものとして存在し続けるだろう、日本の戦後に特有の、米国一途《いちず》をつらぬく従米改憲論の立場です。

そこからも歴史の見方の改定が行われるようになっています。それによれば、日本は戦後の最初から、アメリカを戦前の天皇に代わる「国体」として、戴いてきた。これからもそうしていくのが正しい、といわれます。

†「内面化」「身体化」された親米主義――坂元一哉

このあり方の母体となっているのは、「内面化」され、ほぼ「身体化」されるにいたった親米主義です。その空転のさまをよく示す論者に、現在の安倍政権ブレーンの一人、国際政治学者の坂元一哉（1956―）がいます。坂元は、同じく京都大学の高坂正堯の弟子にあたる岩間陽子、中西寛らのほか、東大系の田中明彦、北岡伸一らとともに安保法制懇（「安全保障の法的基盤の再構築に関する懇談会」）の有識者メンバーに名を連ねています。

最後の解釈改憲である2014年の安倍政権による集団的自衛権行使と安保法制に道をつけたのは、この首相の私的諮問機関でした。親米保守ハト派路線に道を開いた高坂正堯の教え子ですが、その坂元が、近著の最後に、次のような「日米『永久』同盟論」を披瀝《ひれき》しているのです。

坂元はいいます。

いつまでも日米同盟に頼っていてよいのか。こう問われるたびに私は、「よい」と答えることにしている。ただそう答えると、日米同盟支持者であっても、怪訝《けげん》な顔をする人が少なくない。だから説明がいる。おおよそ次のような説明である。(「おわりに　日米『永久』同盟論」『日米同盟の難問』295頁)

そういう人は日本の自立を心配しているのかもしれない。アメリカがよい国だとしても、「自国の安全を他国に頼るようでは独立国とはいえないではないか」。また、アメリカの国力衰退を気にしているのかもしれない。いつまでも頼りにできないとすれば、「たいへん危険ではないか」。

しかし、同盟というのは「互いの安全(と利益)のために互いに協力する」関係のことなので、日米関係に頼るというのは、アメリカに頼るというより、「日米の相互協力に頼ること」である。そこにあるのは、日本のアメリカへの依存だが、アメリカも同様であり、それは相互的なので、対等である。

「アメリカの力が衰えたら、日本が力を出せばよい」。「これまで日本は、日米の相互協力に頼って、自国の安全と国益を確保して」きた。「しかしそれはアメリカも同じ」である。したがって、日本の対米依存も対米対等ということなのだと奇妙な論理を展開したあと、坂元は、「もし日本が日米同盟に頼るから自立ができない、ということになると、アメリカも自立ができないことになってしまいます」、「日米同盟と自立が矛盾するとは考えないほうがいいでしょう」というのですが、ここまでくれば、誰もが詭弁《きべん》と思わずにはいられないでしょう。

†アメリカ一途の思考

同盟関係がたとえ相互依存の関係だとしても、アメリカは日本とだけその「相互依存の関係」を作っているのではありません。自分が中心になって、日本とも、韓国とも、オセアニア諸国とも、欧州諸国とも、また南米諸国とも、同盟関係を作っています。アメリカが日米関係を維持しても、依存にならず、独立を失わないのは、ほかにも自分をささえる同盟のネットワークを張り巡らせ、それが、互いに分離していることでセイフティネットとなっているからです。

他方、日本が危険なのは米国との同盟しかないため、それがうまくいかなくなれば、ただちに国の安全保障が失われるからにほかなりません。そのため、〈自国の安全を他国一国だけに頼るようでは安全でないうえ、一方的な依存関係が生じやすく、軍事外交の自主権も失うことになり、国益を損ねるのではないか〉、あるいは、アメリカの国力減退に伴って、保護されなくなるだけでなく逆に搾取されることも起こりうるので〈たいへん危険ではないか〉。そういう声があがっているのです。

しかし、坂元はいいます。万が一、「アメリカが世界を指導する意志を失う」ようなことがあれば「世界の問題にな」る。「日本だけが心配しても仕方」がないから、日本はこのような事態にも対応できる力をつけ、なお「日米同盟を続けるにはどうしたらよいかを考えたほうがよい」。また、日米同盟を「続けるとしたら、互いに気持ちよく続けられるようにしなければな」らない。そして、いやしくも「気持ちよく続けようと思えば、予見『できない』将来も続けるつもりだ、というべき」だろう。「つまり、いつまでも永久に続けたい、と」。

「永久」に同盟を続けるなどというと、あなたは十九世紀イギリスの政治家（中略）パーマストン卿の、イギリスには「永久の同盟国はない、永久の国益があるだけだ」という有名な演説を知らないのか、といわれそうである。いやもちろん私も、国家の同盟外交は、この卿の箴言をけっして忘れてなされるべきではないと考えている。ただ、この箴言を十分踏まえたうえで、もし長期的に日米同盟を続けたいなら、「永久」に続けたい、というべきだと思うのである。（同前、299頁）

ここに、憲法9条の平和主義をいったんカッコに入れて考えることができない50年代後半以来の護憲論と同型の、ちょうどそれと逆にした――〝アメリカいのち〟ともいうべき――アメリカ一途の思考の典型を見る思いがするのは、私だけではないでしょう。護憲論者が、どんなばあいにも、憲法9条の平和主義を欠かすべからざる前提として、われわれはどうすべきかと考えるように、ここで坂元は、何があっても日米安保は欠かせない、と考え、日米同盟を前提に、何をなすべきかと考えるのです。

†日米同盟の絶対視

しかし、こうして日米同盟を絶対視する考えは坂元の専売ではありません。右にあげた、田中明彦、北岡伸一など、高坂正堯由来ではない東大系の親米保守知識人の多くもまた、程度の差こそあれ、安倍政権をささえるなかで現実感覚を固着させ、１９５０年代から60年代にかけての、あるいは90年前後のリアルな保守現実派の議論から後退し、日米同盟を動かし難いものとする平板な捉え方に帰一してしまっているように見えます。

ここに起こっていることは、私の観点からは、日本社会の言論環境に生じている大きな地殻変動の一部のように見えます。それは、年長の論客だけの問題ではありません。若い論客にも、また、多くのいわゆるネット右翼、さらに一般社会の保守団体にも、アメリカ「国体」論ともいうべき、日米安保一辺倒の考えが浸透していることは、驚くほどです。挙げ句の果てには、米国への批判はそのまま反日であり、非戦はパヨク（ネット上などで左翼を侮蔑するスラング）だとして、戦前の「非国民」にも相当するような排他的な蔑称を浴びせる者さえ現れます。現象だけ見れば、反米を唱えると反日・非国民だというのですから、現在、戦後の「国体」はアメリカだ、といわれて信じてしまう人がいるのも無理からぬことでしょう。

†篠田英朗のアメリカ国体史観

このアメリカ国体論は、坂元らと対立する反米的護憲論者として知られる白井聡の近年の主張ですが（『国体論　菊と星条旗』）、意味は反対ながら、それを概念として最初に提出したのは、坂元と同じく日米同盟を動かし難いものと捉える論者として、集団的自衛権の行使を肯定し、改憲を視野に一歩進んだ憲法解釈へと踏みこんだ『集団的自衛権の思想史――憲法九条と日米安保』、『ほんとうの憲法――戦後日本憲法学批判』などの著者、篠田英朗（1968―）です。

後に見ますが、論としての組み立ても堅固です。また何より、篠田は、現在の時点から、きわめて整然と、このアメリカ国体論に立つアメリカ国体史観ともいうべき戦後像を提起しています。和田の「平和国家」史観が護憲論のほうからする歴史像の改定の試みだとすると、篠田の「アメリカ国体」史観は、改憲論のほうからする新しい歴史像改定の企てと受けとめられます。

ここでは、そうした新しい戦後の見方の提示の試みとして、以下、篠田のアメリカ国体論を、取りあげてみます。

†初発の問いの不在

篠田の専門は、国際関係論です。安倍政権の安保法制を方向として支持しています。しかし、その日本国憲法の受けとめ方は、彼が世の護憲派憲法学者たちへの不信を前面に押し出している割には、護憲派学者たちと変わりません。

つまり、護憲派の憲法学者たちが、第9条の戦争放棄条項の平和主義を、憲法の基本精神として無批判に受け入れるのに対し、篠田は、憲法前文にうたわれた国際協調主義を、もう一つの憲法の基本方針として重視、強調するのですが、護憲派の人たちが平和主義をいったんカッコに入れて、いちど一番基本の問いにまで立ち返って、なぜそれが自分たちにとって必要なのか、吟味してみるということがないように、篠田もまた、彼の強調する国際協調主義を、一度突き放し、それがなぜ自分たちにとって必要なのか、いったん全判断を白紙還元したうえで考えてみるということが、できないのです。

たとえば、主著の冒頭、篠田はいいます。

日本国憲法は国際協調主義を掲げており、それは国際政治学者である私にとって、一番大きな関心領域だ。しかし憲法の国際協調主義は、安保法制をめぐる一連の動きの中で、埋没していた。本来は国際社会の公益にしたがって用いられるべき集団的自衛権をめぐって、自国の利益のためだけに使うので合憲、他国のために使うなら違憲、といったやり取りの議論が延々と繰り返された。

今や日本国憲法の国際協調主義は、瀕死の重傷を負っていると感じる。このまま死に絶えてしまう恐れすらあると思う。なぜこんなことになってしまったのか。その問いに対して考えてみようとするのが、本書である。(『集団的自衛権の思想史』3頁)

なぜ、憲法の平和主義ではなく国際協調主義こそが基軸でなければならないのか。そういう問いはなく、そのことをめぐる考察もありません。代わりに、自分の専門分野の話が出ます。私の専門は、国際政治学であり、国際協調主義とつながりが深い、と。とはいえ、なぜ国際協調主義の突き放しが篠田にとって困難かは、読み進めると、すぐにわかります。彼のいう国際協調主義が、アメリカとの協調、つまり日米同盟、日米安保の体制のことだからです。

そしてなぜ日米同盟が対象化できにくいかといえば、先に見た坂元一哉におけると同様、篠田にとって日米同盟が「戦後日本の国体」となっているからというほかありません。彼にはアメリカなしの日本というものが考えにくい。考えられないのです。

†すでに『なんとなく、クリスタル』で描かれていた現今の知識層

平成末期に現れた彼ら改憲論者たちは、こうして、とうとう、1980年に田中康夫がデビュー作に描いた20代の主人公の場所に、21世紀に入り、彼ら自身がたちいたる地点に

まで移動しています。そのような主人公のアメリカへの従属の自覚の批評的な成熟ぶりを、文芸評論家として、江藤淳は38年前、激賞したのですが、その小説『なんとなく、クリスタル』の主人公は、こういっていました。

私は、こわかった。淳一が離れていってしまうのが。おたがいに必要以上には束縛し合わないというのも、淳一が私から離れていかないという保証があっての話だった。やはり、淳一がいてくれるということが、私のアイデンティティーなのだった。(『なんとなく、クリスタル』198頁)

淳一というコントローラーの下に、私は所属することになってしまった。私が普通の学生だったら、ここで淳一にベッタリくっついた、〝同棲〟という雰囲気になってしまっていたかもしれない。でも、幸か不幸か、私にはモデルという仕事があった。一緒に住んでいるとはいっても、私にもそれ相応の経済的にみた生活力があった。

(中略)淳一によってしか与えられない歓びを知った今でも、彼のコントロール下に〝従属〟ではなく〝所属〟していられるのも、ただ唯一、私がモデルをやっていたか

らかもしれなかった。（中略）
いつも、二人のまわりには、クリスタルなアトモスフィアが漂っていた。（同前、216頁）

日米関係が、こうした「クリスタルな」ものから「ベッタリくっついた」従属関係になってくるにつれて、こうした〝淳一いのち〟のような人々が、頭脳明晰な知識層からも生まれてくるようになってきたのです。

†9条と日米安保の一対性の指摘

ちなみに、この篠田の著作には、私が『なんとなく、クリスタル』を取り上げて当時の日米関係の機微にふれた『アメリカの影』という著作のタイトルと同じコトバがそのまま何度か使われています。アメリカないし日米同盟が戦後の日本の「国体」だという見方も、先にふれたように、白井聡の説に先立ち、示されているだけでなく、私の観点からすればより意を尽くした形で、この篠田の2016年の著作には提示されています。

そこでは、アメリカ国体説が、憲法9条が「表」で日米安保が「裏」だという戦後の政治構造の一帰結として語られています。篠田の説は、見方としていえば、憲法9条が敗戦直後、まず戦前の天皇に代わる戦後の国体へと「すりかわ」り、その後、1960〜90年までの冷戦期に、日米安保に「取って代わられていく」という、私のこの本の考えともコンパチブル（両立可能）なのです。

篠田は、こう述べています。

本書が定義する「戦後日本の国家体制」とは、憲法九条の平和主義を基盤としながら、日米同盟によって安全保障を維持する日本という国の仕組みだ。その国家体制においては、「表」が憲法であり、「裏」が日米安保である。冷戦中に作り上げられ、苦心して維持されてきた仕組みだ。ただし冷戦の終焉によって、冷戦中に前提にしていた諸条件は、消滅してしまっている。共産主義という、日米のエリート層の共通の脅威は、消えた。それでもなお「同盟」を維持するのであれば、新しい基盤の上に維持していく努力が必要になった。その努力の一つが安保法制だった。（篠田前掲、18頁）

†一見類似するかにみえる篠田と加藤の戦後観

私と篠田のあいだでは、戦後についての見方も似かよっています。その基本は、日本の戦後は、日米基軸で見ていかないと正確な像を結ばないという直覚であり、また、あるときから憲法9条は日米安保と相補的な存在に変わるという、9条と安保の一対の認識です。憲法9条を国際関係とくに日米関係の力学のもとにとらえなければ、その正確な像は受けとれないと考える点も、同様です。

篠田の理解は、護憲派のそれとは違い、9条を大西洋憲章（1941年8月）から国連憲章（1945年6月）にいたるラインを基本の地平として受けとめ、「戦争の放棄」を旧戦勝国による「武装解除」の国内法制度化と旧敗戦国としての国際標準の規範の遵守宣言の重なりと見て、評価します。「戦争の回避」としては第二次世界大戦後の国際標準を満たす「ただの戦争放棄」にほかならないと見て、これをことさらに「特別」なものと受けとめる護憲派的理解を「ロマン主義的な思い込み」にすぎない、と否定しますが、これなども、論の骨格は、ここまで述べてきた私の観点と同じだといって構いません。

篠田によれば、47年の日本国憲法が45年の国際連合憲章を「後追い的に追認するもの」にすぎなかったことは、明瞭です。「日本国憲法が世界最先端の画期的な平和主義を持っている」という「憲法学者が広めたロマン主義的な思い込み」を「一度忘れ去ってみよう」と彼はいいます。満州事変が自衛権の行使を理由としたことなどから「武力行使」一般を禁止する国連憲章が生まれている事実を見れば、「日本国憲法だけが（特別に）戦争を禁止しているように考える」ことが「完全な誤り」なのは、はっきりしているといいます。

また、篠田は、国連憲章の淵源を28年の不戦条約ではなく41年の大西洋憲章に見ます。そこから、42年の連合国共同宣言、44年のダンバートン・オークス会議、45年の国連憲章の採択、国際連合の創設へとひきつがれてきたラインのトップに日本国憲法がくることを強調するのも、私の見方と同様です。

†大西洋憲章への注目

日本国憲法「前文」の「恐怖と欠乏から免かれ」といった文言は、大西洋憲章における「恐怖からの自由と欠乏からの自由」という概念の引き写しで、国連憲章にも同じ概念構成が見られる。「平和愛好国」という日本国憲法と国連憲章に見られる概念も、大西洋憲章で登場している、というのも、先に矢部宏治が丸山眞男について指摘した諸点と同じです(『ほんとうの憲法』57〜58頁)。

マッカーサーが「防衛と保護」を「今や世界を動かしつつある崇高な理想に委ねる」といえば、日本はゆくゆくその防衛を「国際連合」の来たるべき集団的安全保障体制つまり国連警察軍に委ねる、したがって、自国として戦力は保持しない、という構想だと読むのが、当然というよりは、必要な受けとり方ですが、じじつ、そう考える篠田は、自著に、憲法学者の清宮四郎の発言を引いています。

清宮は、樋口陽一らの師であるほか、石川健治による研究でも知られる異色の学者ですが、憲法前文と9条にふれ、丸山とは違い、「この立言の背後には、恐らく、目前には国際連合による安全保障、遠い将来には世界連邦の構想があったであろう」と述べ、この理解に基づいて、憲法9条は自衛戦争を禁じているが、国連のもとでの「国際警察軍に参加することまでも禁ずる趣旨はない」と、国連との回路がそこに開かれていることを憲法学者として指摘しています（清宮『憲法　第一』76頁ほか、『集団的自衛権の思想史』65頁より再引用）。

†正反対の結論——日米同盟と日米安保の評価をめぐって

しかし、ここまで憲法9条をめぐる事実判断を共有していながら、私と篠田の日米同盟と日米安保に対する評価は、その結論部分では、正反対です。篠田は、坂元と同様、日米同盟を日本の安全保障に欠かせないものと考えますが、私の考えはその逆だからです。ここまで読んできて下さった方にはおわかりのように、冷戦終結以降、日本は日米同盟の軛《くびき》から自分を解き放たなければ、もはや、自国民に安全保障を確保できないだろう、というのが私のこの本の主張です。

篠田はいいます。

日本は戦争に敗北し、武装解除された後、占領統治下で、戦争放棄・戦力不保持を謳った憲法を制定した。主権回復にあたっては日米安全保障条約を結び、恒常的に米軍を駐留させる国制を作り上げた。戦後日本の国家体制は、「表」の看板としての憲法九条の平和主義と、「裏」の基盤としての日米同盟による安全保障によって成立しており、根本的な不整合性を抱えながら、危うい均衡を常に見出す努力によって、維持されてきた。(『集団的自衛権の思想史』15~16頁)

篠田がこう書くことで主張するのは、この「表」の憲法9条と「裏」の日米安保の「危うい均衡」は、冷戦後、いよいよその安定を失うことになった。今後は、「戦後日本の国家体制」を憲法の国際協調主義という理論的根拠のうえに再定義し、改憲を含む法的な補強をほどこしたうえで、より盤石なものにしていかなければならない、ということです。

しかし私は、講和後、冷戦下に生まれた憲法9条と日米安保の「危うい」相補的一対性が、冷戦後、その安定を失うことになったという情勢認識では、篠田と一致するものの、今後は、改憲を含む補強策をほどこしても、それによって日米関係が盤石になることもないだろうし、日本の安全保障が確約されることもないだろうと考えます。やってくるのは柳澤協二の説く無限の追従と、にもかかわらずの無保証でしょう。

むしろ、日米同盟は維持しつつも、日米同盟以外のオプションを手にいれ、日米同盟とは別の安全保障の方途を、早急に作り出すことこそが大事です。日米安保なしでもやっていける対案を探し出さなければなりません。それなしには、日本政府は国民の信託に答えることができないだろうというのが、私の考えですから、出発点は同じでも、結論はまったく逆なのです。

†篠田と加藤の分岐点――現状の追認か相対化か

では、私の考えと篠田のそれは、どこで分岐するのでしょうか。

篠田の基本的姿勢は、日米同盟という現状の追認です。彼にはこれをいったんカッコに入れて、相対化するということができません。何が日本の国民にとって一番大切なことか。その一番大切なことを実現するうえで、何が最善の選択か、とゼロから考えることが、できない。たぶん、それなしで考えるというのは現実的でない、という判断があるのでしょう。日米安保の対案を見つけだすことなど、絶望的に困難だという判断が。しかし、だからといって、そこで考えるのを中断してしまえば、合理的な足場が消えてしまいます。

憲法は誰が制定したのか？という伝統的な問いは、自衛権は誰が行使するのか？という現代的な問いと直結している。その答えは、「表」側では「国民」である。「裏」側では「アメリカ（とともに）」または「日米安保体制」という「戦後の日本の国体」であろう。（『集団的自衛権の思想史』61頁、傍点原文）

注意しなければならないのは、こう書くとき、先に少しふれた白井聡の「国体論」が、国体を終始否定的対象とみようとしているのとは違い、篠田のいう国体とは、彼にとって、の——肯《がえ》んずるべきものとしての——国体を意味していることです。彼はそれを否定しません。文字通り、アメリカが思考の行く手に立ちふさがる絶対不可侵の「国体」となっていること、そのことを認めながらも、そのことに自分は批判的だというのではないのです。アメリカが不可侵なのは、単にそれを動かすことがきわめて困難だからにすぎないのですが、それを篠田は、「国体」と呼びます。すると話は簡単になります。ほんらい絶対的でないものを絶対視してしまうと、その論理がたやすく善悪二元論的なものに単純化されること、そうなってもそのことに気づかれにくくなることをも、右の文章は示しています。

憲法は誰が制定するか、と自衛権は誰が行使するか、という問いは、同じではありません。自衛権の行使権者を定めるのが憲法だからです。また自衛権を行使するのは、「国民」でも「アメリカ」でもありません。その中間に位置する「日本政府」だからです。この「危うい均衡」をハンドルできる（＝統御し動かすことのできる）日本政府が、この「国体」を信じる運命論者の二元論のなかから脱落していきます。あるいは二元論のなかに埋没しています。その結果、篠田にとって「アメリカ」ないし「日米安保体制」が、ちょうど護憲派の人々にとって「憲法9条」がそうであるように、「戦後の日本の国体」、文字通り、ハンドル手のいない、絶対不可侵の存在となります。それとともに、論理が運命論的な二元論に単純化されてしまうのです。

†捨象される暗闘の歴史

そこから歴史の重要な側面の捨象が生じてきます。彼は、この動かすべからざる現状である日米同盟から、戦後の歴史を逆算します。事後的に歴史を再編する。「日米同盟」史観に立ち、護憲派の和田の「平和国家」史観と同様、歴史を整合的な形に書き直すのです。

篠田はいいます。

社会契約とは、人間一人一人が、各人の生命をよりよく守るために、相互に社会を作

るための契約を結び、秩序の番人としての政府を設立する契約を結ぶ、という思想だ。（中略）

そこで問題になるのは、実は日本は、自国の政府だけで国民を守る仕組みをとっていない国だということだ。日本は、自国の安全を、アメリカという他の国にも委ねている。それどころか第二次世界大戦後の日本の独立国家としての地位は、駐留米軍を抜きにしては存在したことがなかった。日本の主権回復時に締結されたサンフランシスコ講和条約の不可分の一部として、日米安保条約は成立した。主権回復後六五年がたつ今日においてもなお、アメリカの軍隊が約五万人の規模で駐留している（中略）。これはアメリカの外国駐留兵力として最大であり、（中略）約三万五〇〇〇人のドイツ、約二万五〇〇〇人の韓国なども凌駕する数である。（中略）

（中略）在日米軍は、アメリカの極東戦略において重要な軍事拠点であると同時に、日本が単一の軍事大国として台頭することを防ぐ二重の効果も発揮している。憲法九条と日米安保を基軸とする日本の国家体制は、東アジアの国際秩序の構造とも結びついたことにより、いっそう深い安定性を保ってきたのである。（『集団的自衛権の思想史』16～17頁）

これが、篠田の主張する「国際協調主義」（実は対米協調主義）を真の国是とする日本の戦後が、その実践形態である「日米同盟路線」に基づいて、敗戦の後、占領をへて、アメリカとの協調のもとに切り開き、実現してきた戦後の達成の姿なのだといわれれば、誰もがその一貫し、整然とした姿に驚くでしょう。と同時に、この本をここまで読んできた読者であれば、私の記述との違いにも気づくはずです。なぜなら、そこには平和主義を国是とし、改憲派、護憲派こぞって対米自立こそを独立の完成と観念しつつ、それぞれの方法でそれをめざしてきた暗闘の歴史が、きれいすっぱりと捨象されているからです。

そのため、対米従属の屈辱＝フラストレーションを戦前型復古主義への回帰や明治憲法復元の「保守革命」によって、あるいは憲法9条を世界最先端の平和思想の体現物として「世界遺産」や「ノーベル賞」に押し上げようとする動き、護憲運動等によって、払拭しようと続けられてきた、国民各層の営為は、すべてこの篠田流の歴史像のもと、国際協調主義に反する、愚かしい錯誤的な動きとして片づけられるほかなくなります。

しかし、それが事態を不当に歪める歴史記述であることは明らかでしょう。なぜなら、たとえ日本国憲法が篠田のいうように国際協調主義を柱にしているのだとしても、それは当然、日米同盟を基調とするということとはまったく違います。当時、念頭にあったのは、清宮が述べるように、きたるべき国際連合との協調です。

また、対米自立（＝駐留米軍の撤退）という敗戦直後からの日本の政治目標が、国際社会の文脈から離れた「独りよがり」なものだったなどということも、まったくありえません。連合軍との降伏文書であるポツダム宣言が、「連合国の占領軍は直ちに日本国から撤収せらるべし」と述べ（12項）、占領終結後に、完全な日本の自決権と独立が回復されることを約束し、以後、講和条約、日米安保条約が、それを前提に、特例として抜け道をたどるかたちで在日米軍の永続的駐留を可能にしてきたことは、講和条約第6条(a)の末尾に、「条約発効後、90日以内に連合国のすべての占領軍の撤退」を受け、連合国のうちの一国ないし複数国との協定に基づく「外国軍隊の駐留」はその例外とする、という記述があることからも明白だからです。

†整然とした優等生的歴史記述

しかし、篠田の歴史記述には、このような日本の対米自立をめぐる政治的葛藤は一切現れません。そして、あたかもそれが日本政府とアメリカ政府の合意によるかのごとくに、日本の憲法が、まず占領下に米軍の存在を憲法外に前提しつつ、「戦力の不保持」を明記し、講和後は、その「間接統治体制」が日米安保と憲法9条を二本柱とする「国家体制」にひきつがれるという整然とした優等生的な歴史が語られるのです。

そして、これを受けて、この国家体制は、以後二本の柱の「危うい均衡」のうえに運営されたあと、冷戦終結で安定を失うが、いまは、これに対処すべく安保法制をはじめとする補強がほどこされる一方、長期的には国際協調主義に立つ抜本的な日米同盟の再定義が必要になるだろうと、篠田の見通しが述べられるのです。

しかし、再度いえば、アメリカ（＝日米安保）は、「国体」（＝国家体制の絶対的根幹）なのでしょうか。日米同盟は、「永久」なのでしょうか。単一国家単位の「日本の国益」を前面に出し、「自立」を追求することは、いまや「ロマン派的な思い込み」なのでしょうか。この古い時代の迷妄を脱し、長期的に国際協調主義（＝日米同盟主義）を国是に掲げ、新思考のもとにこれを補強してゆけば、日本の安全保障は、また日本国民の安寧な生存は、将来を約束されるのでしょうか。

そのような保証がどこにあるのでしょうか。

†日米同盟のみが国益とされる

ここでは、親米保守の改憲論は、いまやアメリカの対日要求にいやいや応じるのではありません。日米同盟のほかに「国益」があるのではないからです。たとえば次のブログでの篠田は、先に引いた坂元とそっくり同じです。

日本は、アメリカ合衆国などの諸国の「正義」を信頼して、自国の安全を確保していく。（日本国──引用者）憲法は、アメリカによる占領統治下でそのように宣言し、実際に日本はその後70年間、アメリカ合衆国の「正義」を信頼して、自国の安全を確保してきた。これは今や解釈の問題ですらない。世代を超えて継承されてきた一つの現実である。

（中略）

今日のほとんどの日本人の間では、日米同盟体制の運用の方法をめぐる議論はありえても、同盟を「信頼」すべきか否かの議論はないように思う。（アメリカに代表される諸国の──引用者）「正義への信頼」こそが、日本国憲法の命である。従属ではない。相手が信義則に反する行為をとるならば、指摘すればいい。しかしそれも「信頼」があればこその話だ。（「憲法の『秘密コード』と日米『同盟の絆』〜憲法9条解釈論その4〜」、篠田英朗ブログ「『平和構築』を専門にする国際政治学者」2017年5月17日）

この場所から、「対米自立」などというのは「反日」だ、といういわゆるネトウヨの一部の新奇な主張までの距離は、ほんの一歩です。彼らにとっては、どこまでも米国と共同行動する、これを従米と見るのは間違っている。進んで米国と共同歩調を取ること、それが日本の「国益」なのです。

†しかし、経験の核心は抗いの姿の中に

護憲論も、改憲論も、最後には、美しい姿を描きます。

和田の護憲論では、憲法9条と天皇が「平和国家」のもとに手を組み、そもそも憲法9条の「平和国家」建設の理想は、日本人の手で書き込まれたという新しい戦後の姿が示されます。

篠田の改憲論では、日本とアメリカが「憲法9条と日米安保」を表と裏の「国体」に据え、最初からその一対性を基本原理として占領期、講和期、その後の日米同盟期を通じ、戦後を整然と「国際協調主義」を国是に生きてきたさまが描かれます。

しかし、戦後の実質は、また、憲法9条と平和をめぐる私たちの経験の核心は、そこで捨象されたもののなかにあるでしょう。

それは簡単には言葉に尽くしがたい、抗《あらが》いの姿のなかに生きています。

おわりに

憲法9条／使用法

終戦時、戦災で焼けた東京・本所深川方面(photo ⓒ 共同通信社)

1 対案について

戦後日本における、護憲論と改憲論の実に長い歴史。その果てに残されているのは一つの問いです。それは、戦争に負けて、焼け跡の中に投げ出された日本人が、まず考えなければならない問いでした。しかし、その前に答えのほうが先に示された。日本人は、今後、悔い改めて、平和の使徒として、世界の最先端に立たなければならない、というのでした。答えは、敗戦からわずか7カ月後に、国民の前に草案として示されました。1年3カ月後に公布された憲法では、前文と9条に、その内容がこう謳われます。

日本国民は、恒久の平和を念願し、人間相互の関係を支配する崇高な理想を深く自覚するのであって、平和を愛する諸国民の公正と信義に信頼して、われらの安全と生存を保持しようと決意した。われらは、平和を維持し、専制と隷従、圧迫と偏狭を地上から永遠に除去しようと努めている国際社会において、名誉ある地位を占めたいと思う。われらは、全世界の国民が、ひとしく恐怖と欠乏から免かれ、平和のうちに生存する権利を有することを確認する。

われらは、いずれの国家も、自国のことのみに専念して他国を無視してはならないのであって、政治道徳の法則は、普遍的なものであり、この法則に従うことは、自国の主権を維持し、他国と対等関係に立とうとする各国の責務であると信ずる。

日本国民は、国家の名誉にかけ、全力をあげてこの崇高な理想と目的を達成することを誓う。(「日本国憲法前文」)

また、

日本国民は、正義と秩序を基調とする国際平和を誠実に希求し、国権の発動たる戦争と、武力による威嚇又は武力の行使は、国際紛争を解決する手段としては、永久にこれを放棄する。
2 前項の目的を達するため、陸海空軍その他の戦力は、これを保持しない。国の交戦権は、これを認めない。(9条)

†先に示された答え、問われずにいる問い

前文に加え、とりわけ、この9条が、平和条項として、戦後の日本人の進む方向を明示するものとして受けとめられました。日本国憲法には、ほかにも、国民主権、基本的人権の尊重など、戦前のあり方を転覆し、革新する他の新原則が定められていたのですが、これらは、日本がようやくほかの欧米先進国のレベルに「追いついた」ことを示す指標にすぎないので、その徹底的な実現を国の目標にするには、〝役不足〟と感じられたのかもしれません。

それに対し、自衛権までも否定する徹底的な戦力不保持の平和原則は、このとき、どんな国の憲法にも書き込まれていませんでした。また、新しい理想を体現する国際連合の理念とも響きあい、その目標を先取りするものでした。そんなことから、9条の平和国家の確立、世界平和の実現という使命が、敗戦の苦しい体験を代償に手にされた、敗戦国民の新しい目標になると受けとられたのでした。

こうして、問いは、問われずに終わりました。

しかも、そのことは、食べるものにも事欠く戦後の窮乏と混乱のなかでしたから、ほとんど誰にも気にされませんでした。

†私たちにとって一番大切なこと、いま必要なこと

何が一番、自分たちにとって、大切なのか。

また、

どうすることが、いま、自分たちに必要なのか。

重要なのは、この問いには、憲法9条も平和主義も、アメリカも日米安保も、占領憲法の廃棄も明治憲法復元も、含まれてはいないということです。

そういう思いが私たちのおのおののなかに、それぞれ異なるかたちで分かちもたれているとしても、この原初の問いの力が、それをカッコに入れる役割を果たしているのです。

また、これは平時の問いです。問いはゼロでありつつ、私たちは焼け跡にいるのではありません。日常の些事が私たちを悩ませ、しかも、私たちは自分たちが築いてきたもの、守るべきものに囲まれています。焼け跡の沈黙はなく、日常のノイズが私たちを取り囲んでいます。しかし、この平時こそがもっとも普遍的です。だれにも通有の、問いの行われる環境、答えの出される環境でしょう。戦時でも、非常時でもなく、平時こそが、人間がまともに生きる環境だというところにまで、人間の歴史は21世紀に入り、到達しているからです。

そして、この問いを平時において受けとるなら、答えは、こうなるでしょう。私たちにとって、一番大切なことは、いまのこの平穏なる生活を維持することだ、と。そこで人々が、それぞれの幸福を追求できるということが、私たちにとって第一の価値だ、と。

そのことがあるから、私たちは、国にその環境の確保を求め、そういう環境が世界に広まるよう、努力する姿勢を求めるのだ、と。

そして、このように考えてみることは、憲法9条について頭をめぐらすこの本でも、とても大事な手引きとなります。

憲法9条について考えるなら、その手前まで遡及しなければならない。そうでなければ、なぜ平和の理念が大事か、私たちに必要かを考えたことにはならないことを、そのことは教えてくれるからです。

†「復初」への一歩は9条の手前から

たとえば、憲法9条の平和主義がいかにすばらしいか、その思想的な水脈をたどれば、それは近代の西洋思想の基点にまで遡及するゾ、ということを教えてくれる本があります。しかし、それでは、憲法9条がなぜ私たちにとってなくてはならないかは、どこまでいっても説明できないのです。
その意味で、私は、憲法でいうなら、9条の平和条項の基礎をその素晴らしさにではなく、その外、手前に探し、「安全保障の義務」に言及した1993年の護憲派の学者たちの平和基本法の考え方に、丸山眞男が1960年、安保闘争のさなかに用いた言葉を借りれば、「復初」の一歩を認めたいと思います。
彼らは、「平和基本法要綱（案）」に、書いています。

日本国民は、日本国憲法の下で、「平和のうちに生存する権利」を保障される。政府は、国民生活をさまざまな脅威から守る安全保障の義務を有する。

これをささえるのは、憲法でいうなら、前文であり、13条であり、18条です。「われらは、全世界の国民が、ひとしく恐怖と欠乏から免かれ、平和のうちに生存する権利を有することを確認する」（前文）。「すべて国民は、個人として尊重される。生命、自由及び幸福追求に対する国民の権利については、公共の福祉に反しない限り、立法その他の国政の上で、最大の尊重を必要とする」（13条）。「何人も、いかなる奴隷的拘束も受けない。又、犯罪に因る処罰の場合を除いては、その意に反する苦役に服させられない」（18条）。

このうち、前文と13条の規定をもとに、「生命、自由及び幸福追求に対する国民の権利」を根拠に、このことから、「わが国がみずからの存立を全うし国民が平和のうちに生存することまでも放棄していないことは明らか」だとして、9条2項の規定によって「自国の平和と安全を維持しその存立を全うするために必要な自衛の措置をとることを禁じているとはとうてい解されない」。したがって急迫、不正のばあいの必要最小限の実力は認められる、ただし集団的自衛権の行使は認められない、という仕方で、新しい自衛隊合憲説を打ち出したのが、72年の内閣法制局判断でした（内閣法制局「集団的自衛権と憲法との関係について」1972年10月14日）。

2014年7月1日の閣議決定は、この「基本的な論理」をもとに、国際的な「安全保障環境」の変化から、「急迫、不正のばあいの必要最小限の実力行使」であれば集団的自衛権の行使も「自衛の措置」として認められると「判断するに至った」と、結論部分を入れ替えたものにほかなりません。もっとも、護憲派陣営にも、木村草太などのように、集団的自衛権行使は認めないまでも、この13条を加えての72年解釈に「かなりの説得力」を認め、これを踏襲している学者の例もあります（『自衛隊と憲法』58頁）。

†9条そのものをカッコに入れて、同盟なしでもやれる対案を

しかし、ここで私が大前提としての
「政府は、国民生活をさまざまな脅威から守る安全保障の義務を有する」

に賛意を表するのは、この「政府の安全保障の義務」によって、憲法9条を再解釈しようと思うからではなく、憲法9条そのものをカッコにいれてみようと思うからです。

2014年7月の右の閣議決定も、まず
「政府の最も重要な責務は、我が国の平和と安全を維持し、その存立を全うするとともに、国民の命を守ることである」

と断っています。ですから、私のいう最初の問い、「何が私たちにとって一番大事か」への答え、「国民の安全と生存」、またこの「安全保障の義務」と同じではないかといわれそうですが、私は、それによって憲法9条とともに日米同盟をもカッコにいれるというわけですから、問いと答えの使用法が違う。当然、その後の展開は変わってきます。単純に、

「政府の最も重要な責務は、……国民の命を守ることである」。ではそのための最善の策は、いま、何か、とこれを置き直せば、憲法9条と対の、日米安保も日米同盟もすっ飛んでしまいますから、そこから集団的自衛権の行使を容認すべく9条の解釈を変更することが、いま一番大事、という答えは、とうてい出てきません。

では何が答えになるのか。

それの解を得るために、わたしは『9条入門』、そしてこの本を書きついできたのですが、答えは、もはや日米同盟ベースでは、日本の安全保障はおぼつかないので、同盟の縛りから解放されるための、同盟なしでもやれる対案を、用意しよう、です。

ほんとうは、冷戦以後、1990年代にアメリカから日米安保の見直し、再定義をつきつけられたとき、私たちはそうすべきだったのです。この時期にそのような対案提示をした、山口二郎、古関彰一、和田春樹、前田哲男ら（「『平和基本法』をつくろう」1993年）、小沢一郎（『日本改造計画』同）、ロナルド・ドーア（『「こうしよう」と言える日本』同）、森嶋通夫（『日本の選択』1995年）、都留重人（『日米安保解消への道』1996年）といった人々の提案を、改憲論者も護憲論者もともに、もっと真剣に受けとめるべきだったのです。

しかし、そういう対案を提示できないばかりに、私たちは、21世紀に入り、同時多発テロの勃発により、まったく新しい国際環境のもとにおかれると、ほぼ錨《いかり》をひきずって船が流される「走錨《そうびょう》状態」に陥ってしまいます。国の基本原理を見失い、米国の要求に振り回される一方となり、テロ特措法、有事法制、安保法制と突き進んだあげく、安倍加憲改憲提案を基礎に、9条の明文改憲の是非をいつ国民投票に問われてもおかしくない情勢を迎えているのです。

†最低の内閣をつくりだしたのは、私たちの無為無策

この一事からもわかるように、憲法の基本原理が国際協調主義（＝日米同盟主義）だなどということはありえない、もしそれしかないのなら、それとともにもう一つ、嵐の中でも杭になるようなものが、本来国の基本原理として必要なことがわかるかと思います。

それが見失われた。

あるいは、なくなった。

そのことと、日本を自分の意のままに動かそうとするアメリカと対等にやりあうためにも、アメリカなしでやっていける対応策（＝対案）がカードとして必要になった時点で、それを用意できなかった、ということが、冷戦終結以後、日本に起こったことだったろうと思います。

ここからわかることは、ついに明治以来の憲政史上、最低の内閣を私たちは戴くことになってしまった。とはいえ、その安倍自公内閣をつくりだしたのは、私たちの無為無策にほかならない、ということです。私たちが冷戦終結後、しっかりとやるべきことをやっていたら、こういうことにはならなかったはずなのです。

しかし、なぜ私たちは、アメリカに対峙し、日米安保の対案、つまり交渉カードをもう

少ししっかりと用意できなかったのでしょうか。

そう考えると、憲法9条という理念が、いわば私たちには立派すぎて、それを私たちは、「使いこなせなかった」のだ、という感想が浮かびます。「押しつけられた」というよりそれを私たちは幸運にも「贈与された」のですが、自分たちで考えぬいた末に、自分たちの力で、手に入れたのではなかった、その力不足がたたって、憲法9条の理念が護憲派の人に「国体」のように働いて、自由に考えることを妨げてきたのではないでしょうか。

先に述べたように、冷戦以後、日米安保の解消という課題に立ち向かった人々がいなかったわけではありません。私がこの本で見出した人々を並べるだけでも、山口二郎、古関彰一、和田春樹、前田哲男ら護憲派の「『平和基本法』をつくろう」グループ、国連中心主義の小沢一郎、また国連再生策のロナルド・ドーア、非武装中立と東アジア共同体構想の森嶋通夫、日米安保解消の都留重人と、創意に富んだ意欲的な提案が、1990年代には、目白押しに現れました。

しかし、それによって護憲論、改憲論が刺激を受けて、変容をきたすということはありませんでした。これらの提案の半分以上がさしたる反響もなく、脇にのけられ、やがて忘れ去られました。しかし、これからは、もうそういうことがあってはならないだろうと私は考えます。

そうしたなかで、次に起こってきたのが、現状打開が絶望的に困難であることを受けた、アメリカの絶対化、篠田、白井がそれぞれの立場から指摘するアメリカの「国体」視です。

このこともまた、私たちが日米同盟、日米安保について自由に考えることを妨げるようになります。また、日米関係の現状追認から生まれてきたアメリカ「国体」主義者たちが、現実に現れてくるそのような動きを、アメリカの「ジャパン・ハンドラー」たちと手を組んで、押しつぶすようになります。

2009年の政権交代直後の民主党の鳩山由紀夫政権の動きは、このような冷戦以後の流れに、はじめて日本の政府が棹さそうとした企てでした。しかし、無残にもこのようなアメリカ「国体」主義者たちにあっというまに押しつぶされました。

しかし、この瞬時の敗北から、新しい動きが出てきます。私のこの本も、その新しい動きに連なるものです。

†敗北から出てくる新しい動き

私が、アメリカの日本におけるプレゼンスの異様さに強い印象を受けたのは、いまから36年前、1982年2月、三年数カ月のカナダ滞在をへて日本に帰ってきたときのことです。そのとき私はなぜ、いつから、日本の社会は対米従属という現実と正面から向きあいたくない心性を育てることになったのか、という問いと向かいあいました（『アメリカの影』）。また、日本の護憲派、改憲派双方の相対立するあり方に、両者の抱える問題を一望のもとに見はるかす場所を作り出すことの必要を感じ、そこから出てくる課題について考えたのは、95年1月のことです。最終的に、そこで私は、問題克服の第一歩として憲法9条の選び直しの国民投票が必要ではないかと書きました（『敗戦後論』）。

しかし、それから20年を隔て、私が『戦後入門』（2015年）で改めて戦後の問題と正面から向きあう気持になったのは、2009年の鳩山民主党政権の敗北の経験がきっかけです。11年に日本社会を襲った3・11の複合災害をへて、その後起こったこの企てへの反動の総体が、その本を書かせました。そして、その本の結論として記した9条改定案の考えを出発点に、9条をめぐる問題の総体をふりかえり、そこから今後への指針を引きだそうとして取りかかったのが、前著『9条入門』であり、またこの今回の本です。

ですから、このあと、私の9条二部作もそこに連なる2009年以後の新しい考え方と、アメリカなしに日本がどのようにやっていけるかという課題を前に、これまで出てきた対案の数々を紹介しながら、最後に、結論として、私の考える対案を述べてみようと思います。

2　2009年の蹉跌と新しい展開

2009年8月の第四五回総選挙で、戦後はじめて単独野党による政権交代が実現されます。

これは、自民党に代わる、新しい国内的基盤をもったオルタナティブの政権が生まれたということ、戦後ようやくにして日本がアメリカに対し、フリーハンドを手にする機会を得たことを、意味していました。

その前の「郵政選挙」では、無党派層の多くが小泉純一郎の劇場型選挙キャンペーンに呼応して投票したため、投票率が小選挙区・比例代表ともに前回の59%台から67%台にまで跳ね上がりました。自民党、民主党の得票数が、それぞれ約2600万票（約38%）、2100万票（約31%）に達し、小選挙区制のもと、自民党は84議席増の296議席、民主党は64議席減の113議席という結果になったのです。

民主党の「政権交代」アッピールが功を奏した第四五回総選挙では、投票率がさらに小選挙区・比例代表で69%台にまであがり、自民党、民主党の得票数が、それぞれ約1900万票（約27%）、約3000万票（約42%）と逆転した結果、自民党は181議席減の1

19議席、民主党は193議席増の308議席と、民主党の地すべり的勝利となり、政権交代が実現したのです。

†民主党政権の頓挫と、残された幻滅

21世紀に入ってから、1990年代初頭までの単独与党時代、3000万票前後で安定していた自民党の得票数は、「郵政選挙」を除き、2000万票台前半から1800万票台のあいだにまで低下します。このことは、小泉政権時のポピュリスト的な劇場型選挙にもちこめない限り、もはや自民党は、固定票をもつ公明党との連立でなければ選挙には勝てず、しかもこの連立が功を奏するには投票率が60％台には達しないことが条件となったことを示しています。

そして事実、2012年12月の第四六回総選挙以後、投票率は、このときに記録した戦後最低の59・32％からさらに下がり、52・66％(第四七回)、53・68％(第四八回)と50％台前半に終始し、自民党は、公明党との選挙協力でなんとか約1800万票台の得票数を確保することで、旧民主党ほかの分裂、党勢低迷にも助けられ、280議席を超える絶対多数を獲得し続けるようになるのです。

改憲派の議席数が3分の2を超えるとはいえ、自民党「一強」体制の基盤はけっして盤

石ではありません。何しろ日本の有権者数は下限が18歳まで下がり、1億人を数えます。もしも野党の統一戦線が実現し、投票率が上がれば、再び2009年の交代劇が実現することは、十分に考えられます。

この第一回の政権交代によって生まれた民主党の鳩山由紀夫・小沢一郎政権は、はっきりと対米自立を掲げる戦後初の政権として、東アジア重視外交と国連中心主義を基本路線に果敢にさまざまな政策を実行に移そうとしますが、米国の知日派ジャパン・ハンドラーたちと親米「国体」派の国内官僚たちの結託した反対と抵抗にあい、1年ももたずに、あえなく頓挫し、10年6月、米国への妥協姿勢を見せる菅直人内閣と交代します。菅内閣は、やがて東日本大震災、福島第一原発事故の複合災害に襲われ、中部電力浜岡原発を全停止しようとして反対に遭い、11年9月、約1年3カ月で瓦解します。

これに代わった野田佳彦政権は、一転、米国に追従し官僚の助言によって動くことを選択しますが、公約にない消費税増税を主張するにいたり、党の分裂をきたし、その後、12年の第四六回総選挙で惨敗し、民主党の約3年半の施政は、国民のあいだに政権交代と民主党に対する深い幻滅を残して、終了します。

†対米従属の深化をとらえる新しいアプローチの出現

しかし、この民主党による政権交代は、少なくとも最初の鳩山政権の対米自立の企てとその惨憺たる敗北によって、その後、日本社会に大きなインパクトを残します。その最も大きなものの一つが、日本社会のアメリカへの依存と従属がかくも深いものだったということが白日の下に明らかにされたことです。それが、以後、安倍自公政権を、開き直った徹底従米路線へと走らせると同時に、これまでとは異なる日米安保と憲法9条へのアプローチを、世の中にもたらすこととなります。

その牽引力の一つになったのが、矢部宏治による新しい戦後論の企画（創元社「戦後再発見」双書）と彼自身の執筆であり、また、孫崎享、伊勢﨑賢治、柳澤協二、今井一、井上達夫ら、新しい書き手による改憲的護憲論ないし護憲的改憲論の出現だったといえます。私の前著『9条入門』がその一環に連なっているからいうのではありません。この企画の第一弾は、イラン大使などを歴任したもと外務省国際情報局局長、孫崎享による『戦後史の正体』でしたが、この本の朝日新聞での書評が著者を怒らせ、事実誤認を朝日新聞が謝罪したという事実が示すように、憲法9条と平和主義を最初からありがたがるのではない、新しい憲法9条と平和主義へのアプローチが、ここではじめて方法的に示された。私のいい方でいえば、憲法9条と平和主義への「方法的懐疑」(デカルト)という態度が、はじめて日本の戦後に現れたのでした。

†改憲をめぐる諸論議の整理

では、この新しい憲法9条と日米安保へのアプローチは、これまでの護憲論、改憲論とどこが違い、どこが同じなのでしょうか。

改憲問題で、いま焦点となっているのは、安倍政権がはじめて踏み込んだ集団的自衛権の行使容認と、それに基づく安保法制、さらにその先に安倍が当初私的に提案した加憲改憲提案です。それらの安倍主導改憲を、認めるか認めないかで二分したうえ、改憲を巡る現在の論議を整理すれば、こうなるでしょう。まず、

A　集団的自衛権を認めないばあい。

その①は自衛権まで認めない原理主義的護憲論の立場です。このばあい、自衛隊をどうするかで、

(1)のただちに解体する(ほとんど該当者なし)、

(2)の最終的に解体をめざすが、自衛隊が存在する現状をとりあえず違憲性があるものとして追認し、違憲性を理由に抑止要因として機能させる(日本共産党、石川健治など)

の二つの立場に分かれます。むろん、双方とも安倍主導改憲には反対です。
また、その②は個別的自衛権を認めるという場合です。こちらは、
(3)の解釈改憲で自衛隊を必要最小限の戦力にとどめるいまのままのやり方でよい、したがって安保法制は廃止すべきとするとする立場（長谷部恭男、木村草太など）、
(4)の明文改憲ないし9条を削除し新条項に変え個別的自衛権の範囲で憲法遵守をハッキリさせる、という立場（井上達夫、堀茂樹など）に分かれます。
また、その結果の如何にかかわらず、
(5)として国民が「自衛戦争を認めるか否か」という憲法9条の平和主義の根本問題に向きあう機会として国民投票を使うことが大事で、そのことを忌避する従来の護憲派の態度（右の①の(1)と(2)、②の(3)の立場を合流させ、違いを問わない九条の会など）は改めるべきとする、新しい護憲派的な立場も、生まれています（今井一など、以上『戦争、軍隊、この国の行方　9条問題の本質を論じる』ほかによる）。
これに対し、
B　集団的自衛権行使と安保法制を認めるばあい。
これは(6)の、解釈改憲で安保法制までを支持するが、明文加憲はこれまで検討を重ねてきた自民党案に基づき慎重に進めるべきで、拙速の加憲明文改憲は留保するという自民党

憲法改正の立場（石破茂など）、
(7)の、安保法制に加えて安倍加憲提案をも支持するというアメリカ「国体」的な徹底安倍支持の立場（坂元一哉、篠田英朗など）に分かれます。

†9条と日米安保の相補性の問題化

しかし、私の判断では、憲法9条の問題は、あるときから、9条と自衛隊の相補性が問題である次元から、9条と日米安保の相補性が問題である次元へと変わっています。

この変化は、当然、米国との交渉の前面につねに立ってきている政治の当事者とその支持者には、ありありと感じられています。ですから、右の分類でいえば、従来からの親米保守改憲派である(6)と(7)の立場の人たちは、このことをよくわかっています。しかし、護憲派、改憲的護憲派の(1)から(5)までの主張者たちにはその認識がそれほど徹底されていません。

つまり、憲法9条と平和主義の立場を尊重するからこそ、現在の護憲論のあり方を「方法的に懐疑」し、そこから新しい憲法9条へのアプローチの道を開こうという点では、この2009年以後の論者たちは、これまでにない新しさをもつのですが、その新展開に何より日米安保に対する日本からの「見直し」と、それなしにもやっていける対案の準備が必須となるという認識が欠けている点では、彼らの多くが、従来の護憲派、リベラル陣営の人たちと同じなのです。

この日米安保の変化の起点は、冷戦終結です。これにより、ソ連という仮想敵が消え、米国一極の世界が現れ、日米安保の理由が、自国防衛から米軍への協力に変わります。これにより、米国には日本をソ連から守るという大義名分がなくなり、日本が米国に譲歩する理由が、それだけ減少しますが、一方、日米安保の駆け引き上、日本からも、共産・中立カードという、アメリカを牽制する対案カードが消えることになります。

このとき、新しく日米安保の見直し・再定義案を携えてむかってきたアメリカに対し、日本も、新たな対案カードを用意して対抗しなければならなかったのですが、90年代を通じて、日本の政府は、それができませんでした。そのため、完全に押し切られ、以後、無際限にアメリカに譲歩しないと、日米安保による安全保障が確保できない、あの柳澤協二のいう無限譲歩のスパイラルに陥ることとなります。

この日米安保の「見直し」(再定義)により、自衛隊の意味もまた、日本の防衛から、米国の世界戦略における米軍への協力へと重心を変えます。それに応じて、憲法9条の意味も、自衛隊の無際限の拡大を抑止するという役割(必要最小限の戦力、防衛費のGDP1%枠など)から、米国への個別的自衛権の枠をはみ出た無際限の協力を抑止するという役割（集団的自衛権行使の禁止）へと変わります。

思えば、冷戦期の改憲問題は、自衛隊の増強に歯止めをかける論議が中心でした。それを、所詮「ごっこの世界」の論議にすぎず、問題解決のためには、さらに日米同盟の対等化と日本の主権の回復にまで踏み込まなければならないと指摘したのが、70年代から80年代にかけての江藤淳の先駆的な指摘です。

じじつ、冷戦が終結すると、衣の下から鎧が出てくるように、自衛隊と憲法9条の相補関係の背後から、日米安保と憲法9条の相補関係が、顔を出すようになります。私のばあい、9条に関し、そのことに気づき、軸足の変更が必要だと述べるのが、雑誌発表時に「新敗戦後論」と紹介された「戦後から遠く離れて――私の憲法九条論」でのことです（『論座』2007年6月号）。だいぶ気づくのに時間がかかりました。2009年の鳩山政権の挫折に先立ち、じつは2000年以後の改憲論は、自衛隊と憲法9条の関係ではなく、日米安保と憲法9条の関係へと変わっていたのです。

†どうすればアメリカに同盟解消を受け入れさせることができるのか

そのことを頭において、現在の改憲論と護憲論の現状を見ると、新9条論をめぐる現在の論議において、この変化がいまなお、十分におさえられていないことがわかります。それではその論議をいくら深めても、現状の打開にはつながりません。

一つの焦点は、自衛権を認めるかどうかですが、自衛権を認めないばあいの対案が、国際社会上の文脈に載るかたちで示されていません(1)(2)(5)。というのも、自衛権を認めない、としたばあい、日本の安全保障をどうするか、がすぐに問題になります。50年代には全面講和により非武装中立国として、独立し、東洋のスイスになる、という出口が提唱されましたが、いま、これに類する対案を口にする人はいません。しかし、もし日米安保の現実を、これに従い、縮小・解消させようとしたら、それなしにもやれる対案が必要となりますし、それ以上に、どのようにして、アメリカからの〝軛〟を脱することができるか、その方法も同時に考えられなくてはならないのです。そのばあいには、当然、米国による核の傘の問題にどう対処するかも、考えられなくてはなりません。何の対抗カードもなく、アメリカが善意の国となって、日本の平和主義を理由とした同盟離脱をそのまま認めるとはとても思われないからです。

では、どうすればよいのか。どのように、アメリカに同盟解消を受け入れさせればよいのか。その戦略面での対処が、これらの護憲論にもほぼ考えられていないことが、日米同盟「国体」論者たちの主張(6)(7)に比べ、致命的な弱点となっていることは否めないでしょう。

このことは、個別的自衛権を認め、これを明文改憲化することによって憲法上、厳密にコントロールするという②の観点に立つ新9条論者ないし護憲的改憲論の人々（4）についても同様にいえます。これによって、専守防衛の最小防衛力に限定した個別的自衛権が、憲法で認められ、それ以上のたとえば集団的自衛権の行使を認めない体制が日本に生まれるとしても、そもそも、米国の世界戦略に日本の自衛隊を組み入れようというアメリカの要求を拒否できるだけの態勢が日本にできていないのですから、次には、集団的自衛権の行使を認めるための明文改憲が、従米政権の手で進められることになるのは必定だからです。

憲法が遵守されればそれでいい、というのでなければ、どう日米安保に代わる安全保障策を講じるかが、彼らによっても語られなければならないのです。

†日米安保に代わる安全保障策をどう講じるか――「太平洋アジア安全保障構想」に欠けていたもの

1993年の「平和基本法」を提案した護憲派の学者たちは、そのように考えたために、94年に再度、試案をまとめ、日米同盟の脱軍事化とそれからの離脱をめざした太平洋アジア安全保障構想を提示しています。

前回の提言ではほとんど触れられなかったのが、日米安保条約（体制）である。日米安保条約体制は、冷戦の中で起った「熱戦」たる朝鮮戦争（一九五〇―五三）のただ中でつくられたものであり、冷戦・戦時を前提にしている。自衛隊もまた、この日米安保体制が生み出し、育てたものである。（中略）
日米安保条約は、冷戦期日本外交の不動の指針として維持されてきた。（中略）冷戦が終結し、「五五年体制」の崩壊と再編をまのあたりにしているいま、（これと連動し、52年のサンフランシスコ平和条約とともに生まれた――引用者）「五二年体制」が変わらないで済む筈がない。
日米安保条約もまた、新しい安全保障環境の中で見直され、定義し直されなければならない。（山口二郎、古関彰一、和田春樹、前田哲男ほか「共同提言　アジア・太平洋地域安保を構想する」『世界』1994年12月号）

ただし、この日米安保見直しの論で、彼らは日米安保の解消を唱えません。彼らは意外にも下手に出て、「私たちは、日米安保即廃棄論ではない」と述べ、日米安保には他の軍事同盟条約と異なり経済協力条項も入っているからこの側面を拡大することで軍事色を薄め、最後には脱軍事化したい、と主張します。同じく、これをアジア・太平洋地域安保へと拡大することで、日米同盟色を薄め、EUに倣い、アジア・太平洋地域全体の「地域安全保障システム（共同の安全保障）」へと二国同盟性を解消しようと提案します（同前）。

つまり、かつての重光葵のように面と向かってアメリカに対抗しても、その力を跳ね返せない。また、その後、アメリカとの関係が非友好的なものとなっては、日本はやっていけないし、国内の支持も獲得できない、ここはより現実的に、と考えるのです。

しかし、それでは、かつての江藤淳の論説と同様、アメリカの善意と理解に期待する以外にありません。とはいえ、この問題は、90年代におけるフィリピンの政治家たちがそうしたように、正面から、アメリカに対峙し、面と向かって自国の立場を主張しなくては、解決しないのではないでしょうか。また、フィリピンと米国のその後の関係が示すように、米国の基地を撤去したあとでも、両国の国益が一致すれば、再び対等な協力関係に入ることができるので、自国の立場をしっかりと主張することこそが、ここでは大事で、正面からぶつかることを、恐れるべきではないのではないでしょうか。

むしろ、どうすればそれをアメリカに認めさせることができるか、という対案、そのための戦略的な方法論が、なければならないのですが、そういう覚悟と思考が、彼らの提案には欠けていました。

†朝日新聞社説対案にも同じ欠落

また、同じことが、半年後、この案を視野に入れたうえで提示されたと推測しうる朝日新聞の1995年5月の社説特集の対案についても、いえます。

それは、都留の前記の著作『日米安保解消への道』でのまとめにしたがえば、こういうものです。

提言1　国際協力法の制定を（援助体制を抜本改革し、国際協力庁を発足させる）

提言2　平和支援隊をつくれ（非武力行使の従来型PKOを任務とする2000人規模の常設機関を設置する）

提言3　憲法9条は改定しない（憲法9条は人類の課題を先取りした理想主義的規範。戦後社会の枠組みである）

提言4　自衛隊を改造する（2010年を目標に年次計画を立て、自衛隊を憲法9条にしたがい、国土防衛隊的な組織に縮小する）

提言5　冷戦型安保の脱却を（日本が再び軍事的な脅威とならないことを土台に、日米両国で日米安保を予防外交や軍備管理の機能をもつOSCE〔欧州安保協力機構〕型の機構へと転換する）

提言6　国連改革の先頭へ（日本は、受け身の国連観を脱し、改革の先頭に立つ。総会の権限を強め、安保理の拒否権を廃止へ）

自衛隊再編、日米安保からの脱却、国連中心主義の強化と、ほとんど、この本で私が指摘してきた、そしてこのあと提案しようとする事項と重なります。欠けているのは森嶋通夫の東アジア共同体構想にいう、日中韓の連携という構想くらいです。これらの項目はまた、山口二郎らによる平和基本法、アジア・太平洋地域安保の提案とも、重なります。ですから、逆にいえば、この朝日の提案もまた、ほかと同様、総花的だということです。

†対案の必要条件——安全保障確保の原理と対米戦略の対策案

なぜ総花的になるのかといえば、憲法9条の平和主義から離れ、新しい論の立地点から、いま一番大切なことを割り出し、それに従い、日米安保の解消という目的に向け、どうすればそれが可能か、という理路で、考えられているわけではないからです。それを実現するためにどうするか、という問い。どのような戦略的対案を用意するかという問いの矢印が欠けているのです。なぜこういうことが必要かの理由を、すべて憲法9条に背負わせていること、日米安保なしに、どう日本の安全保障を確保するかという対案が用意されていないこと。この二つのうちに、これまでの護憲論的思考に通有の弱点が、ありありと現れています。

総じて、これまで日本に現れた現状打開策には、日米安保なしにどのように日本の安全保障を確保するかという原理的な対案と、どうすればその対案をアメリカに認めさせることができるかという戦略的な対策案と、この二つを条件として備えた対案が、なかったのです。これにもっとも近かったのが、森嶋通夫の「新・新軍備計画論」でしょう。

そして、この二点の指摘が、また、私のこの本の結論でもあります。現状を打開するには、この二つの対案カードを備えた対抗案が作り出されなければならない。

その二つを満たし、人々を説得する対案が生みだされれば、日本の戦後の一つの課題は、解決をみるでしょう。

ですから、次には、そのうちの一つの案を、私が2015年に『戦後入門』のなかで示した案をもとに、私案として例示しておきます。むろん、それよりもよりよい案があれば喜んで場所を譲る用意があります。ただそのばあいでも、その対案は、右の二つの条件を満たしている必要があるだろう、ということです。

3 憲法9条の使用法――私の対案

私は、『戦後入門』の最後に、現状打開のために必要と考える憲法9条の改定案を、次のように記しました（一部、加筆しています）。

そこでの私の対案の基本的な処方箋のカギは、国連です。この袋小路を脱するには、「最初に来た入り口を通って出ていく」以外にありません。つまり、「国連とのつながりを回復する」以外には、ありません。

9条　日本国民は、正義と秩序を基調とする国際平和を誠実に希求し、国権の発動たる戦争と、武力による威嚇又は武力の行使は、国際紛争を解決する手段としては、永久にこれを放棄する。

2　以上の決意を明確にするため、以下のごとく宣言する。日本が保持する陸海空軍その他の戦力は、その一部を後項に定める別組織として分離し、残りの全戦力は、これを国連待機軍として、国連の平和維持活動や、国連憲章第47条による国連の直接指揮下における平和回復運動への参加以外には、発動しない。また国連憲章第7章のめざす体制の完成後、国の交戦権は、これを認めない。

3　前項で分離した軍隊組織を、国土防衛隊に編成し直し、日本の国際的に認められている国境に悪意をもって侵入するものに対する防衛の用にあてる。ただしこの国土防衛隊は、国民の自衛権の発動であることから、治安出動を禁じられる。平時は高度な専門性を備えた災害救助隊として、広く国内外の災害救援にあたるものとする。
4　今後、われわれ日本国民は、どのような様態のものであっても、核兵器を作らず、持たず、持ち込ませず、使用しない。
5　前4項の目的を達するため、今後、外国の軍事基地、軍隊、施設は、国内のいかなる場所においても許可しない。

まず、この改定案の狙いから説明します。ポイントは、四つあります。(1)日米安保の解消、(2)日米安保なしの対案、(3)その対案実現のための戦略的方法論、(4)そしてそのためのジョーカーとして、憲法9条は「使える」、ということです。

†日米安保の解消に向けた対案

(1)日米安保の解消。これは、ここまで述べてきた通りです。このことが、現状の日本の袋小路からの脱却の必須要件となります。

むろん、すぐに国の根幹をなす二国同盟を解消することはきわめて困難です。しかし、1995年のジョセフ・ナイの素案に立つアメリカからの日米安保「見直し」案に、四半世紀遅れとなりますが、日本からの日米安保「見直し」案を対置するのでなければ、日本が日本国民の生活の安寧と安全保障と経済的安定を確保できないところまで追いこまれている、というのが、私の判断ですから、その打開策の目標は、日米安保の解消、少なくともそれを目標に掲げた新外交の提示、となります。

(2)日米安保なしの対案。では、日本は日米安保なしに、どのように自国で安全保障を確保し、かつ、国際社会で米国を含む周辺隣国とのあいだに友好的関係を保持しつつ、孤立せずに、貿易通商にも困難をきたすことなく、やっていけるか。

かつて、山口二郎ら護憲派の平和基本法の提案者たちは、94年、EUの「共通の安全保障」というコンセプトに倣って、「アジア・太平洋地域安保」を提唱しましたし、ここには詳しく紹介していませんが、95年には、「新・新軍備計画論」の森嶋通夫が、持論の延長上に、「アジア経済共同体」、「アジア合衆国」を提唱(『日本の選択』)、さらにそれを展開した「東アジア共同体」構想を2001年に発表しています(『日本にできることは何か』)。なかで、森嶋の「東アジア共同体」構想は、政治経済的要素のみならず歴史的文化的背景にまで目配りしたうえで、中国を五分割し、首府予定地を日本から独立した沖縄とし、日本、南北朝鮮をそれぞれ二分割し、台湾を含んでEU型の共同体に再編成するという気宇壮大なもので、さまざまな思考のヒントが含まれています。

しかしこれら先行する案に対し、私が日米安保の対案として新たに提示するのは、国連です。

その意味は、「アジア・太平洋地域安保」や「東アジア共同体」ではダメで、国連中心主義でいくのがよい、ということではありません。可能な条件と機会があれば、これらと構想が連携することは大いにありえますが、それらが成功裏に実現するためにも、必要条件として、国連中心主義が、日米安保解消のための最強の対案となるだろう、ということです。

†国連と9条の一対性を生かす

(3)その対案実現のための戦略的方法論。

ただ、これまでにも国連中心主義は語られてきました。国連警察軍の創設も、ふれられています。しかし、私の提案のポイントは、いま、冷戦が終結し、日米安保の「軛」のもとで、にっちもさっちもいかなくなっている、この時点で、日本が、起死回生の策、唯一の活路として、国連との連携を探り、国連の再生に自分の再生を重ねることによって、自国の安全と独立（対米自立）と国際社会への寄与（国際社会からの孤立の回避）を実現し、袋小路を脱するという提案を行うなら、この提案は、国の目標として、国民の多数の支持をえられ、かつ、日米安保からの「自立」（対等化）を実現できるのではないか。そして、そのばあいのカギは、憲法9条の理念を、その初期形のまま、実行に移すことにあるのではないか、ということにあります。

現実に合わせて妥協する、ということを行わない。初志を貫徹する。それ以外に、出口はない、と見定めるところに、活路はひらけるのではないか、ということです。

ではなぜ、国連と9条がカギになるのか。「最初に来た入り口を通って」でなければ、いまいる袋小路から「出ていい」けないのか。

以下、そう考える理由を、少し長くなりますが、述べてみます。

†国連の窮状を脱せさせるのは日本

日米安保なしにやっていけるのか、日本の施政者たちよ、考えてみよ、として1995年、ジョセフ・ナイが迫った問いへの、私の答えが国連と憲法9条の一対です。

この二つのつながりの深さについては、『戦後入門』に詳しく述べていますので、関心のある方は、読んでみて下さい（「憲法九条と国連中心主義」402〜452頁）。ポイントは、国際連合と憲法9条は、第二次世界大戦が8000万とも言われる人々の死をもたらす形でようやく終結したときの、人間はこれではダメだ、未来を切り開かなくては、という一種の「覚醒」の火花（イスクラ）の産物として国際社会に産み落とされた、理想を内包させた双生児的な存在だったということです。その後、冷戦がはじまり、ともに初心から隔離され、「孤児」として見捨てられ、離ればなれになったけれども、両者のあいだには、切っても切れない「双生児」としてのつながりがある、ということです。

現在の、創設の初心の理想の姿からはかけ離れた国連の姿を見て、これではダメだ、脈がない、と私たちは考えるのですが、それは、憲法９条の初心の姿から遠く離れて、いま、日米同盟の「軛」のもとで、どうすることもできない「袋小路」のなかにいる日本の姿の鏡像なのです。国連がどうしようもないなら、日本もどうしようもない。日本が「袋小路」から脱するには、国連をいまの窮状から脱せさせるその急先鋒の国に、日本がなる以外にない、というのが、私がこれまでの国連中心主義の数ある提案に、新たにつけ加える一点なのです。

†国際的孤立の回避の必要

１９９５年10月のナイの問いかけは、最終的には、①米国の核抑止力に頼らなくてよいのか、また②核武装は別としても、日本独自の防衛力は周辺隣国をおびやかす規模のものとなりうるのではないか、という脅しと懸念からなっています。アメリカの核なら、世界の承認を受けており、国連とも、核拡散防止条約ともつながっている。その国際社会に承認された核の抑止力が日本を守ってきた。それがなくて、旧ソ連に代わる脅威、いまなら、北朝鮮、中国、さらにロシアからの圧迫に抗せるのか、というのがその「威嚇」の中身です。

また、日本にその能力があるからといって、核開発、核武装をめざそうとしても、アメリカとの原子力協定でプルトニウム使用にカギがかかっているので難しい。それ以前に、日本には信用がないので、米国の保証がない以上、国際社会からの孤立、国際社会との敵対をきたすことなしに、核武装は無理だろう。

しかし、その「核武装は別としても」、そもそも、日本独自の防衛力増強が、ほぼ不可能である。駐留米軍という〝びんのふた〟を外したばあい、ただちに中国・韓国・台湾・フィリピン・オーストラリア・ニュージーランド等周辺隣国からの警戒と反発と抑止の声があがるに違いない。そしてそれは周辺地域国からの一致した圧力となって、日本を孤立させるのではないか。それでは日本はやっていけないのではないか、どうするのだ、というのが、ナイの「懸念」の中身でした。

†自衛隊を国連指揮下に

都留は、この二つの威嚇と懸念が、根拠あるものでなく、日本自身の努力で払拭できると述べ、これに丁寧に反論しています（『日米安保解消への道』第3章、第5章、第7章）。しかし先に見た通り、安全保障をどうするのか、という問いに十分に答えられませんでした。

また、ナイの威嚇と懸念に先立って出された山口二郎ら「平和基本法」のアジア・太平洋地域安保の提唱者たちの見解は、むしろ見事にナイの脅しが有効であることを裏書きするものでした（ナイたちは、これを読んでいたのかもしれません）。山口らの提案は、核の傘にはふれていません。〝びんのふた〟論を自ら日米安保堅持の理由にあげています（「共同提言　アジア・太平洋地域安保を構想する」『世界』1994年12月号、34頁）。「反米と受けとられない」ことへの顧慮を明記する、及び腰のものでした。

> 日米安保条約の脱軍事化には、時間がかかるだけではなく、アメリカとの幅広い協力関係を強化するという合意形成が不可欠の条件である。反米と受けとられないような、日米の新しい地域的協力のあり方を求め、同時にアジア諸国に不安を与えない工

夫が是非ともなされなければなるまい。（同前、37頁、傍点引用者）

むしろ彼らのこうした姿勢が、翌年、口にされることになるナイの脅しを後押ししているのです。しかし、このことと、彼らが、平和基本法をめぐる一連の提案で、憲法9条の核心である「交戦権」の否定を解釈改憲によって手放し、「最小限防御力」として個別的自衛権を認めてしまっていることとは、深く関係しているだろうというのが私の観察です。なぜなら、彼らの提案には、憲法9条がもし起死回生の力をもつとしたら、初心のかたちを保持し続け、国連とのつながりを強く保ったままであるばあいに限る、一切の妥協は禁物、という見極めがありません。彼らは、日本がいよいよ反動化し、憲法9条の平和主義が損なわれるのを、憲法9条を防波堤に、何とか阻止しようと考えているだけなのです。そうであれば、多少の妥協は必要だと彼らが考えても不思議はありません。少しだけ、現実と妥協しても、当初の目標の意義が損なわれることはあるまい。そう考えて、彼らは、小さな妥協を重ねるだろうからです。

ではなぜ国連とのつながりが必須で不可欠か。それが国際社会からの孤立の恐れなしに日本が日米安保から「独立」できる唯一の方法だからです。彼らには、日米安保解消をめぐるこれだけの見極めがない。そのため、問いかけに矢印がなく、具体的目標と課題が見定められず、日米安保も解消できず、自衛隊の処遇をめぐる憲法解釈においても、原則のない対応を促される結果となっているのです。

†国連との結びつきの強化・回復を通した、親米的自立の実現へ

私の憲法9条改定案の対案の戦略論は、この憲法9条の「交戦権の否定」条項を、その条文策定時の文脈にまで遡行して、「交戦権の国連への委譲」と読みかえ、その原初的な結びつきを強化・回復することで、国連の初期の原構想を実現すべく、日本が国連の機能強化に財政的にも社会資源的にも人的にも多くを投資し、全力を傾注することで、アジア・太平洋周辺国の信頼をつなぎとめ、欧州、中東、アフリカ、南アメリカ諸国の支持をとりつけ、(日米安保解消阻止への対抗としてアメリカが講じるかもしれない)日本孤立策にも対抗しつつ、最終的にアメリカも日本の親米的自立を認めたほうが得だというところまでもっていく、というものです。

自衛隊は、国連待機軍に再編し、現在の実質的に密約で米軍に委譲している指揮権を、国連の指揮のもとに明文化し、別に国土防衛隊を「必要最小限度」に設けますが、この国土防衛隊に治安出動権は与えられません(それは緊急事態条項をどう考えるかということと合わせ、検討されるでしょう)。改定案の2項と3項は、その実行を基礎づける条項です。

核の傘についても、最終的には核全廃を目指し、戦略的に核抑止力を取りいれた核保有国への対抗策としてNPT脱退までを視野に入れた対応策を考え、その全体の態度表明として、改定案の4項に非核条項を掲げています。やはり詳しくは『戦後入門』に述べています（「核の廃絶と非核条項」453〜494頁）。

しかし、それだけの力を、どのようにすれば、日本政府は、米国に対し、国際社会に対し、発揮することができるようになるでしょう。それだけの力を、どのようにすれば手にできるのか。

†ジョーカーとしての9条

(4)そのためのジョーカーが、憲法9条です。国連とのつながり、他国からの信頼、日米同盟からの離脱にむけての国民の意思。これらをすべて結集させる結束軸の位置にあるのが憲法9条だからです。いったん憲法9条と平和主義を離れて、すべてをゼロから考えてみて、はじめて、「憲法9条は使える」こと、その力、その意味が、あらためて私たちの眼に見えてきます。

9条が、初期形のままに、国連とのつながりを回復することで、国連の再生が、同時に日本の再生にもなる道がはじめて開かれるのです。

まず、日本がアメリカに日米同盟の「見直し」を申し入れ、それを実行する。その法原は日米安保条約の第10条、当初の10年の有効期間（固定期間）が経過した後は、1年前に予告することにより、一方的に廃棄できる旨を記した規定にあります。それは日米の合意ですから、国際法的に問題がありません。

ただ、その「力」をつくり出さなければならない。そしてその「力」の源は、国民の意思にしかありません。そのばあい、一つのヒントとなるのが、1960年の安保闘争です。このできごとは、アメリカのその後の対日政策を大きく変えました。極力、アメリカは、このとき、日本における反米的な国民感情の激発に対する衝撃を外に表さず、さりげないふうを装います。しかし、94年に刊行された1958〜60年の米国務省文書（FRUS）には当時の緊迫したやりとりのいちいちが記載されています。

このときは、反米運動の意味をもったこのできごとが、アメリカ政府を動かして、以後、アメリカの対日政策は、それまでの高圧的なものから、広く、低姿勢で、親和的なものに変わります。その後、冷戦終結までにいたる、保守ハト派による護憲・軽武装・経済成長策を可能にしたのは、というか、少なくともその入り口をつくったのは、この、一歩間違えば日本は中立化するか社会主義化してしまうかもしれないという、安保が生みだした「中立化カード」の抑止力だったといって過言ではありません（国務省文書を読むと、安保闘争を米国務省、大使館が完全に共産主義の運動と見ていることがわかります）。

このことからもわかるように、国民の意思が何らかのかたちで示されることなしに政治の「力」が生まれることはありません。そして、そのもっとも一般的な方法が、選挙、そして国民投票です。ですから、まず何より、日米安保の「見直し」と解消、その対案としての国連への積極的加担、周辺諸国に対する信頼の回復等の新政策に踏み出す後ろ盾となる「力」が、どのような方法によってか、その政権ないし新政権に与えられなければなりません。

普通なら、それは、総選挙により、政権交代が起こり、その新政権が、新しい政策に踏み出すという手順を踏むのですが、日本のばあい、総選挙による政権交代だけで、それが可能になるわけではないことを、この間の、2009年以降の経験は、示唆しています。現在の憲法の体制が、憲法9条を含めて、日米安保と骨がらみの相補的関係をつくってしまっており、また、外務省、法務省、防衛省という対米政策上基軸をなす官庁が、米国とのみならず、米国軍部と「日米合同委員会」なる組織を通じて、二重外交的なつながりをもっているため、それらの全体を掘り起こして揺るがすだけの政治的方法が、必要になると考えられるのです。

これが最適解だという確信はないので、よりよい方法があったら、いくらでも譲歩し、それに場所を譲る用意はあるのですが、そのような力を日米安保解消にあたる政権に与えるため、私は、外国軍基地の撤去をも、憲法9条のなかに書き込むという提案を、前著『戦後入門』ではおこなっています。2項に定める戦力の不保持、交戦権の国連への委譲を実行するためには、自衛隊の国連待機軍への再編成（2項）、残りの自衛隊の国土防衛隊への移行（3項）とともに、在日外国軍基地の撤去（5項）が必要になるという考えが、それです。

そしてこれを、政権与党、とりわけ安倍政権がめざすたぐいの改憲案に対し、今後の日本の指針を見すえた対案として、提示しておきたい、というのがいまの私の立場にほかなりません。

†大国中心構造相対化のカギとしての国連像

この私の提案の一番の難点と指摘されるのは、現在の国連のあり方に照らして、これを初期の構想を基礎に、再構成、再強化、再出発させることは可能なのか、ということでしょう。

もう国連なんて、全然ダメじゃん、という悲観論です。

国連が1945年の末に創設されてから、48年にはすでに核の扱いをめぐって米ソ対立を生み、あっというまに当初の構想から大きく外れた存在になってしまったことは、見ての通りです。

核を保有する五大国による拒否権保持の安全保障理事会優位のあり方に問題があることも、指摘をまつまでもない、その構造上の問題点でしょう。

国連の最大のスポンサーともいうべき米国が、当初は国連を自分の世界戦略に都合よく使い回し、加盟国の増大によって、意のままにならなくなったあとは、国連に冷淡になり、自分の都合のよいときだけ重用し、その公正なあり方を大きく損ねてきたことも事実です。

世界警察軍の創設など、夢のまた夢、と思われていることも事実です。

いま、むろん国連は機能し、少なからざる役割を果たしています。しかし、それだって、冷戦、あるいは米国一極の構造のもとでの補完的存在、補助的機能にすぎないではないか、といわれればその通りです。

しかし、その一方で、現在のアメリカ一極の構造が永遠に続かないどころか、今後20年から30年のあいだに、別のものに取って代わられるだろうことは、日米同盟「永久」論の坂元一哉を含めて、誰もが同意するところでしょう。そしてそれが崩れたあとの米中の二極化あるいはそれに欧州、ロシアなどを加えた多極化の混沌のなかで、日本が何を支えに国際社会を生きていくのか、と考えたばあい、国連以上にたしかなよりどころを、現在、日本がもちえていないことも明らかなのではないでしょうか。

むろん長期的には、日本には森嶋の提起する東アジア共同体の創設という目標がありえます。しかし、それが将来、日程にあがってくるに際し、日本が、現在のアメリカに代わり、ないし「アメリカ」カードに加え、この「国連」カードをもっていることは、中国を牽制する意味で、やはり大きな意味をもつでしょう。米国従属の次に中国従属では、日本国民としても行き場がありません。

いま、国連に肩入れしようという理由を持つ国は、あまり見あたりません。しかし、それは、国連に存在理由、使用価値がない、ということではありえません。日本が、日本の理由から、国連を盛り立て、これを自国の国際外交の中軸にすえようとするなら、それを国際社会の大半の国が、歓迎するでしょう。

†周辺諸国との信頼関係の回復

そのためには、周辺諸国との信頼関係の回復も必要となります。私は、日本は、まだまだ第二次世界大戦の周辺国への侵略行動の「謝罪」が足りないと考えています。憲法9条には、そうした国々への日本の「反省」と「謝罪」という意味もあることも、再確認したいと思います。

そういう論理を、これまでの護憲論や平和主義から切り離して、もう一度つくり直すとも、私の9条強化案の目的の一つです。

そしてそのばあいには、沖縄を一つの象徴として、盛り立てていくことが大きな手がかりになるとも私は考えています。現在、沖縄は、日米安保を解消しなければ、もう日米関係の「見直し」と「再建」が不可能であることのもっともたしかな指標です。森嶋は先にふれたように、東アジア共同体創設の際には、沖縄の対日独立を受けたうえで、首府を沖縄に置くことを提案しています。また、都留は、その日米安保解消策で、「2015年をめどに米軍基地の全面返還を求め、『世界を結ぶ平和の交流拠点』を形成するという1995年の太田昌秀沖縄県知事の構想を受け、米軍基地の撤去跡地を利用し、「国連本部を沖縄に誘致すること」を提案していました。

都留のこの構想は、興味深いものです。彼は、この提案を知人に話して回るうち、すでにインドの学者(アスウィニ・レイ)が、「国連の運用費用が高いのは、それが高価なマンハッタンに位置しているからでもあるのだから、日本は、米軍に基地を提供する代わりに、国連本部を沖縄に(中略)移すことを提案することができよう。そうすれば、現在の国連本部施設を営利目的に利用することで、国連予算への補充ができよう」との提案を行っていることを、教えられます。その提案は、都留によれば、こう続いています。

国連本部を日本に置くことは、日本の安全に対するどのような外からの脅威にたいしても最も効果的な抑止措置となりうる。グローバルな集団的安全保障を促進する一方で自国の安全保障上のジレンマを解決できるというのは、あまり多くの国が享受できる選択肢ではない。（Aswini K. Ray, "Here's the real puzzler", *Japan Times International Weekly*, May 27–June 2, 1996, p. 8.『日米安保解消への道』１３５頁より再引用）

国連のグローバルな集団的安全保障体制を強化することが、そのまま「自国の安全保障上のジレンマを解決」することにつながるのは、日本に憲法9条があるからです。それは「あまり多くの国が享受できる選択肢ではない」はずです。憲法9条のような国連の「双生児」を世界戦争の終結直後に一瞬の「覚醒」（イスクラ）の産物として授かった国は、日本のほかにないからです。そしてこの憲法9条を、「腐っても鯛」式に日本は戦後、曲がりなりにも国際社会に向けて70年以上にわたり、国家原則として堅持してきました。

これまで、私たちの政府は、53年のニクソンの「お荷物発言」（副大統領としての来日時に憲法9条を削除する憲法改正を求めた発言）以来、これに倣って憲法9条を陰に陽にお荷物扱いしてきたのですが、これを制定後、とにかく一度も変えませんでした。また、表向きであれ、国是として掲げ、国内的にも長く多くの国民が支持してきた事実は、誰にも否定できないでしょう。そして、この事実が、日本の憲法9条に国の外でも、内でも、強烈な説得力を付与しています。

このことは『戦後入門』に委曲を尽くして説明していますが、世界史上、憲法9条は国連憲章と同時に生まれています。そのことが、マッカーサー・ノートに明記され、日本国憲法の前文と9条の条文に書き込まれています。また、それを受けて、憲法制定議会での審議以来、南原繁、吉田茂、幣原喜重郎、憲法調査会会長の高柳賢三といった人々が、このことに言及してきました。

†国連本部沖縄移転の現実性

都留は、右のインドの学者の指摘を受けて、1996年現在の日本が首都移転のために140兆円もの費用がかかることを検討していることを引き合いに、国連本部の沖縄移転の総経費を日本が負担することに、財政上、「支障はない」だろうと述べています。また、96年当時、国連への日本の負担が米国に次ぎ多額で国連の通常予算の約15％を占め、4・2億ドルであることに照らし、それが「思いやり予算」を含む米軍基地関係経費総額が約62億ドルであること「に比べれば、はるかに安い」ことにも、注意を喚起しています（都留前掲、136頁)。

ちなみに、いま私の手元にある防衛省文書による在日米軍駐留経費負担額は、2008年度の時点で44・1億ドルで、18年度の国連の通常予算の全体である24・9億ドルの2倍弱の高さです。国連の通常予算は、円に換算すると、1年でわずか2790億円です。国連を1年間、一国でささえる額の二倍弱を、毎年日本は米国に支払っているのです。

ここにはあまり紹介してきませんでしたが、英国人の知日派社会学者ロナルド・ドーアもまた、1993年に刊行した『「こうしよう」と言える日本』で、国連への加担のうちに日本の進むべき進路のあることを、たいへん丁寧に論じています。申し遅れましたが、『戦後入門』の私の論は、矢部宏治の『日本はなぜ、「基地」と「原発」を止められないのか』(2014年)とともに、このドーアの本に多くを負っています。関心のある方は、これらの本をも読んでみて下さい。

†対案への国民的関心を高め、9条を生かす方向へ

日本に、このようなことを実行できる政府をつくり、その政府にそれを実行する「力」を与える仕組みが準備できれば、このことは、不可能ではありません。何が日本にとってよいことなのか、しっかりとした対案を示し、それによって国民の関心を高めることがで

きれば、総選挙の投票率は70％近くまで高まるでしょう。

これまでの統計結果は、投票率が再び70％にまで上がれば、政権交代が必至であることを教えています。

そのためには、憲法9条が「使える」カードであることを、平和主義経由でない、新たな考え方で示す必要があります。

そういう考え方を、ここには記しました。

このジョーカーを手放すべきではない。しかし、ただ、護憲というかたちで〝死蔵〟するだけでもいけません。「生かしましょう」。

ここに述べた対案は、いまも、私たちの手の中にあります。

私たちの手で実行することができるのです。（了）

参考文献

＊本文にて言及した文献につき書誌の詳細を記載する（原則、筆者が参照した版を掲げた）。なお、本書では新聞、雑誌、ウェブ等の記事・論文を資料として用いているが、それらは本文中に発行年月日を明示し、ここでは省略した。

愛敬浩二『改憲問題』ちくま新書、2006年
芦田均『新憲法解釈』ダイヤモンド社、1946年
石田雄『日本の政治と言葉　下――「平和」と「国家」』東京大学出版会、1989年
石原慎太郎・盛田昭夫『「NO」と言える日本――新日米関係の方策』光文社、1989年
伊藤真・井上達夫・伊勢﨑賢治・堀茂樹・吉田栄司・今井一『戦争、軍隊、この国の行方――9条問題の本質を論じる』国民投票／住民投票情報室、2018年
井上ひさし他『憲法九条、いまこそ旬』岩波ブックレット、2004年
梅林宏道『在日米軍―変貌する日米安保体制』岩波新書、2017年
江藤淳「ハガティ氏を迎えた羽田デモ」『江藤淳著作集』第6巻、講談社、1967年
江藤淳『忘れたことと忘れさせられたこと』文藝春秋、1979年
江藤淳「『ごっこ』の世界が終ったとき」『一九四六年憲法――その拘束』文藝春秋、1980年
大嶽秀夫編・解説『戦後日本防衛問題資料集』第1〜3巻、三一書房、1991〜93年

岡崎久彦『戦略的思考とは何か』中公新書、1983年
奥平康弘「『第一項に手をつけず』に安心してはならない」、井上ひさし他『憲法九条、未来をひらく』岩波ブックレット、2005年
小沢一郎『日本改造計画』講談社、1993年

加藤典洋『敗戦後論』講談社、1997年／ちくま学芸文庫、2015年
加藤典洋『戦後入門』ちくま新書、2015年
加藤典洋『9条入門』創元社、2019年
柄谷行人『憲法の無意識』岩波新書、2016年
イマヌエル・カント『純粋理性批判』上・中・下、篠田英雄訳、岩波文庫、1961〜62年
吉川元忠『マネー敗戦』文春新書、1998年
木村草太『自衛隊と憲法――これからの改憲論議のために』晶文社、2018年
久保卓也「KB個人論文　防衛力整備の考え方（未定稿）」1971年
久保卓也遺稿・追悼集刊行会編『久保卓也　遺稿・追悼集』1981年
月刊社会党編集部『日本社会党の三十年』第1巻、社会新報、1974年
高坂正堯「現実主義者の平和論」『海洋国家日本の構想』中央公論社、1965年／中公クラシックス、2008年
高坂正堯『宰相　吉田茂』中公叢書、1968年／中公クラシックス、2006年
古関彰一『「平和国家」日本の再検討』岩波書店、2002年

古関彰一『平和憲法の深層』ちくま新書、2015年
古関彰一『日本国憲法の誕生 増補改訂版』岩波現代文庫、2017年
酒井哲哉編『リーディングス戦後日本の思想水脈 第1巻 平和国家のアイデンティティ』岩波書店、2016年
坂元一哉『日米同盟の絆——安保条約と相互性の模索』有斐閣、2000年
坂元一哉『日米同盟の難問——「還暦」をむかえた安保条約』PHP研究所、2012年
坂本義和『新版 核時代の国際政治』岩波書店、1982年
佐々木芳隆『新秩序への道——多国間安保と日米同盟』中央公論社、1995年
真田尚剛「防衛官僚・久保卓也とその安全保障構想」、河野康子・渡邊昭夫編著『安全保障政策と戦後日本 1972~1994——記憶と記録の中の日米安保』千倉書房、2016年
ヴォルフガング・シヴェルブシュ『敗北の文化——敗戦トラウマ・回復・再生』福本義憲ほか訳、法政大学出版局、2007年
塩田純『9条誕生——平和国家はこうして生まれた』岩波書店、2018年
重光葵『続 重光葵 手記』伊藤隆・渡邊行男編、中央公論社、1988年
篠田英朗『集団的自衛権の思想史——憲法九条と日米安保』風行社、2016年
篠田英朗『ほんとうの憲法——戦後日本憲法学批判』ちくま新書、2017年
清水幾太郎『日本よ 国家たれ——核の選択』文藝春秋、1980年
清水幾太郎『戦後を疑う』講談社、1980年

チャルマーズ・ジョンソン『帝国アメリカと日本　武力依存の構造』屋代通子訳、集英社新書、2004年
白井聡『国体論　菊と星条旗』集英社新書、2018年
菅野完『日本会議の研究』扶桑社新書、2016年
高橋源一郎編著『憲法が変わるかもしれない社会』文藝春秋、2018年
竹前栄治監修『日本国憲法・検証　1945―2000　資料と論点　第7巻　護憲・改憲史論』小学館文庫、2001年
田中明彦『安全保障――戦後50年の模索』読売新聞社、1997年
田中康夫『なんとなく、クリスタル』河出文庫、1983年
ジョン・ダワー『吉田茂とその時代』上・下、大窪愿二訳、中公文庫、1991年
都留重人『なぜ今、日米安保か』岩波ブックレット、1996年
都留重人『日米安保解消への道』岩波新書、1996年
鶴見俊輔「くらしぶりについて」『戦後日本の大衆文化史　1945〜1980年』岩波書店、1984年／岩波現代文庫、2001年
ロナルド・ドーア『「こうしよう」と言える日本』朝日新聞社、1993年
豊下楢彦『安保条約の成立――吉田外交と天皇外交』岩波新書、1996年
豊下楢彦・古関彰一『集団的自衛権と安全保障』岩波新書、2014年

ジョセフ・S・ナイ『不滅の大国アメリカ』久保伸太郎訳、読売新聞社、1990年
ジョセフ・S・ナイ『ソフト・パワー――21世紀国際政治を制する見えざる力』山岡洋一訳、日本経済新聞社、2004年
永井陽之助『新編 現代と戦略』中公文庫、2016年
中北浩爾『自民党――「一強」の実像』中公新書、2017年
西春彦『回想の日本外交』岩波新書、1965年
西村熊雄「平和条約の締結に関する調書」Ⅳ、外務省編纂『日本外交文書 平和条約の締結に関する調書』第二冊、2002年
野上忠興『安倍晋三 沈黙の仮面――その血脈と生い立ちの秘密』小学館、2015年
長谷部恭男『憲法と平和を問いなおす』ちくま新書、2004年
秦郁彦『官僚の研究――不滅のパワー・1868―1983』講談社、1983年
原秀成『日本国憲法制定の系譜』Ⅰ・Ⅱ・Ⅲ、日本評論社、2004〜2006年
原彬久『岸信介――権勢の政治家』岩波新書、1995年
原彬久『戦後史のなかの日本社会党――その理想主義とは何であったのか』中公新書、2000年
ハンキー卿『戦犯裁判の錯誤』長谷川才次訳、時事通信社出版局、1952年
藤生明『ドキュメント日本会議』ちくま新書、2017年
藤岡信勝『汚辱の近現代史――いま、克服のとき』徳間書店、1996年
船橋洋一『日本の対外構想――冷戦後のビジョンを書く』岩波新書、1993年

船橋洋一『同盟漂流』岩波書店、1997年
前田哲男『自衛隊――変容のゆくえ』岩波新書、2007年
孫崎享『戦後史の正体――1945―2012』創元社、2012年
増田弘『石橋湛山――リベラリストの真髄』中公新書、1995年
丸山眞男「憲法第九条をめぐる若干の考察」『後衛の位置から――『現代政治の思想と行動』追補』未來社、1982年
丸山眞男「安保闘争の教訓と今後の大衆闘争」『丸山眞男集』第八巻、岩波書店、1996年
丸山眞男「三たび平和について」第一章・第二章、杉田敦編『丸山眞男セレクション』平凡社ライブラリー、2010年
三島由紀夫『鏡子の家』新潮社、1959年／新潮文庫、1964年
宮澤喜一『東京―ワシントンの密談』中公文庫、1999年
森嶋通夫『自分流に考える――新・新軍備計画論』文藝春秋、1981年
森嶋通夫『日本の選択――新しい国造りにむけて』岩波書店、1995年
森嶋通夫『なぜ日本は没落するか』岩波書店、1999年
森嶋通夫『日本にできることは何か――東アジア共同体を提案する』岩波書店、2001年
柳澤協二・伊勢﨑賢治・加藤朗『新・日米安保論』集英社新書、2017年
矢部宏治『日本はなぜ、「基地」と「原発」を止められないのか』集英社インターナショナル、2014

年
矢部宏治『日本はなぜ、「戦争ができる国」になったのか』集英社インターナショナル、2016年
矢部宏治『知ってはいけない——隠された日本支配の構造』講談社現代新書、2017年
山室信一『憲法9条の思想水脈』朝日選書、2007年
エリザベス・ヤング＝ブルーエル『ハンナ・アーレント伝』荒川幾男・原一子・本間直子・宮内寿子訳、晶文社、1999年
吉本隆明『超資本主義』徳間書店、1995年
吉本隆明「戦後世代の政治思想」『吉本隆明全集』第6巻、晶文社、2014年
渡辺治編著『憲法「改正」の争点——資料で読む改憲論の歴史』旬報社、2002年
和田春樹『「平和国家」の誕生——戦後日本の原点と変容』岩波書店、2015年

この本の位置――「あとがき」に代えて

野口良平

1

この『9条の戦後史』は、書き手加藤典洋の仕事全体のなかで、どのような位置に置かれることになるのだろうか。そういう問題に関心をもつ読者の参考の一部になればと願い、この本の執筆の前後に書き手の近くにいた一人として、小さな覚え書を終わりに添えさせていただくことにする。

一九八五年に上梓された『アメリカの影』から数えたとして、三五年にわたる加藤の批評の仕事を支えたキー・コンセプトに、「可誤性」がある。この言葉が直接現れたのは、『敗戦後論』(一九九七年)においてのことだった。

『アメリカの影』が、原爆に打たれた日本が、それを落とした米国の責任を問えない状況を問題にしたのに対し、『敗戦後論』は、他国を侵略した日本が、その加害責任を遂行できない状況を射程にすえた論考である。そこで加藤が説いたのは、戦後日本社会が「ねじれ」(あるいは「汚れ」)から出発せざるをえない状況にあったにもかかわらず、その「ねじれ」を直視することなく、むしろそれを隠蔽する道を歩んでしまったという、いわば二重の「ねじれ」を洞察し、その意味を問う場所からの再出発だった。

第一の「ねじれ」は、二つの要素からなる。一つ目は、対アジアの侵略戦争を戦う道を選び、敗れた人々が、戦後、その戦争には義を見出せないという事実の前で、義のみえない戦争による自国の死者を心から弔う道を見出せなくなってしまったことである。また二つ目は、そのことによって、侵略戦争の犠牲になった他国の人々を弔う道までもが断たれてしまったことである。

第二の「ねじれ」は、いわば、「ねじれ」から出発する思考態度そのものの否認を意味している。だが加藤によれば、敗戦後の日本が「ねじれ」を抱えこまざるをえなかったことには、日本の特殊事情というだけでなく、後発近代国に通有の、いわば世界普遍的な必然性がそもそもあったのだという。(『戦後入門』は、この必然性を、世界戦争という世界史的文脈に照らして明確化する試みだった。)

私たちが自らの内部に「ねじれ」を抱え、その自覚をもつことがあったとして、なぜ私たちはその「ねじれ」から出発することができないのか。この問いに対する答えのなかで用意された概念が、「可誤性」なのである。

加藤はこう考える。先の戦争を戦った人々は、確かに道を誤ったと言わざるをえないだろう。だがその誤りは、たまたま誤ることのなかった人々が手にしうる「正しさ」を基準にそう裁かれるものなのだと考えられるべきではない。誤ることの本質は、まず、それが外から裁かれて終わる何かではなく、内からそう了解されて、はじめて意味をもちうるものだということである。そしてさらに、誤った人間でなければ見出すことが難しいような、世界と人間についての広く、深い視野の獲得を可能にすることである。誤りうる状況のなかに身を置いて考えることの方が、正しさに守られ、誤らないようにと考えることよりも、創発性に富み、価値が高い。『9条の戦後史』における9条加憲案の提言行為は、この「可誤性」の考え方に支えられているのである。

2

『敗戦後論』公刊の三年後に加藤は、「自国の死者との向き合いを先に、そこから他国の死者にいくのでなければ、わたし達は他国の死者に出会えない」と主張した『敗戦後論』の「原論」として、『日本人の自画像』（岩波書店、二〇〇〇年、増補版岩波現代文庫、二〇一七年）を刊行した。そこで加藤は、「内在」から「関係」への〝転轍〟という形で、「可誤性」の原理の明確化を試みている。

人は、十分な情報を得ることができないままに、いまいる自分の場所から、自分の考え、価値観を作りだし、それに照らしてものごとを考えていかざるをえない状況に置かれる場合がある。このようなあり方を、加藤は「内在」（的な思想形成の仕方）とよぶ。一方それとは対照的に、人は、情報の到来に刺激を受け、自分の考えはさておき、他者との関係から価値を割り出していかざるをえない状況に置かれる場合がある。このあり方は、「関係」（的な思想形成の仕方）と呼ばれる。

たとえば幕末期の日本列島。もし、列島の蚕食を企てる欧米列強の理不尽への怒りに基づき、「内在」のあり方を徹底するなら、国際関係のなかで強敵にぶつかり、打ちのめされる。正義はこちらにあるのだが、それを貫けば、相手の軍門に降らざるをえなくなる。それゆえ、「内在」を一時凍結し、他者との関係との意識によって動かされるということが起こる。たとえば対外戦争を決行後、対外関係の構築に進み出た長州や薩摩に起こったのは、そのような思考法の転換だったといえる。こうした転換を加藤は、〝転轍〟と名づけるのである。加藤はこの考え方を、敗戦から戦後に至る吉本隆明の思想経験をヒントに取り出している。

同じことについて、二〇一四年の『人類が永遠に続くのではないとしたら』（新潮社）の「あとがき」では、さらに踏み込み、以下のように述べられることになる。情報の光の届かない闇の向こうには壁＝難題がある。それが誰にも見えていないという条件のなかでは、どこまでも遠くに投げることのできる投擲者のボールだけが、その壁にぶつかり、「転轍」を経て方向を変えて戻ってくる。外部からの情報が断たれた「内在」という条件のもとでは、そこから導かれる思考を愚直に貫く者が壁にぶつかることによって〝転轍〟を経験し、他とは異質な仕方で関係に目覚め、「内在」のみの思考を克服しうるのである。（この「あとがき」には「内在」「関係」〝転轍〟という言葉こそ使われていないが、そのことなのであると、加藤が私に伝えたことがある。）

こうした考え方を、加藤はその若き日、どのようにして手にし、そして最後まで持することになったのか。死の二カ月ほど前に書かれたという、野放図でフリッパント（軽薄）な語り口がとられている自叙伝的精神史『オレの東大物語』（集英社、二〇二〇年、解説瀬尾育生）は、その機微を伝えてやまない。

3

二〇一八年、加藤は、『三田文学』（同年冬季号）に論考「一八六八年と一九四五年――

福沢諭吉の「四年間の沈黙」」（単行本未収録）を寄稿した。

加藤は述べている。幕末の「内在」の思想（尊皇攘夷思想）が、「関係」の思想への〝転轍〟を一部果たしえたにもかかわらず、明治以後、そのことの意義がなぜか隠蔽、忘却されるに至った。大正期のデモクラシーと国際協調の経験と蓄積を持ちながら、昭和期の日本社会がなすすべもなく皇国主義思想の席巻を許すことになったのはなぜだったのか。美濃部達吉の天皇機関説が不敬とみなされ糾弾されたとき、メディアや学界がこれを一笑に付し、排除することができなかったのはなぜだったのか。敗戦後の日本において、すぐに現れるべきだったのはこの問いだった。

この問いに取り組まれた事例が皆無なわけではなかった。だが皇国主義思想の席巻を、幕末期の〝転轍〟の意義の隠蔽、忘却から理解しようとする観点は、丸山眞男の思想史研究を含めて、現れなかった。たとえば丸山は、明治国家の持っていた「健全な進歩的精神」の喪失がその理由だったと考えていた。

加藤がこの文脈で注目するのは、丸山も傾倒していた福沢諭吉の幕末・維新期のあり方である。幕末期の福沢は、洋学を学び、海外での経験を重ね、いち早く「関係」の意識に長じる。その場所からみれば、国内の攘夷鎖国の嵐は、救いようのない「気狂い沙汰」にしか映らない。しかし現実は、彼のめざすようには進まないだけでなく、むしろ彼の「明視」の合理的推論を裏切る形でジグザグコースを進む。のみならず、攘夷派であるはずの人々が、開国、そして明治の急進的な改革の実行者として目の前に現れてくる。

福沢はここで一敗地にまみれたのだが、そこで彼は、「外からの目」では見えないものがあり、それは、「内からの目」を育てることによってしか見えてこないのだということにはじめて気づく。ここにあるのは、「関係」から「内在」への〝転轍〟という、先の〝転轍〟とは逆向きの事態だったのだという。幕府主導の一開国論者とは一線を画する、「独立自尊」の思想家福沢諭吉の誕生の秘密は、ここにあったのではないか。丸山眞男が見落としていたのは、この「気づき」の意味だった。

「内在」から「関係」へ。「関係」から「内在」へ。日本の近代の起点にあったこの逆方向の二つの〝転轍〟の意義——つまりは「可誤性」の意義——が見失われたことが、現在の「破局」の遠因なのではないか。この加藤の見方は、この『9条の戦後史』において、「失われた三十年」に「改憲論」と「護憲論」の両者から提出された、せめぎあいを捨象する歴史像に疑義が呈されることの根拠にもなっている。

4

本書の前段部にあたる『9条入門』の「ひとまずのあとがき」に、加藤はこう書いている。八月一五日という日を、自分も、また読者の多くも体験してはいない。それは、平和主義も憲法9条もまだ何もなかった時間、「ゼロ地点」の象徴である。と同時にそれは、自分たちにとって一番大切なものについて、自分たちがほんとうになす必要があることについて、私たちが「ゼロ地点」から時間をかけて考えてきたわけではなかったことの象徴でもあるのだ。私は読者とともに「何もなかった場所」に立ち、原初の問いについて考えてみたい。

私の信じていることがあります。それは、歴史をいったん非専門家の目で振り返ることが未来をまっすぐに構想するうえで欠かせない作業なのではないかということです。その結果、無数の混乱が整理され、多くの謎が解けます。そのあと、そこに姿をあらわす可能性は、私たち全員に共有されるべき内容と質をもっています。人は過去を新しく獲得し直すことで、未来への態度を新しく更新するための足場も得ることができるからです。

非専門家。素人。それは単に「何も知らない」ということではない。「何も知らないから『素人』だというのはテレビの悪い影響だが、そうでなくて、何も知らなくてさえ、さらに（人は——引用者）『素人』に帰る必要があるのだ」（「中野重治——素人の読み方」）。

人が「素人」に帰るとはどういうことなのか。「ゼロ地点」に立つとはどういうことなのか。加藤の著作群をつらぬくものは、まさしくこの問いである。もし加藤にもっと時間と健康が与えられていたとしたら、自分の根元に向かってさらにさかのぼり、それを未来に向けてあらしめようとする、不定形かつ未成の領域の表現に取り組んでいたのではないか。そのうちの一つの可能性は、たとえば『もうすぐやってくる尊皇攘夷思想のために』（二〇一七年）に萌芽がちりばめられていたような、近代の起点と同時に、近代への起点をも探るような、プレモダン精神史論だったかもしれない。

あるいはまた、彼にとっての意中の人々についての、一種の伝記でもあったかもしれない。『9条の戦後史』の叙述に湛えられている起伏には、そう私に思わせる何かがある。「伝記」とは、「世界をわからないものに育てること」が私たちに必要であることを示唆する、一つの方法であり力なのではないかと、加藤は感じている。伝記は、決定的に重要な局面におけるある人間の行為、言葉を、理性による因果的な解釈から隔絶した形で、読者の前に投げ出す。そのことが、たとえば法然や親鸞のような信仰者の言行を伝える記録が、人を動かすことを可能にしているのではないか（「世界をわからないものに育てること——伝記の方法」）。

この本のなかで、たとえば森嶋通夫は、9条を経由することなく、戦時期の経験と合理的思惟によってのみその国防論を築き上げた、と語られている。だが、なぜそんなことが可能になったのか、そのことは語られていない。同じことは、独自の積極的平和主義を主張した久保卓也に関する記述についても言える。ここには、手軽に納得することのできない何かがあって、そのことに驚き、足をとめて、その何かに心を向ける時間をもつことが、私たちに呼びかけられてもいるのである。

憲法9条との関係という問題について、健康を犠牲にしながらも、かくも調べ、考え抜き、またかくも平常心を期して書いた書き手がいることに、あるいは読者は何か納得できない、という感じを抱くかもしれない。だが同時に、驚き、足をとめ、この書き手が見ようとしていたもの、またその向こうに目を向けようともするかもしれない。私たちとこの書き手とのキャッチボールは、まだ始まったばかりなのではないだろうか。

*

この本の校訂・編集作業は、前著『9条入門』への関与を引き継いだ野口と、『戦後入門』の担当編集者として著者の信頼の厚かった、筑摩書房編集部の増田健史氏との共同作業で進められていたが、新型コロナウィルスによる打撃を被った。刊行が遅れてしまったのはそのためである。

未定稿の文章を一冊の本の体裁にするに際しては、事実関係の記述のチェック、小見出しの選定、必要最小限の文言の整理を行った。

この本の刊行をお許しくださり、作業の遅延を見守ってくださった、加藤厚子さん、加藤彩子さんに深く御礼申し上げる。

ちくま新書
1569

9条《じょう》の戦後《せんご》史《し》

二〇二一年五月一〇日　第一刷発行

著者　加藤典洋（かとう・のりひろ）
発行者　喜入冬子
発行所　株式会社　筑摩書房
東京都台東区蔵前二―五―三　郵便番号一一一―八七五五
電話番号〇三―五六八七―二六〇一（代表）
装幀者　間村俊一
印刷・製本　株式会社　精興社

ISBN978-4-480-07402-7 C0236

ちくま新書

ちくま新書

465 憲法と平和を問いなおす　長谷部恭男
情緒論に陥りがちな改憲論議と冷静に向きあうには、そもそも何のための憲法かを問う視点が欠かせない。この国のかたちを決する大問題を考え抜く手がかりを示す。

594 改憲問題　愛敬浩二
戦後憲法はどう機能してきたか。改正でどんな効果が期待できるのか。改憲論議にはこうした実質を問う視角が欠けている。改憲派の思惑と帰結をクールに斬る一冊!

905 日本の国境問題——尖閣・竹島・北方領土　孫崎享
どうしたら、尖閣諸島を守れるか。竹島や北方領土は取り戻せるのか。平和国家・日本の国益に適った安全保障とは何か。国防のための国家戦略が、いまこそ必要だ。

984 日本の転機——米中の狭間でどう生き残るか　ロナルド・ドーア
三〇～四〇年後、米中冷戦の進展によって、世界は大きく変わる。太平洋体制と並行して進展する中東の動きを分析し、徹底したリアリズムで日本の経路を描く。

1111 平和のための戦争論——集団的自衛権は何をもたらすのか?　植木千可子
「戦争をするか、否か」を決めるのは、私たちの責任になる。集団的自衛権の容認によって、日本と世界はどう変わるのか? 現実的な視点から徹底的に考えぬく。

1122 平和憲法の深層　古関彰一
日本国憲法制定の知られざる内幕。そもそも平和憲法は押し付けだったのか。天皇制、沖縄、安全保障……その背後の政治的思惑、軍事戦略、憲法学者の主導権争い。

1176 迷走する民主主義　森政稔
政権交代や強いリーダーシップを追求した「改革」がもたらしたのは、民主主義への不信と憎悪だった。その背景に何があるのか。政治の本分と限界を冷静に考える。

ちくま新書

1199
安保論争
細谷雄一
平和はいかにして実現可能なのか。安保関連法をめぐる激しい論戦のもと、この重要な問いが忘却されてきた。外交史の観点から、現代のあるべき安全保障を考える。

1267
ほんとうの憲法
——戦後日本憲法学批判
篠田英朗
憲法九条や集団的自衛権をめぐる日本の憲法学者の議論はなぜガラパゴス化したのか。歴史的経緯を踏まえ、政治学の立場から国際協調主義による平和構築を訴える。

1299
平成デモクラシー史
清水真人
90年代の統治改革が政治の風景をがらりと変えた。「小泉劇場」から民主党政権を経て「安倍一強」へ。激動の30年を俯瞰し、「平成デモクラシー」の航跡を描く。

1345
ロシアと中国　反米の戦略
廣瀬陽子
孤立を避け資源を売りたいロシア。軍事技術が欲しい中国。米国一強の国際秩序への対抗……。だが、中露蜜月の舞台裏では熾烈な主導権争いが繰り広げられている。

1353
政治の哲学
——自由と幸福のための11講
橋爪大三郎
社会の仕組みを支えるのが政治だ。政治が失敗すると、自由も幸福も壊れかねない。政府、議会、安全保障、年金など、政治の基本がみるみる分かる画期的入門書！

1372
国際法
大沼保昭
いまや人々の生活にも深く入り込んでいる国際法。「生きた国際法」を誰にでもわかる形で、体系的に説き明かした待望の入門書。日本を代表する研究者による遺作。

1408
自公政権とは何か
——「連立」にみる強さの正体
中北浩爾
単独政権が可能な自民党はなぜ連立を解消しないのか？　平和・福祉重視の公明党はなぜ自民党と連立するのか？　「連立」から日本政治を読み解く、初の本格的分析！